JN229239

The Path of Least Resistance for Managers

Designing Organizations to Succeed

Robert Fritz

偉大な組織の最小抵抗経路

リーダーのための組織デザイン法則

ロバート・フリッツ［著］

田村洋一［訳］

序文

ピーター・センゲ

成果主義経営は近頃評判が悪い。「どうせ結果が全てだろ」と嘆く人が多い。上司は「数字を上げろ」と言い、結果を出させようとする。しかし皮肉なことに、企業の多くは十分に業績を上げられず、本来の力を発揮できないことが従業員の不満の種になっている。凡庸なチームの一員になりたいと望む者はいない。

ここに大いなる謎がある。成果は皆にとって重要だ。しかし、成果を主義にするのは賢い方法ではない。少なくとも、現在の企業における成果主義はうまくいっていない。

この現状を見ると、飛行機が発明される前に、色々な機械で空を飛ぼうとしていた人たちの昔の映像を思い出す。翼をバタバタさせたり、巨大な丸い傘のような器具が上下したり、四対の翼があるのに、ちっとも浮遊しなかったりする。さまざまな機械の共通の特徴は、どれも飛べない、ということだった。操縦士がどんなに頑張っても同じだ。どんな工夫も知恵も役に立たない。どんなに立派な人でも、気高い志を持っていても関係ない。何をやっても出来損ないの発明品を空に飛ばすことはできない。構造的に飛行が不可能なのだ。

これは、たいていの企業組織が飛翔できない理由と同じだ。人が本当に望む成果を上げることを、組織の構造が許していないのである。どんなに努力しても、どんなにいい人たちでも、どんなに崇高な目標でも関係ない。構造が整えば達成可能な目標が、構造が整っていないと決して達成できない。

そして最悪なことに、構造に問題があると気づいている人がほとんどいない。構造的な限界を明らかにする問いを口にする代わりに、翼をバタバタと速く動かすことに一生懸命なのだ。

作曲家・映画製作者として活躍するロバート・フリッツは、この謎に対して独自の視座、そう、創り出すプロセスという視座を提供している。ロバートは、創り出すプロセスを人類史上最高の発明と呼ぶ。人が創り出したいものを現実に創り出すプロセスのことだ。創り出すプロセスは全ての芸術の根底にある。科学の多くもそうだ。特に科学的理解が発明に向けられたときはそうである。過去、四半世紀にわたってロバートは組織の人たちに創り出すプロセスの原理を伝えてきた。ロバートは言う。「最初はただ創り出す方法を学ぶことを手助けしていただけなんだ。でもだんだん組織そのものが面白くなってきて、組織の構造がどう動いているかに夢中になってきたんだ」

ロバートによると、組織を動かすふたつの支配的な構造があるという。緊張構造が支配していて組織が前進する場合と、葛藤構造が支配していて組織が揺り戻す場合である。本書は全章を通じて、このふたつの構造がどう働いているかを明らかにしている。なぜ前者では「成功が成功を呼ぶ」のに対し、後者ではいつも悪戦苦闘が繰り広げられるのか。そして、組織の中にいる当事者たちが、自分たちの運命を左右する構造にいかに影響を与えることができるのか。

「前門の虎、後門の狼」というように、前後から苦難に挟み撃ちにされるような体験を人々がしているときは、葛藤構造が組織を支配している。組織はイノベーションを求めるが、イノベーションにはリスクと失敗がつきもので、失敗を恐れている。組織は顧客の信頼を勝ち取りたいが、顧客本位にすると顧客のためにならない業務を発見することになる。それによって失業したい者は誰もいない。組織は風通しのよい職場をつくって従業員に本音を語ってほしいが、本音を語ることは誰かを追い詰めることにもなり、ややこしい事態を招く。

大真面目に成果重視を標榜する人たちが、まるで逆方向に向かう組織をつくり上げてしまうのはなぜか。葛藤構造の理論はその謎を解き明かす。権力の維持、上司の機嫌を損ねないようにする、体面を保つ、根回しに奔走するなど、成果追求以外のどうでもいいことが、成果を台無しにするのだ。最近、ある著名な元企業経営者がこう漏らすのを聞いた。「私の知る限り、どんな会社でも経営意識の三分の二以上が、お互いを気まずい思いにさせないことに傾けられている」と。

一方で、緊張構造を持つ組織は対照的だ。企業のビジョンとリアリティの両方を大事にすることの意味を理解している。そういう組織は困難に向き合うことを恐れない。彼らにとって、現実は味方である。真実を語ることは、今ここの現実に根を下ろすことであり、力を失うことではない。そういう組織は、主として創り出す志向（反応的な志向ではなく）を持っている。どんな状況に直面しても、そこから自身の志に向かうものだと心得ているからだ。緊張構造が支配する組織においても葛藤は存在するが、それは今の現実の一部として把握され、将来を創り出す上での一要素でしかない。

創り出すプロセスについてのロバートの視座は、昨今の「もっとクリエイティブな」経営アプローチとは一線を画すものだ。たとえば昨今では、「自己組織化」に大いに関心が集まっている。管理者が管理をやめればシステムが勝手に自己組織化するというものだ。これは管理過剰に陥りやすい従来の経営への自然な反動といえる。しかしこれでは、管理職が自由放任にさえすれば、従業員は勝手にうまく組織化すると言わんばかりだ。問題は、自己組織化した結果はたいてい葛藤構造に陥るということだ。緊張構造には至らない。そして葛藤構造が埋め込まれると、組織は揺り戻しを続ける。ジレンマを語ることすら難しくなり、葛藤構造が常態となり、もはや人々が葛藤を見ても気づかないようにすらなってしまう。「組織とはそういうものさ」と受け入れてしまうのだ。

硬直した階層組織を越えるための成功の鍵は、芸術分野ではるか昔から知られている。それは規律と自己統制である。芸術的才能を持つ者の多くが、必要な規律を身につけられず才能を開花させることなく終わる。規律とは、自然に発生するものではない。規律とは、フォーカスのある努力であり、原理と実践ツールによって導かれる。たいていの組織に規律が欠けていることは、人々が現実に何が起こっているのかを見ようとせずに問題解決に明け暮れていることからわかる。まずは目の前の問題を片付けろ､次の問題はその後だ､というように。他に選択肢などないようにさえ見える。近年では、財務危機、リストラ、過剰労働などの問題状況に、とにかく即座に条件反射することが企業組織における仕事のスタイルになってしまっている。この手の条件反射は、葛藤構造を悪化させるだけだ。冷静に事態を振り返って真剣に語り合う時間を誰も持とうとしないからだ。

このように、ロバートの視座は独創的であり、社会科学の分野で過去に書かれたどんなものとも異なる。ここでも、ロバートの独創性はその芸術的バックグラウンドから来ているのだと私は思う。社会構造を分析する大半の社会科学者たちとは異なり、ロバートの焦点は構造を創り出すことにある。その目的は、創り出した構造によって、人が望む方向に企業が動き出すことだ。私見では、ロバートの志向は大多数の組織人の志向に近い。飛ばない飛行機の分析よりも、飛ぶ飛行機を創ることに最大の関心があるのだ。

私が最初にロバートと仕事をともにするようになって20年以上が経つ。以来、ずっと変わりなくロバートは友人であり、私のメンターであり続けた。複雑なテーマを解き明かし、単純明快な原理で効果的なアクションに導くロバートの手際にはいつも驚かされる。しかし、ロバートの単純明快さはしばしば誤解されやすい。物事を矮小化する単純さではなく、物事を浮かび上がらせる非凡な単純化なのだ。つまらないアイデアを複雑にしてみせる安直なビジネス書やマネジメント手法が流行する昨今、幅広い生の現場体験に裏打ちされた深い洞察を見事なほどシンプルに提示してくれるものは滅多にない。

本書がロバートの業績にふさわしい注目と探究をもたらすことを願っている。ロバートは類い稀なる発明家であり、彼の発明は真に独創的だ。象牙の塔のてっぺんから書かれたような経営書に慣れた私たちにとって、ロバートの著書は、地に足が着いている。組織の中で実際に仕事をしていたプロフェッショナルが、現実の組織と現実の人間が、本当に大切な現実の成果を上げるべく学んできた事例が惜しみなく披露されている。

本書は、構造力学の最終版ではなく、むしろ入り口と言っていい。しかし、多くの組織人にとって、本書は優れた組織を築き上げるための素晴らしい第一歩となるだろう。

改訂版によせて

本書を最初に出版して十数年が経つ。その間に多くの変化があった。経済のアップダウン、グローバル化の加速、インターネットとソーシャルメディアによる世界の激変。変化そのものが予測不能で、革命的で、しばしばショッキングなものだ。

しかし、本書で記述した基本的原理は不変であり、時の試練に耐え、むしろ以前よりも自明となり、変化を引き起こす勢力の扱い方を深く理解させるものとなっている。時の経過と経験の蓄積から、基本的原理が実際にどう展開するかが、さらに明らかとなった。

今回の改訂版は、言わばソフトウェアのアップデートのようなものだ。元の内容を拡大・前進させ、さらなる理解と応用を可能にしている。

本書はマネジメントの課題にフォーカスしている。読者が、もっと優れたマネジャー、リーダーになるための本だ。本書には多くのテクニックが記載されている。しかしテクニックより重要なのは原理である。

ある友人にこの序文の下書きを見てもらったら、「これじゃあ読者にはわからない。こう言わなきゃ駄目だ」と言って、次のように説明し直してくれた。

「構造の課題は決定的に重要だ。読者はその重要性をすぐには理解しないだろう。読者が理解する必要のあるポイントは本書の中に繰り広げられている。読者は少しずつ理解を進めることになる。まず、構造を変えなければ、組織を変えることは本当に難しいということを理解するのである。制度の変更、業績の改善、新しい方法や技術の導入、どれをとってもそうだ。読者はこのことの重要性を理解する必要がある。本書を読んですぐに、それがどれだけ重要かを理解できるとは限らない。それでもこの構造についての理解は、相応の努力を傾けるに値する」と。

この提言をしてくれた友人ジム・ホルクラフトに感謝したい。ここまで強く言うことは、私には考えもつかなかった。

最も大切なことは、人も組織も、社会や経済のシステムも、ほとんど何から何まで構造によって支配されているということだ。しかし、現実の人生や行動を支配している根底の構造に気づいているマネジャーやリーダーは滅多にいない。多くの会社で「構造」というと組織図に示される上司と部下の関係を指している。ここで構造というのは、組織における上下関係のことではない。上下関係は構造とは無関係である。

本書全体を通じて「構造とは何か」を探究し、構造の働きの理由と実相を明らかにしていく。ここでは「構造とは何か」について概略を示しておこう。構造とは、自動車、音楽作品、建物、組織のように、全体として完成したひとつの実体をいう。こうした完成物は複数のパーツから成っている。たとえば、自動車は何万というパーツから成っている。なおかつ、これらのパーツは互いに結びつき合っている。こうしたパーツがひとまとまりになり、総合的な関係性のシステムになって初めて自動車と呼べる代物になるのである。パーツを集めただけでは、A地点からB地点へと移動することができない。しかし、構造としてまとめられることによって、軽快に優美に道を走れるようになるのだ。

組織もまた、何万というパーツから成っている。パーツはまとまって構造となっている。構造は意図的に設計されていないことが多いが、パーツは構わず互いに影響を与え合う。それは望ましくない相互作用のことも多い。

ところが、ほとんどの人たちは自分たちを取り囲む構造に気づいていない。構造を理解するには、関係的(リレーショナル)に考えなくてはならない。ひとつの構造の中にある複数の要素が、どのように影響し合い、どうやってお馴染みのパターンを引き起こすのか。私たちは、たいてい対症療法的に考えるようにしつけられている。原因を理解せずに、状況に反応するのである。

企業の長期的パターンを観察することができるようになればなるほど、否定しがたい事実が明らかになる。それは、根底にある構造を変えなければ、どんな変革の努力も結局は水の泡となり、元のパターンに逆戻りしてしまうということだ。

これは決定的な洞察である。根底にある構造が働いていることを知らなければ、企業はいつまで経っても「最新の経営手法」「流行の変革手法」などに引っかかり、破壊的な揺り戻しパターンを繰り返し、屍の山を築くことになる。

これが現実生活で意味するのは、善意と知性とプロ意識を持った才能ある立派な人たちが、構造に抗って勝つ見込みのない闘いを繰り広げているということである。前進したと思えば後退し、進歩は台無しになる。成功が、想定外の問題に化け、集団の力や勤勉さ、組織の精神はことごとくくじかれる。

エドワーズ・デミング博士はもっと辛辣な言い方をしている。「組織が私たちを殺している」と。会社で何年も何年も一生懸命仕事をした挙げ句、長期的には全て水泡に帰すのを目撃するあなたは、実存的な精神の危機に瀕することになる。

なぜこんな仕事をやっているのか。
会社は何のために存在するのか。
会社はどこへ向かっているのか。
人生はこんなものなのか。

こうした問いは、何年も組織の中で悪戦苦闘した後で、自分自身を深く内省する類いの問いである。企業社会から逃げ出して、有機農法をやっている人、小さな会社を経営している人、陶芸をやっている人、慈善活動のボランティアをやっている人などに聞いてみるがいい。

そういう人たちの行動は、よくある企業社会での絶望的で不公平なゲームへの反発だ。硬直したシステムの中で二進も三進もいかなくなり、魂の生き残りと精神の志のために、彼らは組織を後にするしかなかったのだ。

彼らも、最初は組織に期待して、真摯な志を持ってスタートしたのである。本来、組織は歴史上最も文明力を持つ勢力のひとつだ。組織による発明、技術革新、集団の力、そして強力なビジョンのもとにまとまった資源によって、現代社会がつくられている。組織、特に企業は、歴史上類い稀なる進歩を起こした唯一最強の勢力なのだ。

ところが、あまりに多くの組織において構造に欠陥がある。その自滅的なふるまいによって、人間や組織そのものが損なわれている。少しは良い成果があったとしても、途方もない無駄が起こっている。組織の構造がきちんとしていたら、どれほど素晴らしい結果を生み出していることだろうか。

悪いパターンをどう変えたらいいのかわからず、人々はふたつにひとつの選択をする。立ち去るか、我慢するかである。我慢を選んだ人たちであっても、リストラによる首切り、労働コストの低い海外へのアウトソーシングなどによって、組織への忠誠は脅かされる。組織を信頼し続けることは難しい。本来なら、同じ会社に長く勤めることでプロの管理職としてのキャリアが築けるという感覚があったはずなのに、今では会社がいつ気まぐれに首切りをするかわからないという感覚にとって代わられている。

これはおかしい。この現状は変えることができる。本書はまさにそのためにある。創り出す思考プロセスを企業で応用できる。これは小手先の技術ではなく、本質的なことだ。

本書はまた、読者が自分を取り囲む構造とやりとりして、必要があれば構造を変える方法も示している。

この改訂版では、このテーマにまつわるリーダーシップの決定的な役割について大幅に加筆した。組織、特に企業は、道徳に無頓着だ。不道徳というわけではないが、高い志と深い価値だけで経営されているわけでもないのだ。放っておけば、企業はすぐに短期成果に向かってしまい、長期利益をないがしろにする。そのために、四半期業績に囚われ、近視眼経営となり、長期的な持続性を損なう。短期的にはいいが、長期的には有害な行動をとる。生産能力増強のための設備投資、続いてコスト削減のための縮小、再び生産能力増強……という揺り戻しパターンを過去数十年間も繰り返しているのはそのためだ。その結果、作業量と生産能力の十分なバランスが保たれることがなく、人々は慢性的なストレスと非効率に苦しむ羽目になっている。

リーダーシップが決め手

ここでリーダーシップが決め手となる。価値は、組織にあるのではなく、人にある。組織は、放っておけば舵をなくした船のようにさまよいだす。リーダーの仕事は、高次の組織化原則が重要な決定を導き、より確かな礎の上に長期的な健全さが築かれるようにすることだ。

偉大なリーダーたちは、目の前の魅力的な（ウォール街が気に入りそうな）利益よりも、高次の価値を優先するべき決断ポイントに必ず直面する。偉大なリーダーたちは、長い目で見てマイナスだと思えば、ノーと言って退ける術を身につけている。

短期と長期の葛藤構造は、常に私たちにつきまとう。この対立は、組織にも人生にも埋め込まれている。アイスクリームを食べるのか（短期）、健康的な食習慣を守るのか（長期）。支払い能力不足の顧客に融資するか（短期）、それとも競合他社に出し抜かれようとも理不尽なビジネスを拒否するのか（長期）。

私は、偉大なリーダーたちが一貫して自覚的に高次の価値を選択するのを目撃してきた。彼らは、創造し、構築する、真のリーダーたちである。実際的で、ビジョナリーで、株主価値増大の無意味な呪文ではなく、大いなる志に導かれている。なぜ株主が会社に投資しているかを理解している。それは優れた目的を果たすためだ。ブルーシールド・オブ・カリフォルニア社のCEOブルース・ボダケン（『最強リーダーシップの法則――正確に原因を知れば、組織は強くなる』〈徳間書店〉の共著者）、アメリカン・ウッドマーク社のビル・ブラント、ラフランス社ジョージ・バラー、コルモーゲン社のボブ・スウィジェット、ロイヤルフォードのテリー・オーティンスキーなど、数多のリーダーたちが、何度も何度も組織の長期価値を支持する決断を下している。彼らは短期利益の罠にはまったりしない。

近頃では、誰もが価値を語りたがる。どこの会社にも価値のリストや価値表明宣言がある。企業幹部ともなれば、価値中心経営などと口にする。しかし、言葉と行動が一致していない。２００８年のリーマンショックは、リーダーシップ破綻の事例だ。ＢＰ社のメキシコ湾の事故は、25万ドルを惜しんで安全弁を設置せず、杜撰な下請管理を放置した結果、何百億ドルもの損害をもたらした。真のリーダーシップは、もっと利益を上げろというウォール街的な算盤勘定の打算を見越して、安全、賢明さ、古き良きビジネスセンスを優先する本当のビジネス戦略の基本を守るものである。

リーダーシップについては誰でも一家言ある。アマゾンには1万冊以上の関連書籍がある。友人で同僚のミッチ・リトロフスキーがシカゴの街頭で道行く人々にインタビューし、リーダーシップについて意見を聞いた結果を学会で発表したことがある。タクシー運転手、主婦、若いプロフェッショナル、路上生活者、学校の先生、引退した人たちなどが、リーダーシップについて気の利いた洞察、深遠な知恵、鋭い見解を披露してくれた。どの人もリーダーシップについて立派な著書を書けたことだろう。

本書は、リーダーシップについてのさまざまな見識を調べてまとめたものではない。偉大なリーダーたちの資質を網羅するものでもない。偉大な企業を分析してリーダーの業績を報告するものでもない。ずばり、リーダーシップの役割はたくさん語られているが、ほとんど理解されていない。現場で見失われていることが多いリーダーシップの特質は、矛盾するプレッシャーの中で、はっきりと態度を表明し、組織にとって最も重要な価値と志を大事にする能力だ。求められるのは気骨（きこつ）、すなわち人格の強靭さだ。

リーダーは、はっきりと態度を表明するものだ。企業の目的は株主価値増大だと言われ、MBAプログラムでは利潤最大化がビジネスだと教えられている中で（両方とも誤謬であることを本文中で明らかにする）、リーダーは守るべき基本の原則と価値に立ち返って考え直す必要がある。さもないと、リーダーたちは集団思考の罠にはまり、世代を超えて続くリーダーシップの欠如を許すことになってしまう。そうなれば、組織は揺り戻しに陥り、中央集権と自律分散、買収と売却、製品中心主義と市場中心主義、多角化政策と集中政策などを行ったり来たりする羽目になる。

十分なリーダーシップがなければ、根底にある構造を変えることもかなわない。十分なリーダーシップがあれば、たいていのことが可能になる。

組織内にはボトムアップでできることもあるが、組織自体をボトムアップで立て直すことはできない。昨今流行の「自己組織化」で組織を立て直すことも不可能である。自由市場を賛美して、神の見えざる手に超自然的な知恵があると信奉してしまう人々がいるように、自己組織化システムを賛美して、リーダーシップを悪者扱いする人たちがいる。特に、リードするタイプのリーダーシップが槍玉に挙げられる。もちろん、愚かな経営を批判するのは簡単で、上意下達（コマンド・アンド・コントロール）は批判の的（まと）の代名詞だ。まるで誰もが自分自身のリーダーになるしかないかのようだ。これを真に受けた人たちは、自己組織化主義になってしまう。どんな「主義」もそうであるように、主義が浸透すればするほど観念化が進み、創造性やイノベーションが犠牲になっていく。

オーケストラがどんなに自己組織化しても、ベートーヴェンの交響曲を演奏できるようにはならない。

そもそも、上意下達と自己組織化の二者択一かのように言うのは誤りだ。第三の選択肢がある。それが「創作（作曲）された」組織である。

企業を再構築することも、本質は作曲と同じだ。音楽と同じように、組織にも、主題があり、副題があり、伴奏があり、カウンターポイント*訳注1があり、セクション間のバランスがあり、あらゆる個々のパーツが全体の構造に統合されていく。

そして音楽と同様、優れた創作は、指揮者や演奏者、観客やコンサートホールといったパートナーを必要としていく。

たいていの会社では、同じ資源や権限や人員を取り合って、複数の部署や部門が争いを繰り広げている。人が仕事をするために他の人と争わなくてはならないのは、組織が構造不全に陥っている明らかな兆候だ。

もうひとつの駄目な組織の兆候は、一律削減である。これほど駄目なことがあろうか。組織全域にわたって20パーセント削減するなどという会社は、自分たちが何をやっているか、どの活動がどんな価値を生んでいるかをわかっていない。ところが、企業社会では、こうした一律を、責任ある経営の決断、ときには立派な経営の決断だとする幻想が蔓延している。実際には、会社を傷つけ、節約する以上の多大な損害を与え、組織とビジネスへの敬意を損ない、リーダーシップを失墜させる。大きなコンサルティング会社の中には、こうした一律縮小を促進し、職を減らした分だけ追加の報酬を稼いでいる不埒者さえいるという。

なぜ私たちはそもそも会社を組織化したのか。会社の組織はどうあるべきものなのか。リーダーは基本から考え直す必要がある。組織化によって、個人としても集団としても、私たちの行動が意味を

*訳注1　音楽用語。独立した複数の旋律を調和するように重ね合わせることで、それぞれが引き立て合って美しい作品を生み出す技法である「対位法」の意。ここでは組織を音楽になぞらえて、組織を織り成すさまざまな構成要素や関心事を美しく組み合わせ、全体として調和した偉大な作品（組織）を創り出すことを表している。

持ち、強化され、新たな可能性を生むことになる。それこそが企業の競争優位の中で最も死活的な要素なのだ。

構造力学の原理は物理法則の一部だ。重力が物理的な力であるのと同じく、構造の力も物理的な力だ。人がどう思うかとは関係ない。どんなに偉大なレーシングドライバーが操縦しても、設計の悪いレーシングカーではレースに勝てない。組織でも同じことだ。人間にどれだけ才能があろうと、組織の構造に不具合があったら志を遂げることができない。ところが、現代の最も優れた組織の中にもそういう組織がある。偉大な企業にしよう、クオリティを高めよう、最高のプラットフォームを導入しようなど、多くの努力をしても、根底にある構造を変えることができなければ、変革はせいぜい一時的にしか成功せず、失敗に終わる。変革プロセスのせいにしたがるが、そうではない。変革プロセスは、成功した組織では見事に成功したのである。「うちの社風だ」とうそぶく人も多い。しかし、社風や会社の風土というのは、まさしく構造の産物なのだ。

本書はこうした組織の因果的な課題を扱う。根底にある構造が、組織の成否を決するのだ。読者が会社で仕事をしているなら、自分を取り囲む世界を理解するために、この洞察は死活的に重要なものだ。本書は創造プロセスについて、そしてそれをいかに組織に応用するかについての本である。ただ理解することだけにとどまらない。会社をどうやって変えることができるかについての本だ。

創造プロセスというと、奇人変人の天才たちが、常人の理解できないことをやっている様子が思い浮かぶ。これはよくある誤解だ。創造プロセスは、歴史上最も成功した物事を成し遂げる方法である。ただし、会社で働く人たち、特にマネジャーの人たちは創造プロセスのことをほとんど知らない。創り出すこと、とりわけ皆で何かを創り出すことは、偉業の基礎に存在するプロセスだ。新しい生産的な構造を築こうとするとき、創造プロセスは、人が一体となって何かを生み出す最高の方法となるのである。

ニューリーン

改訂版では従来型のリーンをアップデートし、「ニューリーン」と呼ぶ方法を提示している。リーンは優れたアプローチであり、製造から医療や小売りに至るまで幅広い領域で成果を上げてきた。しかし、従来型リーンには多くの限界があった。本書の提示するニューリーンは、構造的にリーンの考え方を活用し、真に優れた結果が長続きし、しかも容易に真の経済効率を実現する方法を示している。

虚心坦懐の勧め

本書は、オープンマインドで、虚心坦懐に読むのが一番だ。読者がすでに知っている理論や概念と結びつけるのはやめたほうがいい。先入観を捨てて読むことによって、自分の思い込みを再検討するチャンスとなる。デカルトが喝破したように、「現象を理解するには、まずあらゆる先入観を捨てよ」ということだ。

偉大な組織の最小抵抗経路　リーダーのための組織デザイン法則　もくじ

第2部　揺り戻しの道

第3部 組織をデザインする

プロローグ

アメリカ西部開拓時代のこと。入植者たちは、すでに道が拓かれていることをしばしば発見した。バイソンの群れが何世紀にもわたって大地に道筋を残していたのだ。

後年、鉄道を敷設するとき、土地を測量した人たちは、バイソンの残したルートがロッキー山脈を越えて夢のカリフォルニアまで続いていることを発見した。19世紀の熟練の鉄道設計者たちは、バイソンの道を採択した。それが最高のルートだったからである。バイソンたちは、広大な大陸を横断する最適な通り道を知っていたのだ。

バイソンたちは、どうやってそんな偉業を成し遂げたのだろうか。

それこそ本書のテーマである**「最も抵抗の少ない道」（最小抵抗経路）**である。

動物たちが一歩一歩大地を歩むとき、ひとつのステップが次のステップをガイドする。歩みを決定づけるのは地形だ。急な斜面、岩、尖った刈り株などがあれば、バイソンは進路を調整し、進みやすい道を選ぶ。

動物たちの群れが進むことによって、道ができあがる。以前の群れが踏み固めた道を、また今度は新しい群れが踏み固めるのだ。

バイソンは自然の法則に従っている。人間もそうだ。好むと好まざるとにかかわらず、自然の法則に従うしかない。

そして、自然においては、エネルギーは最も楽な方に向かう。これが原理である。最小抵抗経路の原理だ。

全てはこの原理に従う。川の水は川床に、電子は回路に、風は峡谷に、気象は地球に、そして私たち人間はそれぞれの人生を生きていく中で、この原理に従う。

「最小抵抗経路」にはふたつの異なる意味がある。口語的な意味は「安易な逃げ道」だ。「アルバートは最も抵抗の少ない道を選んだ」と言ったら、アルバートは必要なハードワークを回避してひどい結果を生み出した怠け者だ、という意味になりうる。本書の中でこの意味でこの言葉を使うことはない。

本書ではもうひとつの、科学的な意味でこの言葉を用いる。エネルギーが最も抵抗の少ない道に向かう、という意味である。

これは科学的事実だ。多国籍企業の組織も、川床を流れる川の水も、血管を流れる血液も、同じ原理に従っている。

誰しもこの原理が正しいことは理解しているのに、たいてい応用することができない。会社組織でも日常生活においても、状況的に考えていて、構造の原理を見落としている。その結果、きちんと考えることなく問題解決に明け暮れ、そのくせ重要な仕事をしていると錯覚している。望まないものをどんなに取り除いても、創りたいものを創ることになるとは限らない。目の前の状況にどんなに巧みに対応しようが、それは長期にわたって存在する会社

組織にはつながらない。最小抵抗経路が、自然に向かうパターンへと導くからである。

最小抵抗経路の原理は常に働いている。眠ることがない。休暇もとらない。私たち自身は状況から次の状況へ、出来事から次の出来事へ、四半期から次の四半期へ、今年から来年へと動いていくように見えても、その間ずっと、好むと好まざるとにかかわらず、最小抵抗経路を進んでいるのだ。

この道は、非常な困難につながることもあれば、簡単な成功につながることもある。素晴らしい偉業に導かれることもあれば、思うに任せぬ冒険に導かれることもある。

道は変化し、変化に人間も応じなくてはならない。状況はさまざまだ。修羅場の真っ只中にいたり、悪戦苦闘していたり、他人のしくじりのしわ寄せを食らっていると思ったり……。どんな状況も全て例外なく、「最も抵抗の少ない道」によって、私たちが導かれたものなのだ。

慣れないうちは受け入れがたい考えかもしれない。でも慣れてしまえば悪くないだろう。自然界において、（科学的意味の）最小抵抗経路を進むしかないのだとすれば、行き先を変更するには異なる「道」を創り出す必要があるとわかるからだ。本書が教えるのはまさにそのことである。

本書では、ほとんどの組織変革が失敗に至っている理由を見ていく。変革の中身が問題なのではなく、最小抵抗経路が変革を支えていないことが多いのだ。ＴＱＭ（総合的品質管理）、リエンジニアリング、リーン、学習する組織など、アプローチが同じでも、別の企業では成功していることがある。母なる自然と同じく、母なる構造に人間が長く逆らうことはできない。構造は人と組織を支配する。母なる構造を欺くことはできない。

あなたの会社にいる全員が同じ船に乗っていて、船は最小抵抗経路を進んでいく。多くの人が本書の原理を理解しているに越したことはない。しかし、社内のたったひとり（たとえばあなた）が理解しているだけでも全社内に相当な変化をもたらすことになりうる。
本書は実践の書だ。現実世界のチャレンジに直面しているマネジャーとリーダーのための実践の書だ。経営層が事業戦略と全社の方向性を決めるとき、管理職が会社を動かしていくとき、プロジェクトマネジャーが製品やシステムを創り出すとき、本書は役に立つ。なぜ多くの組織が機能不全を繰り返すのか、なぜ真の変革が進まないのかと考える実践家のための本である。

三つの洞察

本書は、最小抵抗経路の基本原理である三つの洞察から成っている。

洞察その一
エネルギーは、最小抵抗経路に沿って進む。

組織も人生もキャリアも、全て最小抵抗経路に沿って進んでいく。この原理を無視したり破ったりする変革の試みは決して成功しない。

洞察その二
根底にある構造が、最小抵抗経路を決める。

西部開拓時代の地形が、バイソンの選ぶ道を決定した。もし地形が異なっていれば、バイソンは異なった道を選んだだろう。最小抵抗経路が恣意的に生じることはない。常に根底にある構造が決定するのだ。

「構造が最小抵抗経路を決定する」と言うとき、組織は常に構造の法則によって動いている。本書は、構造力学の法則と原理によって組織行動を解説する。なぜ企業は事業戦略、経営アプローチ、マーケティング戦略をころころ変えるのか。構造力学の研究によって、劇的に異なる組織行動を理解できるようになる。最高のレーシングカーのような優れた企業と、できの悪いロッキングチェアのような企業との違いを知ることができる。このふたつの洞察は基本的なものだ。

三つ目の洞察は変革の成功の鍵である。

洞察その三

私たちは、新しい構造を創り出すことによって、最小抵抗経路を決められる。

川床をつくり変えれば川の流れを変えることができるように、根底にある構造を変えれば組織を変えることができる。私たちの人生をも変えることができる。構造が変われば最小抵抗経路も変わるのだ。

もちろん、言うは易く行うは難い。組織変革には少なくともふたつのステップが必要だ。まず「理解」し、そして「応用」することだ。

「理解」してから「応用」するという順序は、欧米の企業組織において一般的とは言えない。「まず行動せよ」とプログラムされている。「撃て、そして狙え」と。何かをする前に十分理解しておくという姿勢が欠けている。

北米と欧州における品質向上の歴史は、それを物語る好例である。欧米企業は、日本企業が高品質製品によって市場シェアを奪っていることに衝撃を受け、今まで無視してきたデミング博士の教えに俄然関心を寄せ始めた。ところが欧米企業の多くは、デミング博士の教える根本原理を理解しようとするより先に、「どうやったらその品質とやらを社内に導入できるのか」と早道を知りたがった。

その結果、企業はCEQ（品質担当役員……すぐに廃れた）を指名し、無数の品質トレーニングを行い、品質管理や表彰の仕組みをつくった。多くの企業はマルコム・ボルドリッジ賞を獲得することに躍起となり、実際の品質向上に無関心だった。しかも、受賞の栄誉にあずかった企業の中には、賞にこだわるがあまり、ビジネスがおろそかとなり、受賞後数年のうちに破綻の憂き目に遭う会社が出る始末だった。ＩＳＯ９０００に執着した企業では、品質は、もはや競争優位や戦略的方向性とは関係のない、無意味な形式主義となり果て、なぜ品質が大切なのかさえ見失われてしまっていた。監査を通るだけで、実際にはみすぼらしい製品が出荷されているという批判は核心を突いていた。

欧米企業には、優れたアイデアやパワフルな原理をつまらない形式に落としてしまう傾向があり、本質の深さを見失ってしまう。「まず理解し、そして応用せよ」という原理は当たり前すぎるように見えるが、そうではない。理解が不十分だと応用は失敗するのである。

「キャプテン（船長）、〝構造〟法則には逆らえません」

ハイテクのレーシングカーを設計する人も、ローテクのロッキングチェアを設計する人も、物理法則を破ることはできない。『スタートレック』シリーズの機関主任が、事あるごとに「キャプテン、物理法則には逆らえません」と訴えているように、私たちも組織をリデザインする際、構造の法則を破ることはできない。企業組織をリデザインしようと思ったら、構造の法則を知り、法則を変えようとあがくのではなく、法則を使えるようになる必要がある。

本書は組織構造の九つの法則を紹介する。一つひとつの法則から、私たちが現状を理解して、組織をリデザインするための決定的な洞察が得られる。法則は破ることができない。構造の働きと最小抵抗経路のパワーをきめ細かく扱うアプローチとなる。それによって過去の成功を超え、最高の志を達成し、長続きする成果を可能にする。

構造的アプローチによって組織を構築してきた企業群がある。本書の教えを具体的事例の中に学んでいくモデルとなるだろう。本書で取り上げるのは、大半が企業組織の事例だが、他にも、政府機関、公官庁、教育機関、宗教団体などが全て例外なく構造的アプローチで大きな成功を収めている。

三部構成

本書は三部構成になっている。

第1部「前進への道」では、組織をデザインする際に用いる鍵となる原則とテクニックにフォーカスしている。

第2部「揺り戻しの道」では、なぜ全力で取り組んだ変革が努力むなしく実を結ばないのか、なぜ一度は成功したかに見えた変革が逆戻りして失敗するのか、なぜそれが駄目な構造の産物なのかを見ていく。

第3部「組織をデザインする」では、ロッキングチェアからフェラーリに移行する方法を示している。最小抵抗経路を「揺り戻し」から「前進」へと変えるものだ。

各部は、積み重なる構成になっている。第1部の上に第2部が、第2部の上に第3部が構築されていく。それによって最も成功した組織を構築するための青写真が描かれる。ビジネスのみならず、人間的な意味においてもだ。

偉大なる可能性

どんな組織も偉大なものに生まれ変わることができる。過去の経緯は無関係だ。将来は過去の延長線上にあるとは限らない。

この原理はときに「超越」と呼ばれる。やり直して二度目のチャンスを与えられることを言う。私たちは、人生をやり直して新しいページをめくることができる。組織も同じことだ。基本的構造をリデザインし、最小抵抗経路をひき直すことで生まれ変われる。

本書を著した私の希望は、この超越の原理によって読者の組織が再び息を吹き返し、仲間とともに働き方をリデザインし、過去の経験から学びつつも、これまでの想像を絶する新たな可能性のページをめくってくれることである。

THE PATH TO ADVANCEMENT

第1部
前進への道

第1章　組織の構造　成功や失敗に至る道

企業組織の仕事を始めて直面した最大の謎のひとつが「なぜ成功がいつも成功しないのか」ということだった。うまくいったことが続くかと思いきや、そうはならない。成功はしばしば逆転していた。せっかく上げた成果がどこかに行ってしまうのだ。

優秀で意欲的な人たちが新しい取り組みを始めると、その一方で、それに抵抗する批評家たちが現れる。そして、取り組みが見事に成功すると、今度はその批評家たちがわがもの顔で成果を横取りしてしまう。真の功労者たちの貢献を認めようとすらせず、せっかくの成果は消え失せてしまう。成功に貢献した真の立役者たちは、苛立ちと嫌悪を抱いてその組織を見限り、自分の創造性と才能がもっと認められる組織へと転身する。

成功が続かない事例は他にもある。多くの製品開発チームは、開発に成功した途端に解散させられてしまう。それによって、将来の開発にとってかけがえのない、チーム固有のスキルと経験が失われる。生産プロセスを飛躍的に改善した工場が、他の工場の責任者たちから無視される。品質・コスト・スピードにおいて、明らかに生産性の高い方法が無視される。誰も優れた方法について学ぼうとしない。鳴り物入りで「約束（コミット）」した全社の方向性が、2年もすると別の「約束（コミットメント）」で覆され、正反対の方向に向かわされる。

一方で「成功が成功し続ける」企業も存在する。新しい方法が探求され、広がり、採用される。賢明さが報いられ、愚かさは報いられない。公平であることが当たり前で、社員たちは足を引っ張り合うのではなく、手を携え、力を合わせる。こうした組織においては、成功も失敗も次の成功の土台となる。

何が違うのだろうか。それは根底にある構造である。

根底にある構造の力学によって、成功や失敗が決まる。力学が働いていることを知らなければ、変えることはできない。構造とその力学を使えることこそが、組織の変革を長期的成功にしていくために必須の力なのである。

構造とは何か

「構造」という言葉を聞くと、私たちは橋桁や建物や壁などの建造物を思い浮かべる。止まっていて固定されていて、静的な物体である。こうした構造は、固まっていて動かないイメージがあるが、実際にはそうではない。止まっているように見えるだけで、実際には風や地震などに対応して動くようにデザインされているのだ。構造が安定するためには、無数の動的な関係性が動作、均衡、堅牢さを生み出している必要がある。

だから「構造」と聞いたら、止まっているものではなく、動いているものだと考えれば理解がしやすくなるだろう。

また、構造はしばしば目に見えにくいものでもある。構造を捉える訓練を受けていなければ特に難しい。私たちの暮らしや組織に内在する構造は、たいてい目に見えない。

しかしながら、構造がもたらす結果は容易に見て取れる。組織の支援が足りず資金不足に陥っているプロジェクト、曖昧な戦略や戦術が他の戦略や戦術と競合する様、矛盾する価値やインセンティブを後押しする報奨制度、数年ごとに変わる組織の方向性、口で唱えるだけで心の通っていない企業理念やビジョンステートメント、現実課題を無視して繰り広げられるくだらない社内政治など、挙げればきりがない。

「これがうちの企業文化だから」と言いたがる人は多いが、企業風土や組織慣習が原因だと思っているらしい。しかし、何が企業文化をつくるのだろうか。それは根底にある構造がつくるのだ。

働き方を改革しようとして、チームビルディングを図ることがある。管理職たちがアウトドアでラフティングをしたりして、もっといいチームにする方法を学ぶというのだ。そういうアウトドア活動によって、チームの一体感を体験することはしばしばある。これまでとは違う形で協働し、お互いに仲間としての親密さを覚え、チーム感が高まる。ところが職場に戻ると、１週間もしないうちに元通りになってしまう。

アウトドア活動においては、構造が適切だから協働がうまくできる。ところが、機能不全の職場の構造に戻った途端に、山や川や森で学んだことは吹き飛び、アウトドア活動以前のふるまいに戻ってしまう。

この種のチームビルディングにおける想定は何だろうか。

ひとつは、人々が協働の仕方を知らず、それを教われば協働するようになるいう想定だ。もうひとつは、構造よりも状況が人のふるまいを決めているという想定だ。さらにもうひとつは、人がお互いにもっと知り合えば共感が増し、協働できるようになるという想定だ。

こうしたアウトドア活動が示しているように、構造が適切でありさえすれば人は素晴らしく協働できる。構造が不適切だと協働は著しく難しい。どちらの構造にいるのも同じ人々だ。したがって、違いは人にではなく、構造にある。

人の性格ではなく構造が成否を握る

私たちは、よくこういう経験をする。仕事がうまくいかない人を何とか改善しようと手を尽くした挙げ句に、どうしてもうまくいかなくて別の人に交代させた。ところが、その後任も半年後には、やはり同じように仕事がうまくいかなくなってしまう。

そういう経験はよくあるのに、経験から何を学ぶべきかが明白ではない。心理、ＤＮＡ、文化的背景、教育、性別、世代、ＭＢＴＩのような性格タイプ、占星術、数秘学、アーキタイプなど、人の行動や動機づけについてさまざまなことが言われている。しかし、こういう要素が何ひとつ共通していない全く別の人を後任にしても、前任と同じパターンに陥ってしまう。

人のふるまいは、個々人の性格や資質ではなく、役職の置かれた構造によって決定されている。ここでも構造が左右しているのだ。ＭＢＴＩなどのプロファイル分析に投じられた巨額の費用は全くの浪費だ。人の性格タイプなどではなく、根底にある構造こそが成績や業績を決定する真の原因なのだから。

自分の性格タイプが重要であるかのごとく好んで語り合う人たちが多い。しかし、その役職に最も「適した」タイプの人を任命しても、構造が間違っていたら成果は上がらないし、最も「適していない」人を任命しても、構造が正しければ成果は上がる。根底にある構造が人の最良の部分を引き出すのである。

性格タイプ分析が人気なのは、構造的に考えず、状況的に考える人が組織の中にも多いことを示している。適切な性格タイプを雇えば成功すると考えているのだ。人の性格ではなく、構造が事の成否を決定していることに全く気づいていないのだ。

役職の置かれた構造を変えれば、仕事の成果のパターンが変わる。構造を変えなければ、どんなに工夫をしてどれほど優秀な人を任命しても失敗は免れない。

ピーター・センゲが、快著『学習する組織――システム思考で未来を創造する』（英治出版）の中で述べている。知能指数（ＩＱ）が１４０、１５０、１６０やそれ以上の人たちを集めて組織の中に放り込んだら、その組織の集合的知能指数は60に落ちるだろう、と。多くの組織は、人の最悪の部分を引き出してしまっている。誰かがそれを望んでいるからではない。悪い構造が人の才能を殺しているのである。構造を変えるだけで組織の中の全員が高いレベルに上がることができる。

構造の定義

しかし、構造とは一体何だろうか。

まず、簡単な定義を見ていこう。

構造とは（組織のような）実体であり、（人、資源、志、価値観、市場トレンド、能力レベル、報奨制度、部署の役割、資本、仕事の負荷と生産能力の関係などの）個々の要素やパーツから成り立っており、その個々の要素やパーツは相互に関係性を形成し、影響を与え合っている。

あまり簡単ではなかったかもしれない。しかしこの定義をもう少し詳しく見ていこう。

「構造とは実体であり」

つまり、構造とは全体を指す。構造それひとつで全体性を持っている。だから、組織のことを「構造」として語ることは、全体として一体になっているものについて語っているということだ。

「個々の要素やパーツから成り立っており」

自動車はパーツから成り立っている。自動車のディーラーで聞いたら誰でもそう教えてくれる。しかし、パーツをどんなに集めてもそれだけでは自動車にはならない。整備士に聞いてみたらいい。どんなパーツが必要かを知らないといけないが、それだけでは足りない。次に必要なことは何か。

「その個々の要素やパーツは相互に関係性を形成し、影響を与え合っている」

自動車はパーツから成る全体であり、個々のパーツは互いに影響を与え合っている。それぞれのパーツには、そこに存在する理由がある。それによって、期待通りに機能している。機能の仕方を変えれば性能が変わる。ザスタバ社の製造した歴史的迷車ユーゴを持っている人がいたら聞いてみて！

組織は前進するか揺り戻すかのどちらかだ

組織は一定の構造法則に従っている。従わざるをえない。選択の余地はない。だから、構造法則を無視して組織を変えようとしても無駄だ。どんなに真摯に努力しても、どんなに善意に基づいていても、関係なく失敗する。

裏返せばこういうことだ。組織が再編成するときに、構造法則を考慮すれば、成功の確率は高くなる。なぜなら、組織の根底にある構造を変えれば、その最小抵抗経路が変わるからである。最小抵抗経路が変われば、エネルギーが成功への道に流れ、目標・戦略・志・価値観を実現することになる。

組織構造の法則

組織構造には九つの法則がある。本書でその一つひとつを明らかにしていく。まずふたつの法則を見てみよう。

組織は、何万、何十万、何百万もの行動によって目標を達成しようとする。これらの行動は、連携していようといまいと、全く異なる結果を生む。それは構造的前進か、構造的揺り戻しである。

ここに第一の法則が登場する。

組織構造の第一法則
組織は、揺り戻すか、あるいは前進する。

この違いは白黒はっきりしている。どんな組織も前進するか、あるいは揺り戻すかのどちらかである。ＴＱＭ（総合的品質管理）、組織学習、リエンジニアリング、リーンマネジメントなど、どんな種類の行動であっても同じだ。前進する構造の組織と、揺り戻す構造の組織とでは、同じ行動でも与える効果が全く異なる。前者は成功し、後者は失敗する。

どちらの組織においても、成功自体は存在する。実際、どんな組織でも成功事例には事欠かない。大きな違いは、成功した後にどんな結果が待ち受けているかだ。構造的に前進する組織においては、成功は長続きし、長期的成功につながる。ひとつの成功を土台にして次の成功がもたらされる。成功に勢いがつき、エネルギーと推進力が生まれる。一方で、揺り戻す構造の組織においては、成功はやがて消えてしまう。

構造的前進

組織が前進しているときには、明らかな兆しがある。ひとつ達成すると、それが次の達成の土台となる。前進する組織では、成功も失敗も役立つ。うまくいかなかったことですら、重要な学びの糧となり、将来の成功のもとになる。

「前進」とは、どこかの地点から別の地点へと移動することを意味する。ボールを放れば、手を離れて着地点へと移動する。ある箇所から別の箇所へと移る。

組織において、私たちは行動し、ある箇所から別の箇所へと移動しようとする。今いるところ（現状）から望むところ（目標や志）へと移動しようとする。目標を達成した時点でこの移動は解消する。「解消」という言葉は、移動が終了することを意味する。優れた組織においては次から次へと「解消」していくふるまいが観察される。まず行動が起こり、目標を達成して、終了する。最小抵抗経路が私たちを望みの地点へと導いてくれるのだ。

プロジェクトチームが任務を完了し、報告を書き、予算を準備し、宣伝活動を実行し、製品を創出する。経営陣は、こうしたさまざまなプロジェクトを調整して、戦略や戦術の織物へとまとめ上げる。うまくいけば、組織活動は見事に調和して支え合い、真の統合（アラインメント）に達する。そうなると、その組織は一貫して高いレベルの業績を上げることになる。

前進する最小抵抗経路を生み出す正しい構造を構築すれば、組織は次から次へと高い目標を達成し続ける。これが創り出すプロセスの本質だ。何かが創り出され、それが創り出されたことによって、さらに次への創造につながっていく。

前進する組織においては、全員の行動が役に立ち、企業全体のエネルギーと才能と持ち味が発揮される。皆が協働的な創造プロセスに関わっていく。

企業で働くほとんどの人たちにとって、この話は夢物語にしか聞こえないだろう。

ほとんどの企業は、社員や組織から最高の力を引き出すような構造になっていない。組織が個人の自主性を殺し、個性を踏みにじり、魂さえ奪わんとしているかに見える。つまらない外聞や近視眼や集団的愚鈍に流された会社は、企業のプロフェッショナリズムとは似ても似つかない。組織に内在する素晴らしい経験、才能、エネルギー、献身、知恵の数々が無視され、活用されず、認知もされない。最強の創造的競争優位性が会社の上層部には届かないのである。

なぜなのか。それは前進しない構造、揺り戻す構造が根底にあるからだ。

構造的揺り戻しvs.構造的前進

構造的揺り戻しにおける最小抵抗経路は、ある場所から別の場所に行ったと思ったら、また元の場所に戻ってきてしまう。揺り戻す組織の場合、前進しても、しばらく経つと逆転が起こる。進歩や成功は無効になってしまう。構造的揺り戻しにおいて、逆転は不可避だ。直前の進歩は必ず逆転する。

前進と揺り戻しの違いを、娘のイブのおもちゃで説明しよう。バービー人形用のロッキングチェアとクルマだ。

まず、ロッキングチェアを前に押してみる。手を離すとロッキングチェアは後ろに戻る。何度かこの動作を繰り返したら、パターンは誰の目にも明らかになる。前に進む動きに続いて、後ろに戻る動きが起こる。ロッキングチェアは前後の揺れを繰り返す。

次に、おもちゃのクルマを手にとり、部屋の真ん中に向けて走らせてみる。たいてい部屋の端っこまで走っていって止まる。クルマは、ある場所から別の場所に行って止まる。

ロッキングチェアは、揺り戻しを起こす構造のいい例だ。クルマは前進のいい例だ。

次に、クルマをロッキングチェアに乗せて、ロッキングチェアを前に押し、手を離す。結果は多くの企業組織で起こっていることとそっくりだ。どんなに前進しても、組織が揺り戻す。たくさんの進歩や前進が起こっているのに、その成功はより上位の組織構造によって相殺されてしまう。この揺り戻しは、ロッキングチェアの比喩で象徴される。この手の組織においては、せっかくの成功が最終的には続かない。読者のキャリアの中でも、素晴らしい成功が次の成功につながらずに、組織の中で失われてしまうという経験があったことだろう。

次に、ロッキングチェアをクルマの上に乗せてみる。これは構造的前進が支配的な組織だ。組織の中に揺り戻しは存在する。しかし全体的には前進していく。ロッキングチェアを船の上に乗せてもいい。ロッキングチェアは前後に揺れているが、それを乗せた船は前進していく。構造的前進が主流の組織においては、真の進歩が可能になる。組織が多少の揺り戻しを含んでいても、全体として行きたいところに到達するのだ。

ロッキングチェアとクルマは、全く異なる構造をはっきりと示している。それぞれの最小抵抗経路は全く違う。

私たちは、前進し、進歩し、最終的な成功につながるふるまいを望んでいるにもかかわらず、慢性的に揺り戻すふるまいに苛まれていることが多い。ちょうどロッキングチェアのように、前に進んで目標に達したと思った途端に逆転し、元に戻ってしまう。一歩前進するたびに一歩後退し、進歩は相殺される。なんと空しく苛立たしいことだろうか。

なぜ成功が困難に行き着いてしまうのか。なぜ機会が問題にすり替わってしまうのか。いろんなもっともらしい説明をする人たちがいるが、真の構造的課題を覆い隠してしまう憶測が多い。たとえば、「悪人」が成功を台無しにしてしまうのだ、と責める人たちがいる。なぜ成長が縮小につながったのか、なぜ競合の急襲に意表を突かれたのか、なぜ顧客を突然失ってしまったのか。それは、経営計画が杜撰だったからか、経営陣にリーダーシップが欠如していたからか、それとも、実行部隊の任務遂行が弱かったからか。国際経済のせいなのか、競争環境のせいなのか、労働費用の問題か、研究開発が凡庸なためなのか、マーケティング戦略が弱いのか、上司がゴルフばかりに夢中だったからなのか、それとも、宿命だったのか、はたまた己自身の不徳の致すところなのか。

こうした事柄は、症状として現れていたかもしれないが、いずれも真の原因ではない。憶測を重ねるのが好きな人ほど「何がこうした症状を引き起こした原因なのか」と自問することがない。

組織構造の第二の法則が、組織で起こっていることを理解する助けになる。

組織構造の第二法則

揺り戻す組織では、成功が相殺される。
前進する組織では、成功が持続する。

揺り戻しが成功を相殺するとは

揺り戻す組織においては、個人・チーム・部門が成果を上げても、ある部署での成功が、組織の別の部分でトラブルを起こしたりする。組織構造の一ヵ所を押すと、別の箇所が押し戻して相殺しようとする。構造はひとつの全体であり、全てのパーツが相互に関連し、つながり合っている。ところが組織内の人々は全体で考えることをせずにバラバラなパーツだけで考えてしまう。

販売が増加すれば、生産能力に負荷がかかる。新製品は購買者を混乱させ、安定していた市場に不安定をもたらす。再投資すれば、株価に下落圧力がかかる。最小抵抗経路によって、市場における本来の競合と戦う以上に、社内の仲間同士で熾烈な争いを繰り広げることになる。

イギリスのストラテジー・バイ・デザイン社の構造コンサルタントであるクロエ・コックスの報告によると、成功が失敗につながる慢性的なふるまいに繰り返し直面してきたという。

私たちは、多くのチームが期限と予算を守りながら目標を達成するのを手伝ってきました。ところが、大きな成功と祝杯のシャンパンから6ヵ月が経過すると、その成功が、組織の別の部分でジレンマを生じるようになります。これではクライアントの払う費用と私たちコンサルタントの時間が無駄になってしまいます。そこで私たちは、クライアント組織全体の構造に関わるか、あるいは最初から構造がうまく機能している場合のみに限って、プロジェクト計画やチーム育成を手伝う方針に変えました。

なぜ揺り戻しに気づけないのか

何かに成功したときは、通常それが成功したとわかっているが、その後どうなったかに気づかないことが多い。成功が揺り戻して失敗のもとになっていることに気づかないのだ。これにはいくつか理由がある。

組織が揺り戻している場合であっても、成功自体は報いられる。成功はいいことだ、何度でも何度でも成功すべきだ、とほとんど普遍的に信じられている。成功が最終的に続くものかどうかなどお構いなしに、賞与、昇進、昇給、新たな権限が与えられる。組織が複雑すぎて、実際に何が起こっているのかが見えにくい。最小抵抗経路が、まず成功を呼び、そして、失敗に逆戻りしているというのに。

次に、多くの組織では、揺り戻しを起こしながらも限定的な進歩が起こっている。働く人々の努力によって、わずかながらも成長を遂げているのだ。ロッキングチェアであっても、前後に揺れながらほんの少しずつ前に進むことがある。二歩進んでは、一と四分の三歩戻る。多大なコストをかけて前に進んでいる。

三つ目に、揺り戻しは、ときに何年もの長い期間にわたって起こっている。それだけゆっくりしたペースで揺り戻していると、構造的なパターンが起こっていることを観察しにくい。多くの組織を観察すると、2年から3年の間に直前の2、3年とは正反対の方向に舵を切っていることがわかる。

問題や心配事や急ぎの要求で忙しいと、そればかりにかかりきりになってしまう。一歩引いて、組織全体を長い目で見る暇がどこにあろうか。もし読者がそれをやって長期的視点から報告したとして、一体誰が耳を傾けるというのか。多くの人たちが、それを聞こうともしない。皆が忙しすぎるからだ。忙しいのは間違いではない。しかし、忙しいからといって理解や熟考が妨げられては困る。

四つ目に、揺り戻しを起こしていても、少なくとも半分の時間帯は前進している。私たちは、成果を上げ、祝杯を挙げ、逆転に気づく者はいない。そしてあるとき、振り子が成功の反対側に振れているのを見て腰を抜かす。ロッキングチェアが前に進んだら必ず元に戻るのが最小抵抗経路だというのに。

ＩＢＭ、ゼネラルモーターズ、ＤＥＣ社などの世界的企業の成長期を見れば、果てしのない成功を享受しているように見えた。そんな成長企業が揺り戻しに遭うなどと誰が想像できただろうか。ところが、ひとたび成長サイクルが逆転すると利益はガタ落ちし、市場での地位は凋落し、経営陣は経営責任を問われた。これは、経営陣の責任だったのだろうか。それとも、経営陣でさえもが構造的揺り戻しの犠牲者だったのだろうか。なにしろ最小抵抗経路に逆らうことなどできず、いっときの成功が必ずその後の失敗を呼ぶのだから、組織の指導者でさえもが機能不全構造の犠牲者になりうる。

やがて振り子が逆方向に振れて、企業がまた成功し出したら、今度はこう問わなくてはならないだろう。構造的前進に転換できたのか、それとも今回の成功もまた将来に禍根を残す揺り戻しの準備にすぎないのか、と。

構造についてのレッスン

まっすぐな道が続いていたが、クルマの車輪の向きが正しく調整されておらず、左にハンドルをとられる。そこで、ハンドルを右に切ってバランスをとる。そうやってまっすぐ進むことができる。このとき、ハンドルを右に切る行為が、駄目な構造の埋め合わせをする行為だ。まっすぐ走ろうとしている。が、まっすぐではないことをしている。

あるとき、訳知り顔の友人がクルマに乗り合わせる。奇妙なハンドル操作に気づきながらも、しばらく黙って見つめている。数分ためらった挙げ句、「さっきからハンドルを右に切ってるね。運転が上手な人たちの研究によると、まっすぐ走ってるときはハンドルをまっすぐにしているものなんだ。だから、君も上手に運転したかったらハンドルをまっすぐにしたほうがいいよ」と言い、クルマを降りてしまう。そう、多くの助言者たち同様、自分の助言が実際に効果をもたらしたかどうかを見届けはしない。そこで私たちは、助言に従ってハンドルをまっすぐにしようとする。が、20秒も経てばまたハンドルを右に切り始める。根底にある構造が、新しいハンドルさばきをサポートしなかったのだ。
クルマの両輪が調整されているならば、ハンドルをまっすぐにするのはいい考えだ。会社の経営も同じである。組織構造がきちんとしている限り、色々な優れたアイデアが有効に機能する。組織構造が整っていないとき、ベストプラクティスが役に立つどころか、事故の原因にさえなりうる。

ここから組織構造の第三の法則が導かれる。

組織構造の第三法則

組織構造が変わらなければ、組織行動は元に戻る。

ＢＣテレコム社のビジネスプロセスデザインマネジャーであるマイケル・グリーニッジが、多くの組織が体験する状況を次のように語っている。

組織変更があるたびに、経営陣は何らかのツールや方法の類いを持ち込みます。毎回違うコンサルタントが違う方法を持ち込みます。ところが、導入途中で判明するのは、結局組織はその方法を使わないということです。それで途中で破棄することになり、また別の新しいツールが導入されます。そして、皆がうんざりするのです。

こういう調子では、従業員たちが新しいツールや方法に懐疑的になるのも無理はない。次から次へと変革プロジェクトが行われ、そのたびに大騒ぎし、実行段階で熱が冷める。新しい提唱者、新しいシステム、新しいモットーが現れては消えていく。組織そのものは旧態依然である。またぞろ新しいツールが登場したからといって、今度こそうまくいくなどと信じられようか。

そうなると、懐疑派の従業員たちは、変革など無駄だと悟るようになる。やるべき仕事の邪魔にしかならない、と。

構造を変える

クルマを修理工場に持ち込んで、両輪をきちんと調整さえすれば、ハンドル操作はたちまち正常になる。まっすぐ走りたいときはハンドルをまっすぐにする。新しい運転動作は簡単に習得できる。構造が変われば、行動は自動的かつ自然に変わる。これこそが組織構造の第四の法則である。

> **組織構造の第四法則**
>
> 組織構造が変われば、組織行動は変わる。

では、どのように構造を変えれば、揺り戻しから前進に変わるのだろうか。これが次章のテーマだ。

第1章のまとめ

構造と構造法則

- 構造とは、相互に関係を形成することで影響を与え合う個々の要素から成り立つ実体である。
- 組織は、構造法則に従って最小抵抗経路をたどる。それ以外に選択の余地はない。
- 構造法則を理解することによって、組織がなぜ一定のふるまいをするのか、どうやって望ましい成果を上げられるようにリデザインできるのかを理解できるようになる。

組織的前進と揺り戻し

- 組織構造の第一法則……組織は揺り戻すか、あるいは前進する。
- 前進とは、今いるところから行きたいところへと動くことをいう。揺り戻しとは、一度は行きたいところに行っても、また元のところに戻ってしまうことをいう。
- 組織構造の第二法則……揺り戻す組織では成功は相殺され、前進する組織では成功が長続きする。
- 成功が長続きするときというのは、ひとつの成功が次なる成功への連鎖を起こしていく。成功が相殺されるときは、成功が一時的だったり短期的だったりする。
- 揺り戻しは、長い期間にわたって起こりうるので気づきにくいことが多い。ある時期は前進しているようにも見えるからである。
- 構造の性質を理解することは必須だ。それによって揺り戻しから前進へと最小抵抗経路を変えるような組織のリデザインが可能になる。

- 組織構造の第三法則……組織の構造が変わらないと、組織の行動は元に戻っていく。
- 組織構造の第四法則……組織構造を変えれば組織行動は変わる。

第2章　緊張構造　緊張が成功の鍵

言語に言葉が、数学に数字が、システムダイナミクスにフィードバックループがあるように、構造には緊張がある。緊張が構造力学における基本単位だ。動きと変化を生み出すエネルギー貯蔵庫のようなものだ。緊張によって、構造における最小抵抗経路が形成される。

「緊張」という言葉の意味を明らかにしておこう。ここでいう緊張は、情緒的ストレスや不安のことではない。プレッシャーのことでもない。痛みや苦しみのことでもない。本書で緊張と呼ぶのは、エネルギーが最小抵抗経路を進むように働きかける構造の力学のことである。

緊張とは何か

緊張はひとつのものと、もうひとつのものとの差から生じる。

喉の渇き、という単純なケースを例にとろう。渇きとは一体何か。身体が必要としている水分量と、実際に身体の中にある水分量との差である。この緊張によって生じる最小抵抗経路は、差がなくなるようにする行動、すなわち「飲む」ということだ。喉が渇いているとき、飲まないよりも飲むほうがたやすい。飲むことによって、望む状態と現在の差がなくなる。身体が欲している水分量と、体内の水分量が同じになる。緊張は解消され、最小抵抗経路は「飲むのをやめる」となる。実際、渇きが癒えれば、私たちは飲むのをやめる。

ここに大事なポイントがある。緊張は解消したがるということだ。緊張があれば、私たちは必ず解消したがる。渇き、飢え、サスペンスといった緊張があれば、飲む、食う、犯人探しなどの行動をとることになる。緊張そのものが解消を求めるのだ。ひとたび緊張が生まれれば、それは解消を求め、今いるところから、別のところへ移動しようとする。

この単純な例から、緊張について最も重要な原則を学ぶことができる。

1. 緊張はふたつの要素の差から生じる。
2. 緊張は最小抵抗経路を形成し、動きの傾向を生み出す。
3. １の差がなくなったとき、緊張は解消される。

緊張と均衡

緊張は不均衡の状態をつくる。喉の渇きの例で言うと、身体が望む水分量と実際の水分量との不均衡だ。**不均衡状態が構造に内在すると、構造は均衡を取り戻そうとする。**

渇きは、実際の水分量と、欲する水分量の間の不均衡状態を示している。水を飲むことによって両者の間の差がなくなり、均衡が確立される。

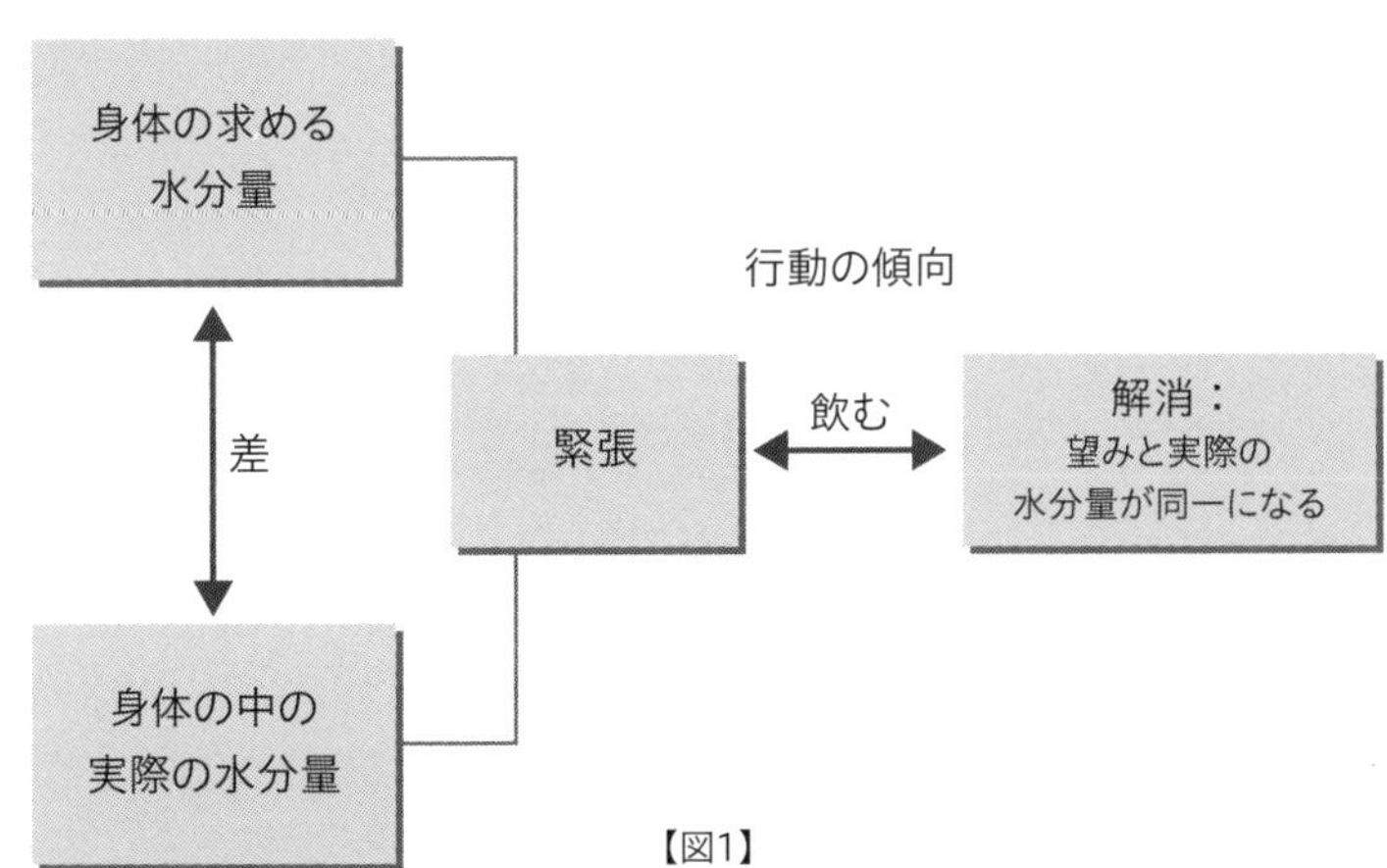

【図1】

均衡を神聖視する人たちがいる。しかし、均衡それ自体は良いものでも悪いものでもない。不均衡状態も同じことだ。喉が渇いていることも渇いていないことも、それ自体は良くも悪くもない。生体システム内の緊張状態を反映しているだけのことだ。

では、緊張が組織にどう適用できるかを見ていくことにしよう。

緊張構造とは何か

本書で最も重大なポイントのひとつがここにある。組織をリデザインする上で最も重要な緊張は、私たちの望むものと持っているものとの差である。創り出したい状態と実際の状態の差だ。この緊張のことを緊張構造と呼ぶ。

私たちが企業クライアントのビジネスや経営をデザインするときは、必ず緊張構造がその計画と実行の基礎となる。創り出したい成果をはっきりさせ、それに対する現在のリアリティを定義することによって緊張が形成され、それは具体的な行動計画によって解消されることになる。

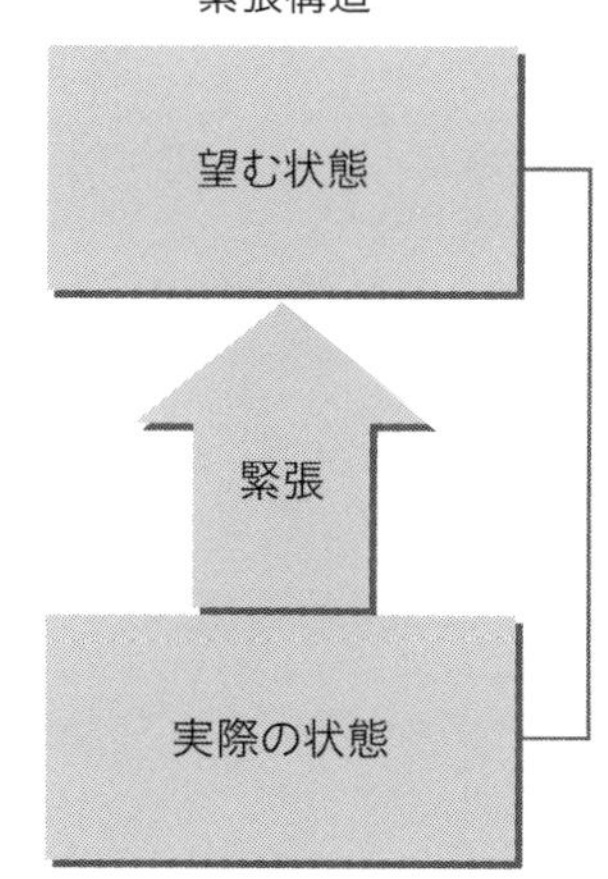

【図2】

これはいくら強調しても足りない。緊張構造の原理こそ、組織が持つことのできる最強の力だ。その原理とは、どんな成果を創り出したいかを知り、そして、目標に対して今どこにいるのかを知ることである。

単純すぎるように聞こえるだろう。ある意味では単純すぎるのだ。単純すぎて言わない、単純すぎて耳を貸す気にならない、単純すぎて軽視してしまう、単純すぎて高を括る、単純すぎて理解していないのに理解しているつもりになってしまう。

言うのは簡単なことだ。何が欲しいかを知り、どこにいるのかを知り、ここからあそこまで行く計画をつくる。しかし実際に行うのはとても大変なことだ。そこで、よくある落とし穴と重要性を見ていこう。緊張構造の三つの要素、目標を定義し、現在地を定義し、目標に到達する行動をとることである。

それぞれの目標が整合しているかどうか

何を手に入れたいかわかっていない企業が多い。目標を持っていないというわけではない。複数の目標があって、一貫していないのだ。大きな複数の目標が整合しておらず、対立したり矛盾したりしている。よく考え抜かれておらず、利益相反だらけだ。多様な目標が相互に関連していることを理解している企業のほうが、理解していない企業よりも、競争において優位である。

企業が自社の目標を本当に理解しているかどうかは、組織全体を見渡して初めてわかる。さまざまな部署のさまざまな目標が、互いに支え合っているか、それとも対立し合っているか。ヒト、モノ、カネなどの経営資源が共有されて、共通の大きな目標達成のために使われているか、それとも資源の取り合いが起こっているか。組織の中で、財務の担当者たちと事業の担当者たちとの間に対立がないか。製品開発グループとマーケティング担当グループは協調しているか、それとも対立しているか。

また、どんな組織にもたくさんの目標があるが、皆は目標を本当に理解しているのか。そして、目標を実現しようとしている理由をわかっているのか。わかっていないこともあるのだ。

部署ごとに、目標がバラバラにちりばめられていることがある。本社の目標と全く無関係に、現場で目標設定されていることがある。世界的な製薬企業、ベーリンガーインゲルハイムの免疫疾患部長マールッジー博士によると、入社した科学者たちの間に、この現象が起きているという。科学者たちが設定した目標が、本社の方向性と合わないのだという。そこで、マールッジー博士は緊張構造を創り出して、組織全体の方向性に合致した目標設定を始めている。博士自身の言葉によるとこうだ。

多くの若手科学者たちが企業に就職してラボやチームのマネジャーになります。たいていの科学者たちには才能があり、知性と知識があり、技術的な目標を達成する力があります。ところが、知恵の欠如のために科学が迷走することがあります。科学者たちは科学的目標を定義することができる一方で、それを実現するための組織目標を見出すのには長けていないのです。組織目標を明確に定義して強い緊張構造を生み出すことによって、多くの目覚ましい科学的成果を生み出せることが、私のマネジメント経験からわかりました。緊張構造は非常に効果的です。

重要なことは目標をつなげること

緊張構造によって組織を構築するとき、目標には特別な機能がある。目標こそが、組織をまとめ上げる主たる原理なのだ。目標達成に向けたどんな行動も、他の目標と関連し、他の目標もまた、その他の目標と関連している。そして、目標は特徴的に関連づけられている。組織全体の大きな目的から、ビジネス戦略、マネジメント目標、現場の目標にまでつながっている。

現場で目標が設定されると、その目標は必ずしも他部署の目標と整合していない。そうすると、目標が衝突し合い、部署が対立し合い、それぞれが目標を達成するために必要な資源を奪い合うことになる。最終的には、食うか食われるかという「適者生存」のゲームで勝者と敗者が決まる。こうした状況に欠如しているのは、全ての目標と全員の能力や活力を束ねる真の組織化原則である。

組織が、揺り戻しではなく前進する緊張構造を創り出すためには、個別の目標よりも上位の成果目標を定義する必要がある。そして、上位の成果目標が、全ての下位の目標に支えられているようにデザインしなくてはならない。

上位目標が会社全体の方向を決める。それ以外は、全て上位目標の下にぶら下がっている。全ての目標が上位の目標にたどり着く。つまり、ぶら下がった目標には、上位目標を支える戦略的な役割があるのだ。こうして初めて組織が前進できる。目標間のつながりが最小抵抗経路を形成するのである。

揺り戻している組織に共通する特徴のひとつは、下手な鉄砲も数撃ちゃ当たるとばかりに目標設定をしていることだ。とにかく、思いつく限りの目標を立て、たくさん取り組めば、そのうちのいくつかは当たるだろうというアプローチだ。本当にどこに行きたいかがわかっていないから、そういうことになる。

たいていの企業は、無数の目標に投資できるほど資金に余裕がない。そして、資金に余裕があったとしても、前進する構造を持つ企業に負ける。数撃ちゃ当たるで成功を収めたとしても、揺り戻しの

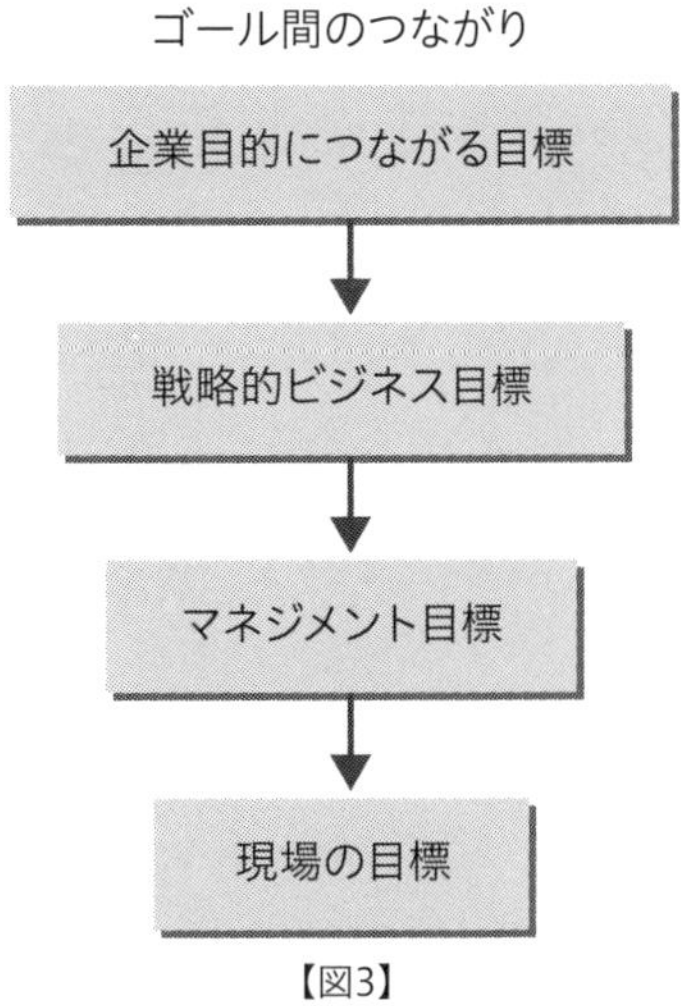

ゴール間のつながり

企業目的につながる目標
↓
戦略的ビジネス目標
↓
マネジメント目標
↓
現場の目標

【図3】

構造では相殺されてしまう。明確な成果のビジョンなしには、緊張構造を創り出すことができない。本書の第1部の後の章で実行可能な成果目標の構築方法を探求する。

リアリティを正確に定義する

次に、リアリティを正確に定義するスキルに移る。目標に対して、今どこにいるのか。マネジャーは、客観的にリアリティを観察する方法を知る必要がある。必要なのは「ニュース」の事実であって「社説」の論評ではない。さらに、リアリティを見るときには、幅広いアングルで見なければならない。私たちは、ふだん慣れ親しんだ土地からリアリティを見ている。それでは物事の全体像を見渡すことができない。ヘリコプターに乗って上空に昇り、その土地全体を見渡さなくてはならない。あちこちの場所がどうつながっているのか、それともつながっていないのか。この洞察抜きにはリアリティをしっかりと捉えることができない。

私が最初に会社を始めたとき、最も役立った本の中に、大半のビジネスが最初の2年で倒産する理由が書いてあった。その理由はたったひとつ、杜撰な会計処理である。なぜそうなのかといえば、会計処理が劣悪だと、リアリティを捉えられないからだ。経営判断が、間違った情報のもとに下される。リアリティの重要な側面を捉えられず、経営が破綻する。

リアリティを知るには経験が必要だ。痛み、落胆、歯がゆさは、リアリティにつきものだ。自分の強い信条が現実の中で崩壊することもある。リアリティが混乱を極めることもある。いずれにしても、リアリティに通じることなしには、自分の無知に気づくこともなく、間違った決断をし続けることになりかねない。本物の緊張構造を確立するためには、目標に対する現在のリアリティを正確に知り、表現する必要がある。

現在のリアリティを定義することは、なぜそんなに難しいのだろうか。それはたいていの組織の中で、人がリアリティを歪曲してしまうからだ。ミスは隠蔽される。「私は以下の失敗を犯しました」という報告書を読むことなど滅多にない。むしろ、成功が誇張され、見ればわかることが無視されている。良い結果に報奨が与えられ、悪い結果には与えられない。だから悪い結果について語る者はいなくなる。

リアリティについてのミニレッスン――そこに本当に何があるのかを見る

素晴らしいアーティストであり、絵画教師でもあるアーサー・スターンが、著書『色をどうやって見て描くか（How to See Color and Paint it）』（未邦訳）の中でこう述べている。

「絵描きの多くが、実際に見えているものではなく、自分が見るだろうと思うもの、見ていると思うもの、記憶しているもの、またはこうあるべきだと思うものを描いている」

スターンが学生たちをリバーサイドパークに連れていき、ハドソン川の向こうのニュージャージーを見るように言ったときの話を書いている。川の向こうのパリセーズのマンション、下流の貯蔵タンク、上流の大きな工場といった三つの建築物を見るように言った。

そして、学生に尋ねた。「三つの建物は何色をしている？」

学生たちは誰もが同じ回答だった。マンションは赤（「赤レンガ」と言った者もいた）。貯蔵タンクは白。工場は橙色。

次に、スターンは小さな穴のあいたカードを学生たちに配って、この穴あきスクリーンから対象を見ることで色を切り離して見ることができるのだと言った。学生たちは、配られた穴あきスクリーンから、改めて川向こうの建築物を観察した。

「さあ、何色に見える?」とスターンが聞くと、学生たちはしばらく沈黙していたが、そのうちにひとりが言った。「全部青いです。穴から見ると、向こう岸のものはみんな青いです」

それを聞くと、他の学生たちも皆うなずいた。赤いマンションも白いタンクも橙色の工場も全部青く見えたのだ。

曇った日には、遠くの山々、川向こうの建物、長い通りの向こうなどを見たときに、大気が光を反射している。それは空の光なのだ。だから遠くの山々は、紫や青に見える。学生たちが向こう岸の建物そのものの色を穴から覗いたとき、本当にそこにあるものそのものを見ることになった。客観的現実がそこにあり、それを見るのはたやすいことだった。

実は、いつだって現実はそこにあったのだが、学生たちは見ていなかったのだ。なぜ見ていなかったのか。それは既存の観念で見ていたからだ。この建物はこういう色だという固定観念が先にあって、その観念と比べながら見ていたのだ。固定観念にそぐわない情報は遮断された。学生たちは、同じ固定観念を共有していたから、赤、白、橙色という認識で合意するのは簡単だった。

これは心の錯覚なのか。それとも私たちが正確な情報を自分に与えていないのか。スターンは、学生たちが正確に実際の色を観察できるとわかっていたから穴あきスクリーンを持参して指導を行ったのだ。正確に観察しさえすれば、学生たちはそこにあるものをきちんと見ることができた。

しかし、カードを渡される前には見えていなかった。そこに教訓がある。

人はしばしば現実そのものを見ず、現実の代用品を現実と取り違える。そして、代用品を自分自身に押しつける。

緊張構造の基礎のひとつは、正確な現実把握である。固定観念ではなく、新鮮な現実認識を持つことが大切だ。シャーロック・ホームズが、ワトソンに「君は見ているが、観察していない」と言ったように、私たちは、よくワトソンになってしまう。シャーロック・ホームズになる必要があるのだ。

現実を見るときは、一切の観念抜きに見ること。それによって、より多くが見える。わからないことを憶測で埋めず、わかったことを描写するだけでいい。ＴＶドラマ『ドラグネット』シリーズでフライデー刑事が言う「事実だけをお願いします」という決めゼリフのように、事実と事実以外の憶測、仮説、理論、観念とを分けることで、明確にリアリティを知ることができる。知らないことは尋ねればいいのだ。

ある夜、ネズミ捕りに仕掛ける餌のチーズがなかったので、大きなチーズの絵をはさんでおいたら、翌朝、ネズミの絵が引っかかっていたという話がある。ネズミの絵はネズミではない。リアリティの観念はリアリティではない。


私たちは、世界を自分固有のレンズを通して見るようになっている。レンズとは、理論、経験、理想、世界観、持論、憶測などだ。このレンズが現実認識を歪めて、緊張構造を弱め、骨抜きにしてしまう。客観的に現実を観察することが必要だ。この規律についても本書の第１部の後半と、第３部において詳しく扱う。

さあ、行動のときだ

創り出したい成果を定義し、組織の現状を定義して、緊張構造を確立したら、いよいよ行動計画の作成となる。しかし、この行動計画はよくあるいつもの行動計画とは違う。緊張構造の中で作成される行動計画だ。この行動計画によって最小抵抗経路が形成され、スタートからフィニッシュまでの動きが自然と起こるようになる。緊張構造の中でとる行動は、緊張構造がない中でとる行動よりもとりやすい。より正確で、効率的で、効果的で、より良い行動になる。

現在地点から目標地点に行くためのステップは何か。緊張構造があれば効果的で実践的なプランを仕立て上げることができる。

ここで注意がある。このプロセスのことを「ギャップを埋める」と呼ぶ人たちがいるが、それは違う。「ギャップ」とは、何かと何かの間に何もないことを言う。緊張構造とは、何もないどころか、力強いエネルギーが存在することだ。動的なエネルギーとして、緊張は解消に向かう。緊張を解消させるひとつの方法が行動計画だ。もうひとつの方法は、実際にプランを実行することだ。

もしあなたがマネジャーで、部下に行動を強制したり、聞き分けの悪い連中を操作したりしなければならないとしたら、あなたは緊張構造を使っていない。自分たちのチームにふさわしい目標を定義することから始めなくてはならない。そして、各メンバーが目標に通じていなければならない。なぜ

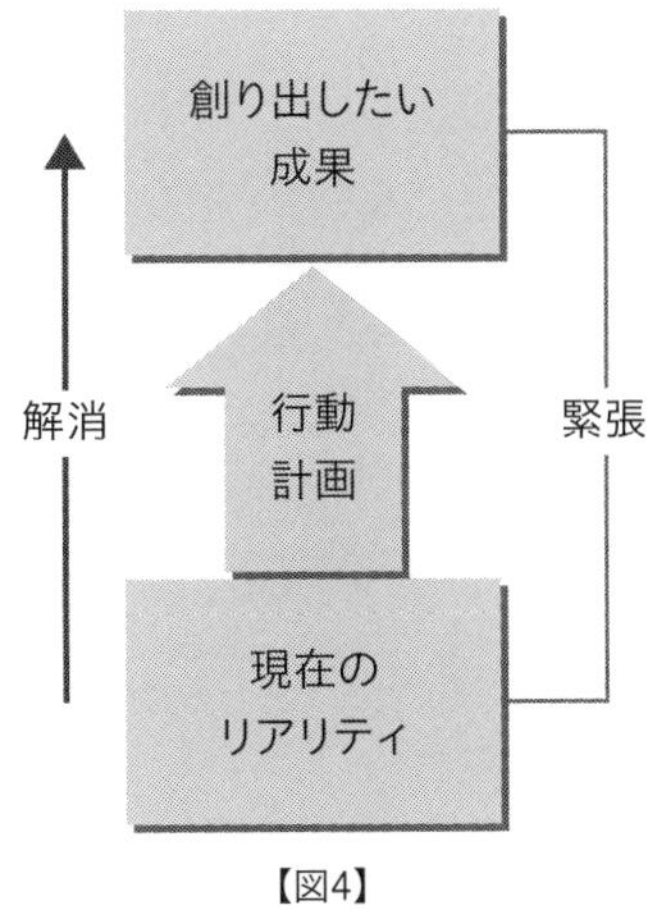

【図4】

これらの目標が大切か。これらの目標が組織の他の目標とどう関連しているか。チームとして自分たちのリアリティを把握し続けなくてはならない。リアリティは変化していくものだ。情報収集がタイムリーにできるための仕組みも必要になるかもしれない。

こうした重要な要素が揃って初めて効果的な行動計画が可能になる。明確な目標と明確な現在地を知ることになるからだ。リアリティが変化するごとに理解をアップデートし、行動計画をアップデートしていく。一方で、聞き分けの悪い連中を操作する必要はない。新たな構造を築いて、行動を実行するための最小抵抗経路を形成するだけだ。これによって目的地に到達する確率がぐんと上がる。

緊張構造が支配的な組織の場合

緊張構造が支配的な組織で働く人たちは、リアリティを正確に客観視し、自分たちが見ている事実を共有することができる。見解や観察の相違を話し合い、目標に対して現状がどうなっているかを理解し合うことができる。そうなれば、問題状況に反応して対立するのではなく、本当に学んだことに基づいて戦略や行動計画を評価して調整することができるようになる。

組織が前進する構造になっていれば、行動はきちんと評価され、必要なら調整され、次の行動へと続いていく。仕事をする人たちは自ずと創意工夫を凝らし、目標に向かって必要なプロセスを創り出していく。

どんなプロセスもそれがもたらす成果によってその値打ちがわかる。目的がわからなければ再発明やリデザインなどできない。ラフランス社（アメリカの中規模メーカー、ヒューレット・パッカード社やフォード社などに納入している）のジョン・テティ会長は次のように語る。

うちの工程計画は当初あまり効率的じゃありませんでした。そして構造アプローチを採用したとき、誰にも何も言わずにただ始めたんです。大々的な導入などせず、黙って使い始めたら、たちまち色々な無駄話がなくなりました。ただシンプルに目標を語り、リアリティを語るようになったら、計画の時間は三分の一に縮小されました。

ラフランス社のジョージ・バラー社長は言う。

構造アプローチを使うことで、ビジネスについてそれまで得ることのなかった大量の洞察を得るようになりました。工程計画の観点から言うと、たくさんの無駄な議論がなくなったことが大きな改善のひとつです。

何かが流行すると、そのプロセスが何のためにあるのか、ということが忘れられてしまいがちだ。ベストプラクティスと効率ばかりを追い求め、具体的な目標に結びつけることを怠ってしまうせいである。そのマネジメントプロセスは何のためにあるのか。ベストプラクティスを学ぼうとすることに問題はない。しかしそれ自体が目的化し、意味を喪失してしまう。目標と現在のリアリティを知らずして、新しいプロセスが効果的かどうかを知ることなどできない。だから組織全体で緊張構造を確立する必要があるのだ。

組織構造の第五の法則はこれである。

組織構造の第五法則

緊張構造が組織を支配しているとき、組織は前進する。

組織の中で緊張構造が支配的なときには、構造アプローチが全社にわたって組み込まれており、組織の最小抵抗経路は前進するものとなる。スウェーデンに本社がある国際的な林業コンサルティング会社スウェドフォレスト社はそういう組織のひとつだ。スウェドフォレスト社のジャーカー・トゥーバーグ社長は同社の構造アプローチについて次のように語っている。

当社では2年前から構造アプローチを採用し、スタッフ、マネジャー、事務職や補助職を含むほとんどの従業員が、自分たちがどうなりたいか、どんな成果を上げたいかを定義する作業に携わりました。成果に向けての戦略を構築する構造アプローチは、変革と経営において途轍もなくパワフルな道具立てです。成果目標と現状の間の緊張構造は、私たちが望む成果を上げるべく、組織を変革し始めるための活力を与えてくれました。もはや当社は2年前と同じ会社ではありません。一番素晴らしいことは、いったん構造アプローチを採用したら旧態依然たる自滅的な問題解決や状況思考とはきっぱり縁が切れるということです。どんどん成果を上げ、成功を重ねていくことができます。もっと多くの企業がこの方法を採用して経営を変革したらいいいと思います。

ラフランス社のジョン・テティ会長が言うように、「いったん緊張構造に敏感になると、何がうまくいくか、何がうまくいかないかがわかるようになる。構造の論理を二度と忘れることはなく、二度といい加減な行動はとらなくなる。すぐに学ぶことができ、互いが学ぶのを助け合うことができるようになる」。

アメリカ空軍のライト研究所で構造コンサルタントおよびプログラムマネジャーを務めるジョン・ウルバートンは、組織中に優れた経営を広めるに当たって緊張構造が鍵だと言う。

本当に素晴らしいマネジャーたちと仕事をしたことが何度かあります。彼らはどんな課題があっても一貫して成果を上げるのです。他のマネジャーたちとは違います。何が両者を分ける鍵なのかをずっと探してきました。構造アプローチを学んでわかったのは、緊張構造こそが鍵だということです。プロジェクトを切り盛りする上で他の方法はもう考えられません。

リバーサイド・メソジスト病院のアルコールおよび薬物依存科キャサリン・フリーマン部長の報告では、緊張構造を組織で使うことによって、新しい成功パターンが生まれたという。

1993年に、初めて構造アプローチのトレーニングを行ってからというもの、目覚ましい成果を上げられるようになりました。その10年ほど前までは部長がいくら代わっても、いつも同じ課題が立ちはだかり、一向に成果らしい成果が上がらなかったのです。財務的な成果などまるで上がっていませんでした。経営戦略についてたくさん議論がありましたが、何もうまくいっていませんでした。緊張構造を使い、全てを統合して、３年の間に臨床プログラムを完全に再構築しました。その結果、去年の治療成績は向上し、再発率は下がり、組織史上最高の財務成果を上げたのです。従業員の士気は信じられないほど上がりました。医療行動科学の医師たちにとって奇跡的な成果です。私たちの成功がどう起こったのか医師たちは知りたがりました。

> 目標と現状の差がパワフルな緊張を形成し、組織の中で緊張構造が確立されると、皆が力を合わせてそれを解消することができる。解消することで組織は前進していく。
>
> これは政府組織でも同じだ。モントリオールの構造コンサルタントであるジェフリー・アーノルドがケベック州郡区で緊張構造を使ったときのことを次のように語っている。

構造アプローチを使い始めた頃、私は地方の郡区の議員でした。ケベック州政府は全ての自治体政府が条例を伴う都市計画を持つように定めたのです。

２年越しの複雑なプロセスを、まず自治体のビジョン、続いて現状を描写することから始めました。それによって緊張構造が確立し、そこから資源確保、協議、計画、公的諮問、政府許認可などの反復的プロセスになります。このプロセスが法的枠組みに至り、郡区における住民全体の集合的ビジョンの整合性を維持することになります。

都市計画は時の試練に耐え、長年にわたって定着しました。一例では、多国籍企業が巨大なゴミ集積所を自治体区域に設置しようとするのを食い止め、住民たちは生活の質と不動産価値の劣化を防ぐことになりました。それどころか、私たちは長期にわたって生活の質向上を進展させることに成功したのです。

緊張構造のパワーを決して軽んじないことだ。緊張構造は創造力を持ち、最小抵抗経路が目標達成の成功を可能にする。

では、緊張構造をどのようにして使ったらいいのか。それがこの後の章のトピックだ。基礎を押さえ、緊張構造チャート作成のパワフルな方法を学ぶ。それによって組織が見事に成功するデザインができるようになる。

第２章のまとめ

- 緊張はふたつの関連する要素の差から生まれる。
- 緊張が生まれたら、それは解消へと向かう動きを生み、最小抵抗経路が生成される。緊張解消システムが構造の基本単位である。
- 緊張構造（望む状態と現在の状態の差）が前進する組織の鍵となる材料である。
- 緊張構造が組織の中に前進をつくる。緊張が前進するふるまいを促進するからだ。目標が相互に関連づけられ、リアリティは客観視され、計画は調整され、組織学習が当たり前になる。
- 組織構造の第五法則……組織を緊張構造が支配するとき、組織は前進する。

第３章　緊張構造チャートを描く　組織をデザインする鍵

緊張構造を組織化の原理として使うことほどパワフルで創造的なことはない。成功している企業は、例外なくそうしている。そうとわかって使っている組織と、知らずに使っている組織がある。自覚的に使えれば使えるほど、企業は組織の運命をコントロールすることができる。

緊張構造を組織に創り出すための第一の方法は、**緊張構造チャート**を描くことだ。緊張構造チャートを描く上で重要なのは、主要な目標を特定し、それによって現在のリアリティを定義し、特定した目標に到達するための行動計画を創り出すことである。

チャートを描く作業は、経営陣がトップダウンで行うこともできるし、チーム、部署、部門単位で行うこともできる。個人が自分の仕事や人生のために使うこともできる。

まずは、組織においてトップダウンで緊張構造チャートを描くアプローチを見てみよう。

トップダウンでデザインする

トップダウンアプローチで緊張構造を創り出す組織は、そうでない組織に対して、明確な優位性を獲得する。組織にとって最も重要な目標を真に理解し、それに関係するリアリティを熟知しているからだ。そういう組織の行動には矛盾がなく、一つひとつの行動が相互に支え合い、途轍もない勢いを創り出している。

私たちは緊張構造チャートによって、交響曲を作曲するように、組織を「創作」することができるようになる。組織の目標は、ちょうど音楽における主題と副主題のように、組織の目的とビジネス戦略に基づいて形作られる。

ビジネス戦略を土台として使い、その戦略を反映する具体的目標を設定することができる。たとえば、ビジネス戦略が、低価格・迅速な納品・十分な品質に基づいていたなら、目標はそれらを反映することになる。つまり、コスト構造と経営効率に基づいて製品価格をできるだけ低く抑えられるように目標を設定する。同時に、製品にふさわしい品質基準を設け、それによって納品目標を実現できるようにする。（ビジネス戦略の豊かな領域については第11章で見ていく）

どんなビジネス戦略であろうと、目標は全て戦略に合致している必要がある。

最も重要な目標を特定する

組織は、最も重要な目標を明確に持つ必要がある。目標は方向を与えてくれる。最も重要な目標は、組織全体に方向を与えてくれる。主要な目標を特定できていないと、同じ方向に全員が向かうようにフォーカスすることができない。だから目標は全員にとって明確でなければならない。

最も重要な目標は、ビジネスのさまざまな側面を含んでいる。たとえば、新規製品リリースにビジネスの成功がかかっていて、競争力を保つために少なくとも年に７製品はリリースする必要があるとする。そうしたら、年に7製品リリースすることが目標となる。目標をいつまでに達成したらいいのだろうか。たとえば、今から2年後には達成する必要があるとしよう。何を創り出したいかを明確に定めれば、誰もが目標を明確に理解できるようになる。この場合、年間７製品の新規リリースだ（図５-１）。

この目標を設定したときに、新製品がどんなものかがわかっていなかったとしても、目標は明確になっている。達成期日も明確だ。

目標が明確になったら、緊張構造チャート作成の最初のステップが完了する。次のステップは、目標から見た現在の状況を定義することだ。これを「今のリアリティ」と呼ぶ。

今のリアリティを定義する

新製品リリースの目標から見て、今のリアリティはどうなっているのだろうか。たとえば、今は年間３製品をリリースしているとしよう。今のリアリティを定義するために、他に必要な情報は何か。たとえば、製品開発チームがふたつある、同一の設備を共有している、新規採用は難しい、などである。すると、目標と今のリアリティの差が見えてくる。この差が緊張構造を生み出し、プロセスを活性化する。成果が上がるまで、私たちはマネジャーとしてこの緊張を保持して活用するのだ（図５-２）。

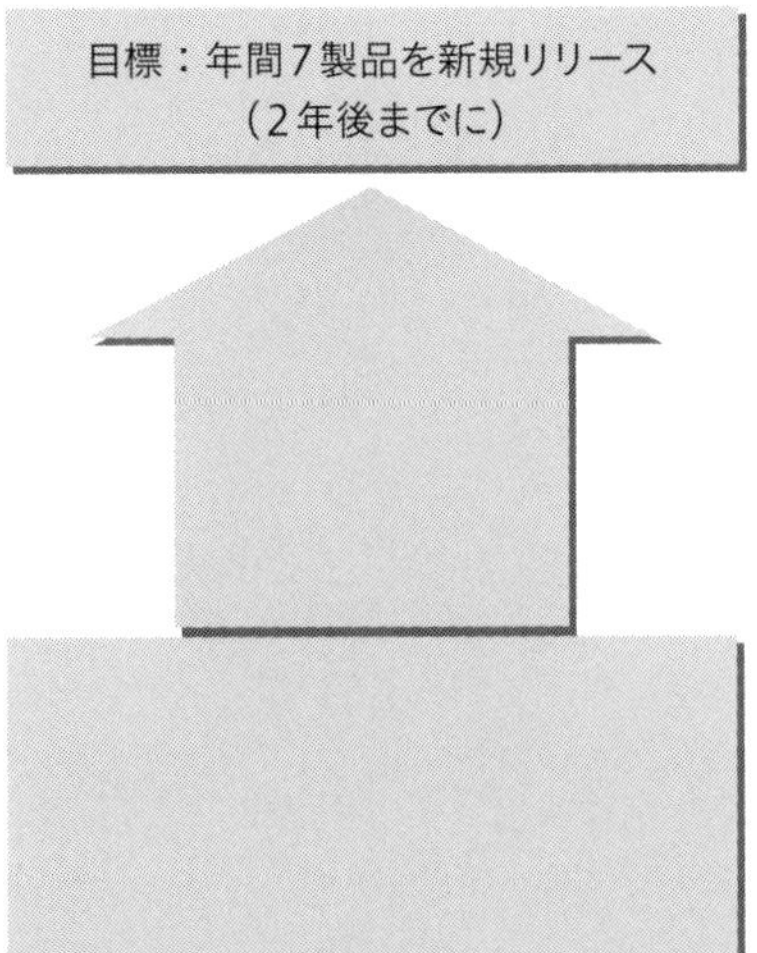

【図5-1】

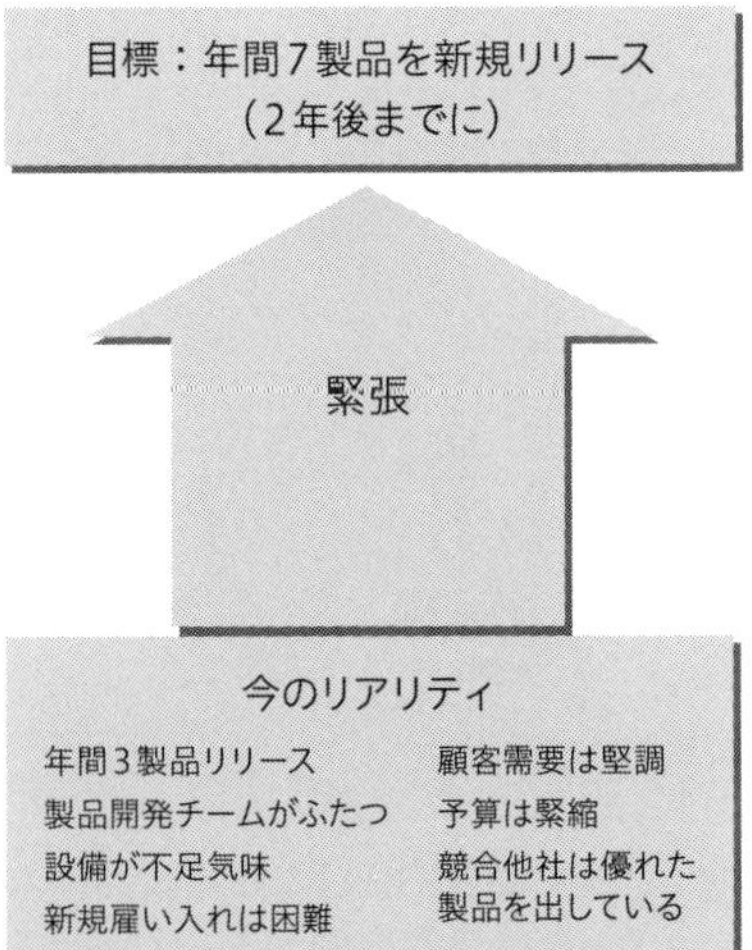

【図5-2】

行動計画を作成する

目標を定義して、今のリアリティを記述したら、緊張構造が確立される。最小抵抗経路ができ、年間７製品リリース実現に向かってエネルギーが最も流れやすくなる。

だからといって、緊張構造を思い描いているだけでは、目標達成に至ることはない。行動を起こす必要がある。そして行動がより効果をもたらすためには、計画があったほうがいい。したがって次のステップは、行動計画を書き、どんなステップを踏んだら目標にたどり着くかを明らかにすることだ。

緊張構造チャート作成においては、詳細を描くのに特別な方法がある。テレスコーピングと呼ぶ手法だ。詳しくは第４章で紹介するが、テレスコーピングを簡単に言うと、緊張構造チャートに大まかな行動ステップを記述し、それらをもとにさらに詳細のサブチャートを生成する、というやり方である。

最初の記述レベルは、非常に大まかな行動ステップとなる。それによって全体をまず捉え、続いて詳細を扱うということが可能になる。この思考プロセスが重要だ。いきなり詳細に埋もれることなく、全体像を捉えながら個々の詳細の関係を見ることができるようになるのである。

新製品リリース目標の例では、緊張構造チャートは図５－３のような行動計画となる。

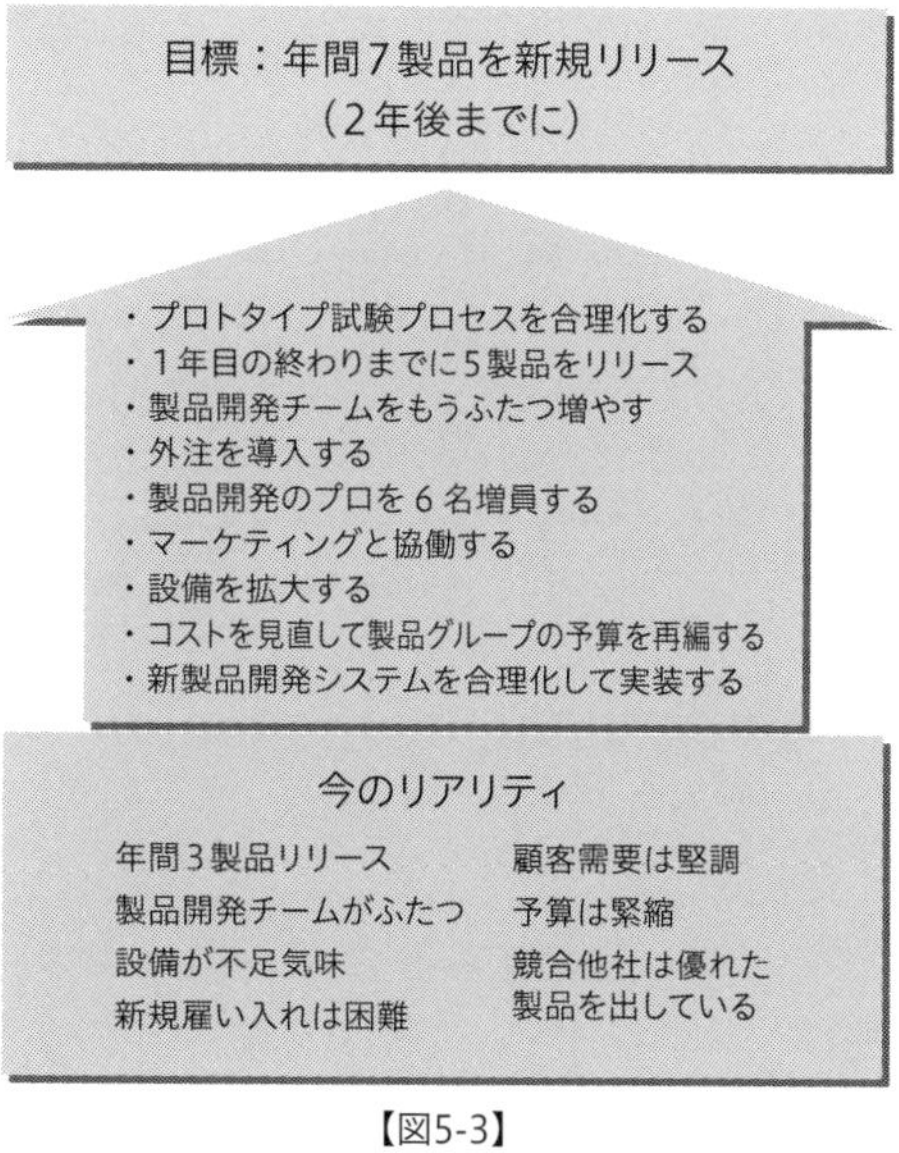

目標：年間７製品を新規リリース
（2年後までに）

・プロトタイプ試験プロセスを合理化する
・1年目の終わりまでに5製品をリリース
・製品開発チームをもうふたつ増やす
・外注を導入する
・製品開発のプロを６名増員する
・マーケティングと協働する
・設備を拡大する
・コストを見直して製品グループの予算を再編する
・新製品開発システムを合理化して実装する

今のリアリティ

年間3製品リリース	顧客需要は堅調
製品開発チームがふたつ	予算は緊縮
設備が不足気味	競合他社は優れた製品を出している
新規雇い入れは困難	

【図5-3】

以上が主要な目標のために緊張構造チャートを作成するやり方である。

ベーリンガーインゲルハイムの社内の構造コンサルタントで、コンプライアンストレーニングの責任者であるグロリア・コスグローブは、緊張構造を用いた社内での実例について次のように語っている。

マネジメントの観点から言うと、私のチームの人たちは、今どこにいてどこへ向かっているのか、にすっかりフォーカスしています。緊張構造チャートを使っていると、皆が思考プロセスに関わっていて、非常に特別なエネルギーとなっています。皆が同じ競技場にいて、それを本当に理解しています。ただの作業ではなく、思考プロセスを理解しているんです。一つひとつの仕事がどうまとまって全体を成しているかがわかっているんです。

この章で取り上げた新製品リリースの例は、緊張構造チャートの基本を示しているが、もちろん、実際の組織には複数の目標がある。そこで次に、組織の中にある全ての主要目標を含んだチャートを作成することにしよう。マスター緊張構造チャート（マスターチャート）と呼ぶものである。

基本計画（マスタープラン）を描く

計画には色々な優れた方法があるが、背後にある考えは、まず思考を整え、次に行動を整えるというものだ。緊張構造チャートによって計画を表現すると、目標・現状認識・行動戦略の記述が優れたものになる。まず全体を大まかに描き、その後で時間をかけて詳細を展開していくのだ。

まず、自分のビジネスについてわかっていることからスタートして、全体的な目標を創り出す。主要目標には、ビジネスのさまざまな次元が含まれている。財務、マーケティング、売り上げ、製品開発、顧客満足、レスポンスタイム、組織、マーケットシェアなど、複数の次元が目標設定プロセスで含まれていく。組織の基本目標の例を挙げると、図６‐１のようなものだ。

目標ができたら、次に今のリアリティを記述する。基本目標リストに掲げた各要素は、今のリアリティの中で全てチェックし、それ以外にも現実把握に必要な関連する事実を含めていく（図６‐２）。

緊張構造がこうして定義されたら、次に大まかな行動計画を作成する。行動計画には、製品開発・研究開発・マーケティング・販売・マネジメント・生産能力開発・資本・製造など、複数の関連する次元が含まれる（図６‐３）。

期限と責任

創り出したい最終目標・今のリアリティ・行動計画を定義したら、次のステップは期限と責任（アカウンタビリティ）を決定することだ。

計画プロセスにおいて、期限は極めて重要である。期限を決めて、行動計画を時間軸に乗せるのだ。

もちろん、マスターチャートの最終期限が先だ。２年で達成するのか。それと

◇売り上げ 6億7500万ドル ◇利益 15パーセント ◇年間7製品 リリース ◇世界36ヵ国に展開 ◇国内35パーセントのマーケットシェア ◇国外25パーセントのマーケットシェア ◇全領域で十分な生産能力 ◇ふたつの新規事業機会 ◇組織の士気は高く、調和がとれている ◇非の打ち所がない安全実績

【図6-1】

◇売り上げ 4億1200万ドル ◇利益 12パーセント ◇年間3製品リリース ◇世界21ヵ国に展開 ◇国内25パーセントのマーケットシェア ◇国外15パーセントのマーケットシェア ◇領域によって不十分な生産能力 ◇新規事業機会は見えていない ◇組織の士気はまずまずだが、調和がとれていないことがある ◇過去１年に２度安全性に関する問題があった ◇市場は年間12パーセント成長している ◇当社と同規模の主要な競合他社は３社、小規模の競合は15社程度 ◇製品品質は業界最高レベル ◇納期遵守率は現在85パーセント、販売各社は不満 ◇資本レベルは十分 ◇経営システムは遅れている ◇情報システムは優れている ◇コアコンピタンスには競争優位がある ◇意思決定には無意味な遅れが生じている ◇ビジネス戦略を理解していて、それはうまくいっている

【図6-2】

も3年か、5年か。

最終期限を決定したら、それぞれの行動ステップに期日を指定することができる。行動ステップの中には、他のステップが完了しないと完了できないものもある。工場に材料が届いて初めて製品を製造できる、製品が製造されて初めて出荷できる、というふうに。それほど他の行動ステップに依存しないものもある。その場合、その行動ステップの期限によって、他の行動ステップの期限は影響を受けない。

私の経験では、チームで緊張構造チャートを作成していて、期限や期日を決定する段になると、途端に真剣さや活気に明らかな変化が現れる。最初は教室で勉強しているような雰囲気に始まり、詳細が書き込まれるごとに少しずつ現実味が増していく。そして、いざ期限を決めるとなると、より一層の現実味が加わり、このプロセスは実現できるという感覚が高まる。目標を達成するために何が必要かが見えてくる。どんな行動が必要というだけでなく、その行動が時間経過の中でどういう結果を生み出していくかが目に見えてくるのだ（図６－４）。

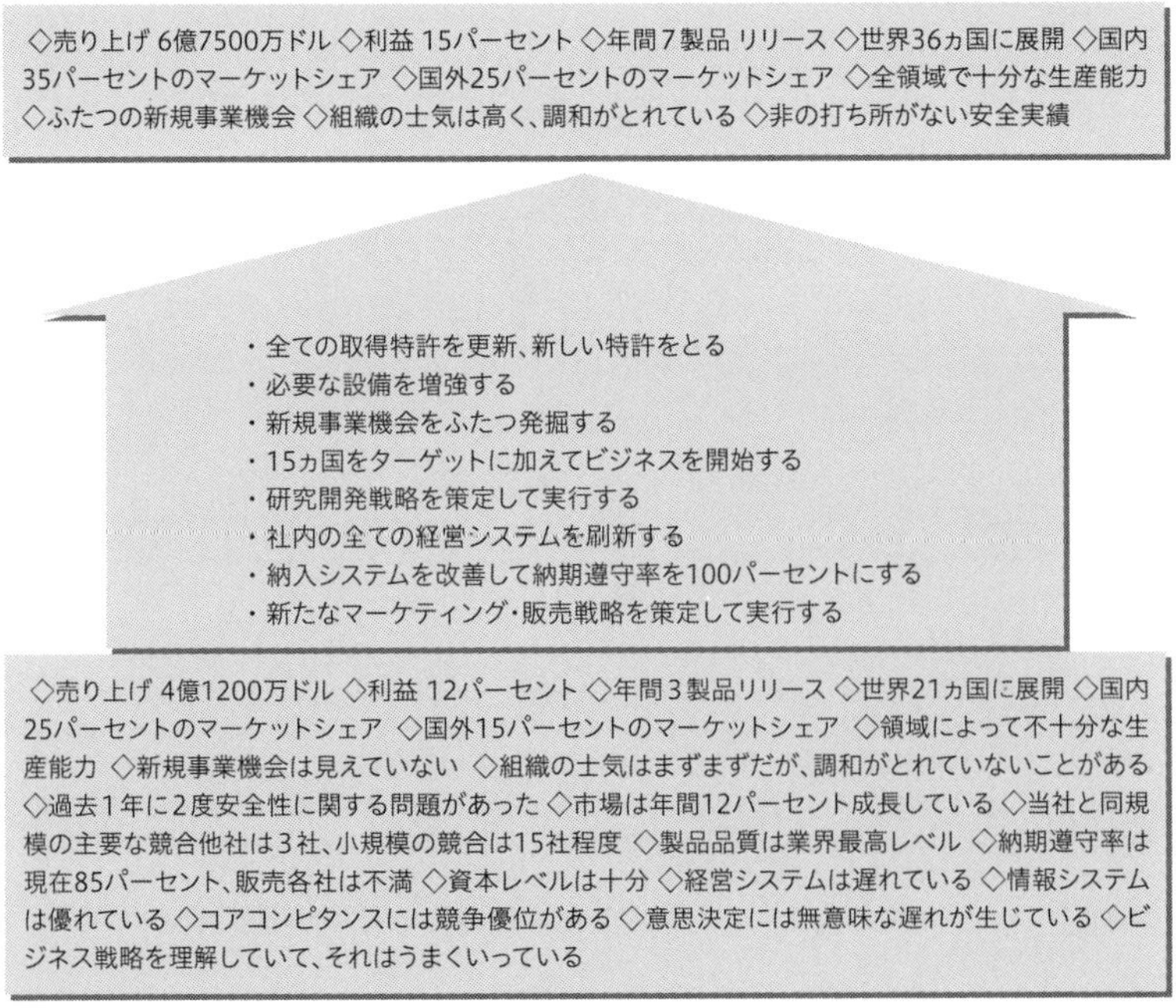

◇売り上げ 6億7500万ドル ◇利益 15パーセント ◇年間7製品 リリース ◇世界36ヵ国に展開 ◇国内35パーセントのマーケットシェア ◇国外25パーセントのマーケットシェア ◇全領域で十分な生産能力 ◇ふたつの新規事業機会 ◇組織の士気は高く、調和がとれている ◇非の打ち所がない安全実績

・全ての取得特許を更新、新しい特許をとる
・必要な設備を増強する
・新規事業機会をふたつ発掘する
・15ヵ国をターゲットに加えてビジネスを開始する
・研究開発戦略を策定して実行する
・社内の全ての経営システムを刷新する
・納入システムを改善して納期遵守率を100パーセントにする
・新たなマーケティング・販売戦略を策定して実行する

◇売り上げ 4億1200万ドル ◇利益 12パーセント ◇年間3製品リリース ◇世界21ヵ国に展開 ◇国内25パーセントのマーケットシェア ◇国外15パーセントのマーケットシェア ◇領域によって不十分な生産能力 ◇新規事業機会は見えていない ◇組織の士気はまずまずだが、調和がとれていないことがある ◇過去1年に2度安全性に関する問題があった ◇市場は年間12パーセント成長している ◇当社と同規模の主要な競合他社は3社、小規模の競合は15社程度 ◇製品品質は業界最高レベル ◇納期遵守率は現在85パーセント、販売各社は不満 ◇資本レベルは十分 ◇経営システムは遅れている ◇情報システムは優れている ◇コアコンピタンスには競争優位がある ◇意思決定には無意味な遅れが生じている ◇ビジネス戦略を理解していて、それはうまくいっている

【図6-3】

◇売り上げ 6億7500万ドル ◇利益 15パーセント ◇年間７製品 リリース ◇世界36ヵ国に展開 ◇国内35パーセントのマーケットシェア ◇国外25パーセントのマーケットシェア ◇全領域で十分な生産能力 ◇ふたつの新規事業機会 ◇組織の士気は高く、調和がとれている ◇非の打ち所がない安全実績

	期日
・全ての取得特許を更新、新しい特許をとる	12/15
・必要な設備を増強する	10/30
・新規事業機会をふたつ発掘する	9/18
・15ヵ国をターゲットに加えてビジネスを開始する	7/25
・研究開発戦略を策定して実行する	6/1
・社内の全ての経営システムを刷新する	5/15
・納入システムを改善して納期遵守率を100パーセントにする	4/15
・新たなマーケティング・販売戦略を策定して実行する	3/1

◇売り上げ 4億1200万ドル ◇利益 12パーセント ◇年間３製品リリース ◇世界21ヵ国に展開 ◇国内25パーセントのマーケットシェア ◇国外15パーセントのマーケットシェア ◇領域によって不十分な生産能力 ◇新規事業機会は見えていない ◇組織の士気はまずまずだが、調和がとれていないことがある ◇過去１年に２度安全性に関する問題があった ◇市場は年間12パーセント成長している ◇当社と同規模の主要な競合他社は３社、小規模の競合は15社程度 ◇製品品質は業界最高レベル ◇納期遵守率は現在85パーセント、販売各社は不満 ◇資本レベルは十分 ◇経営システムは遅れている ◇情報システムは優れている ◇コアコンピタンスには競争優位がある ◇意思決定には無意味な遅れが生じている ◇ビジネス戦略を理解していて、それはうまくいっている

【図6-4】

◇売り上げ 6億7500万ドル ◇利益 15パーセント ◇年間７製品 リリース ◇世界36ヵ国に展開 ◇国内35パーセントのマーケットシェア ◇国外25パーセントのマーケットシェア ◇全領域で十分な生産能力 ◇ふたつの新規事業機会 ◇組織の士気は高く、調和がとれている ◇非の打ち所がない安全実績

	期日	責任
・全ての取得特許を更新、新しい特許をとる	12/15	リチャード
・必要な設備を増強する	10/30	フレッド
・新規事業機会をふたつ発掘する	9/18	リチャード
・15ヵ国をターゲットに加えてビジネスを開始する	7/25	ギルバート
・研究開発戦略を策定して実行する	6/1	ヘレン
・社内の全ての経営システムを刷新する	5/15	ミッシェル
・納入システムを改善して納期遵守率を100パーセントにする	4/15	フレッド
・新たなマーケティング・販売戦略を策定して実行する	3/1	ヘレン

◇売り上げ 4億1200万ドル ◇利益 12パーセント ◇年間３製品リリース ◇世界21ヵ国に展開 ◇国内25パーセントのマーケットシェア ◇国外15パーセントのマーケットシェア ◇領域によって不十分な生産能力 ◇新規事業機会は見えていない ◇組織の士気はまずまずだが、調和がとれていないことがある ◇過去１年に２度安全性に関する問題があった ◇市場は年間12パーセント成長している ◇当社と同規模の主要な競合他社は３社、小規模の競合は15社程度 ◇製品品質は業界最高レベル ◇納期遵守率は現在85パーセント、販売各社は不満 ◇資本レベルは十分 ◇経営システムは遅れている ◇情報システムは優れている ◇コアコンピタンスには競争優位がある ◇意思決定には無意味な遅れが生じている ◇ビジネス戦略を理解していて、それはうまくいっている

【図6-5】

次のプロセスは、行動ステップにおける責任の所在を明らかにすることだ。その行動ステップを完了するのは誰の責任か。ここでのルールは、責任者を集団や複数人にせず、ひとりに限定することだ。責任（アカウンタビリティ）とは、責任者がひとりで全てを行うことを意味しない。責任者は、行動ステップのマネジャーとしてその完了を見届けるということだ。通常、他の人たちを巻き込みながらそれを行うことになる。

緊張構造チャートに責任を明記することで、それぞれの責任者が、必要に応じてそれぞれの緊張構造チャートを使い、目標達成のプロセス全体をもっと簡単に管理できるようになる（図6－5）。

マスター緊張構造チャート

緊張構造チャート作成は、最終目標・今のリアリティ・行動計画を示す一枚のチャートで成り立つ場合もあれば、複数の関連するチャートで成り立つ場合もある。

複数のチャートの場合、主要目標がまずは大まかに記述され、少しずつ詳細が記述されていく（詳しいやり方は次章）。

組織における最初の緊張構造チャートを**マスターチャート**と呼ぶのは、1年、2年、またはそれ以上の全体の時間軸の中に全ての主要目標が網羅されているからである。マスターチャートに記述された主要目標を達成することは、組織の成長と発展における大きな進展の証しとなる。

プロジェクトチームのために緊張構造チャートを使う

緊張構造チャートは、プロジェクトチームやマネジメントチームのためにも効果的に使うことができる。進め方は同じだ。目標を定義し、今のリアリティを記述し、行動ステップを決定する。チームで緊張構造チャートを使う場合、プロジェクトチームのメンバー（たいてい十数人程度）だけが作成に関わる。これが組織全体のチャート作成とは異なる点だ。緊張構造チャート作成プロセスによって、チーム全体、特にプロジェクトマネジャーにとってプロジェクト管理効率を生むことができる。

緊張構造チャートは、単に仕事を論理的に整理するだけではなく、集団の活力と力学を変えてしまう。最小抵抗経路によって、根底にある構造がプロジェクト実現にまっすぐ向かう。緊張構造が解消に向かうことで活力を生む。これによってチームに勢いが生まれ、行動ステップが完了するたびに前進するエネルギーとなって次の行動を促進する。

心の風景も変わる。活力あるチームが陥りがちな精神的混乱の代わりに、フォーカスと明晰さが生まれる。あらゆる雑念が心から消え、明晰な頭脳の幅と深さが現れる。そうなれば、チーム全体として仕事の作業間の関連が明確に理解でき、構造的な関係が見えるようになる。

目標：モデルTZx56.2 リリース 1/15

	期日	責任
・βテスト	11/15	UH
・αテストと調整	9/1	JH
・新規コードテスト	8/12	HU
・新規コーディング	8/1	DT
・TZx55.5を更新	7/19	FC
・TTx技術の開発者を外注契約する	7/16	UH
・仕様を書く	7/1	DT
・付加機能設計	6/24	JH

今のリアリティ：TZx55は1年以上市場に出回っていて、ユーザーはセルラー機器で他のシステムとインターフェイスする際に3つの新機能を望んでいる

【図7】

自分自身のために緊張構造チャートを使う

緊張構造チャートは、集団だけのためのものではない。自分ひとりの作業に使うこともできる。私たちは人間で、あれこれとたくさんのことを考えすぎることがある。悩み、迷い、執着し、無数の思索を重ねる。情報過多の時代にあって私たちは役に立たない情報をたくさん与えられてしまう。その多くは時間の無駄である。

思考プロセスに規律を与え、フォーカスと効果を改善することは可能だ。思考プロセスを改善するのに役立つヒントがある。必ず一度にひとつのトピックだけを扱うこと。そう、マーク・トウェインが「私は一度に1本ずつしか葉巻を吸わない」とうそぶいていたように。

まず、「一体どうなるのだろうか」「どうやって取り組んだらいいだろうか」「どうしてこうなったのだろうか」「誰に連絡する必要があるだろうか」などとあれこれ考え始める前に、

「自分はどんな結果を創り出したいのか」
「私は何を創ろうとしているのか」

と問うことだ。

もし何を創り出したいのかがわかっていなかったら、それを創り出すのは難しくなる！　頭をちょん切られた鶏のように、駆けずり回っても成功はおぼつかない。規律をもって創り出したい結果と今のリアリティを知る必要がある。どんなにスピードが求められようと、どんなにプレッシャーがかかっ

ていようと、一瞬立ち止まって自問自答するのだ。「自分は何を求めているのか」「自分は今どこにいるのか」と。

このふたつの問いに答えないまま頑張っても、多くが無駄になる。目的地も知らずに、マッハ１で地上すれすれを飛んでいるようなものだ。どこに行きたくて今どこにいるのかがわかれば、ロビン・フッドが弓に矢をつがえたかのようにフォーカスすることができる。

最近８時間のミーティングを終えて妻のロザリンドとふたりで飛行機に乗って帰ったことがあった。あれこれやらねばならないことで頭がいっぱいになり、だんだんいらいらしてきた。そこでロザリンドと私は顔を見合わせて、「緊張構造チャートをつくってみようか」と言い、パソコンを開いて創り出したい結果を書き、今のリアリティを書き、行動計画を書き上げた。ものの15分も作業すると、ふたりとも全く別人になっていた。穏やかで、明晰で、朗らかで、生産的で、愛に満ちていた。（もちろんチャートを描く前から愛は満ちていたんだけど、それにしても一緒に創り出すのはいいものだ）

緊張構造チャートと自分自身の人生

緊張構造チャート体験を深めるために、私たちの会社では全ての従業員に少なくともひとつの個人的な目標を取り上げてチャートを作成するように促している。そのとき、

1. 多少の挑戦を含む
2. ２ヵ月から６ヵ月の期限を設けた

目標を選んでもらう。

自分の人生で創り出したいものを創り出す能力を体験してもらうのには、そのくらいの期間で試してもらうのがちょうどいい。組織の中で緊張構造チャート作成の経験があるだけでなく、自分自身のためにも創り出すことができる。その体験によって組織を助けることにもつながり、同時に個々人の人生における力にもなるのだ。

学ぶことについてのミニレッスン

私たちは、同じ教訓を何度も繰り返し学ぶのではない。学ぶというのは積み重ねていく経験だ。これまで学んできたことは、これから学ぶことの土台になっていく。このために、緊張構造を使って学ぶ人たちは経験を積めば積むほど自分の創り出す力を高めていくことになる。

緊張構造の中でどんなふうに学びが起こるかを見ていこう。

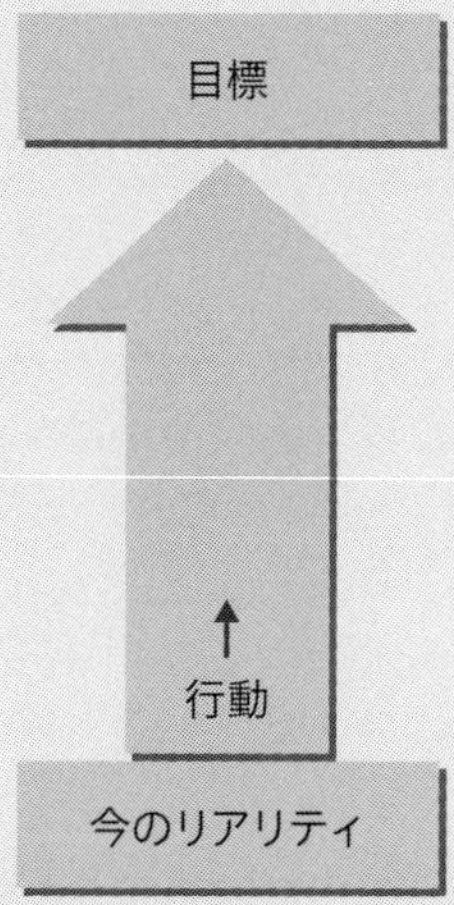

【図8-1】

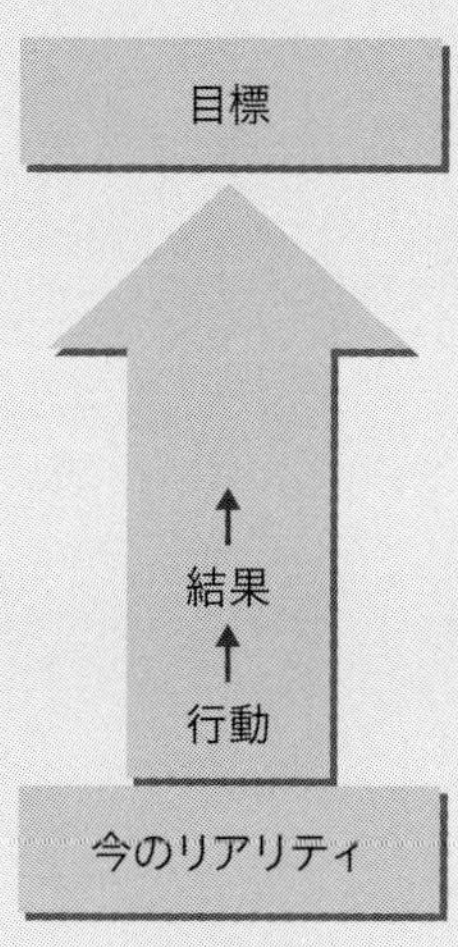

【図8-2】

①目標と今のリアリティを確立したら、
行動に移る。

②行動は結果を伴う。

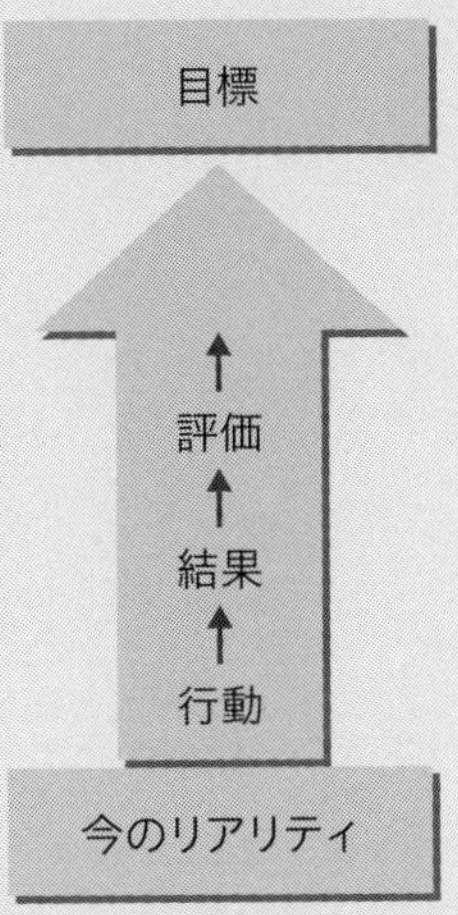

【図8-3】

③結果は評価される。行動の結果は目標に近づいたか。

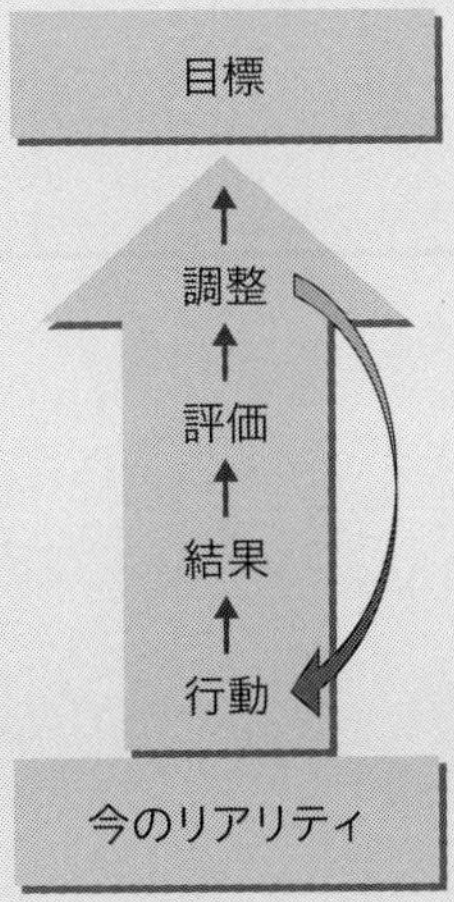

【図8-4】

④評価に基づいて調整が起こり、次の行動はもっと効果的なものになる。

このサイクルは目標を達成するまで続く。このサイクルを反復するたびに変化が起こる。反復のたびに学習が起こる。理解と体験が増すごとに効果的な行動に移せるようになる。行動が向上するたびに結果が向上する。評価が向上し、調整が向上する。この進展によってプロセスが洗練され、能力が向上する（図９）。

私の友人のジョーの話をしよう。ジョーの上司は、会社のウェブサイトを社員のジョーにつくらせることに乗り気でなかった。ジョーにできないと思っていたからだ。しかし、ジョーはやらせてくれと頼み込んだ。そこで上司は、会社が正式なウェブサイト制作を検討する間、ジョーが試しに制作することを許可した。

ジョーの上司は要求が高いばかりでなく、完璧主義のきらいがあった。少しの不完全さも許さないのである。上司の完璧主義のおかげで多くの提案が却下され、チャンスを与えられずに終わっていた。彼は外部の業者に相場の倍の金額を支払って「プロの製品」を求めていた。実際には、外部の業者も内部の社員と同じ学習段階を経ているということに気づいていないのだ。もちろん、外部業者は学習途上の中間成果をクライアントに見せたりする愚を犯さない。

しかし、今回はジョーにチャンスが巡ってきた。最初の試行結果はまずまずといったところで、ジョーの上司は気に入らなかった。上司は自分の気に入ったサイトをいくつもジョーに示した。ジョーはそれらを研究し、学び、学んだことを活かし、ジョーのつくるサイトはどんどん良くなっていった。アクセス数も向上した。ジョーはアニメーション、グラフィック、Ｗｅｂサイトパフォーマンスなどについて次々と学んでいく。３ヵ月のうちにジョーが構築したサイトは多くの人たちが最高の価値と効果を認めるほどまでに向上した。

もし最初の試作が完璧でないからといってやめていたら、ジョーが最終的に素晴らしいサイトを構築することにはならなかっただろう。

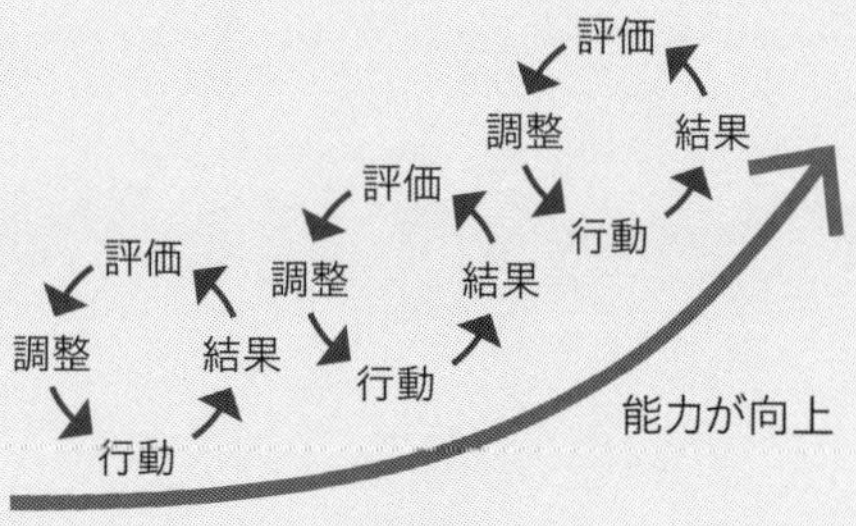

【図9】

プロフェッショナルなスキルを身につけるための鍵は、学習である。芸術やスポーツのプロフェッショナルたちは常に研鑽している。行動して、評価して、調整して、向上する。緊張構造の中で作業していって、ジョーのケースのように、最終目標にたどり着くまで、ステップバイステップで、最小抵抗経路を歩むのだ。

マスターチャートに詳細を書き込む

本章では、一枚のチャートから成る緊張構造チャートを紹介した。最終目標と今のリアリティが対比され、目標達成のための行動がデザインされたチャートである。

これに対し、何枚もの関連するチャートを使う場合もある。まずは最終目標を大まかに描き出し、後から詳細を書き込んでいく場合である。

ただ、チャートの数が何枚になろうと基本は同じだ。最初の緊張構造チャートが常にマスターチャートまたはプロジェクトチャートとして存在する。それを第一レベルチャートと呼ぶ。

マスターチャート上で最終目標に到達すると、それは大きな達成の証しとなる。成長と発展を示すものだ。

マスターチャートやプロジェクトチャートに詳細を書き込んでいくことをテレスコーピング（telescoping）と呼ぶ。次章ではテレスコーピングの実際を見ていこう。

第３章のまとめ

- 緊張構造チャート作成は、緊張構造を確立するための第一の技法である。
- 緊張構造チャート作成においては、まず最も重要な目標が特定され、その目標が原動力となって今のリアリティが定義され、目標に到達するための行動計画が作成される。
- チャート内の全ての行動ステップには期限と責任の所在が明記される。
- 緊張構造チャートは非常に柔軟性を持っている。経営陣によってトップダウンで経営計画を行う場合から、プロジェクトチームや個人のレベルで仕事や人生を構想するときまで、同じ方法で計画が可能になる。
- 行動、結果、評価、調整という学習サイクルが最終目標達成まで繰り返され、学びが積み重ねられていく。
- 緊張構造によって学びが累積していくと、時が経つほどに能力や効果が増していく。

第４章　テレスコーピング　カウンターポイントを創り出す

マスター緊張構造チャート上の各行動ステップは、それぞれ大きな行動を示している。そして、大きな行動を成し遂げるためには、たくさんの小さな行動が必要となる。全ての小さな行動を伴って初めて目標が達成される。

では、こうしたさまざまな活動をどう記述して整理したらいいのだろうか。片っ端から列挙していったら気が狂うほど膨大なリストになってしまう。そこで混乱しないように、分割思考する必要がある。分けて、考えるのだ。ここで紹介する技法を**テレスコーピング（telescoping）**と呼ぶ。

テレスコーピングとは何か

テレスコーピングとは、テレスコープ（telescope……望遠鏡）のように大きな筒の中に小さな筒があり、それを引き出したり、しまいこんだりできることを言う。マスターチャート上の各行動ステップは、それを引き出して新しい緊張構造チャートに展開することができる。

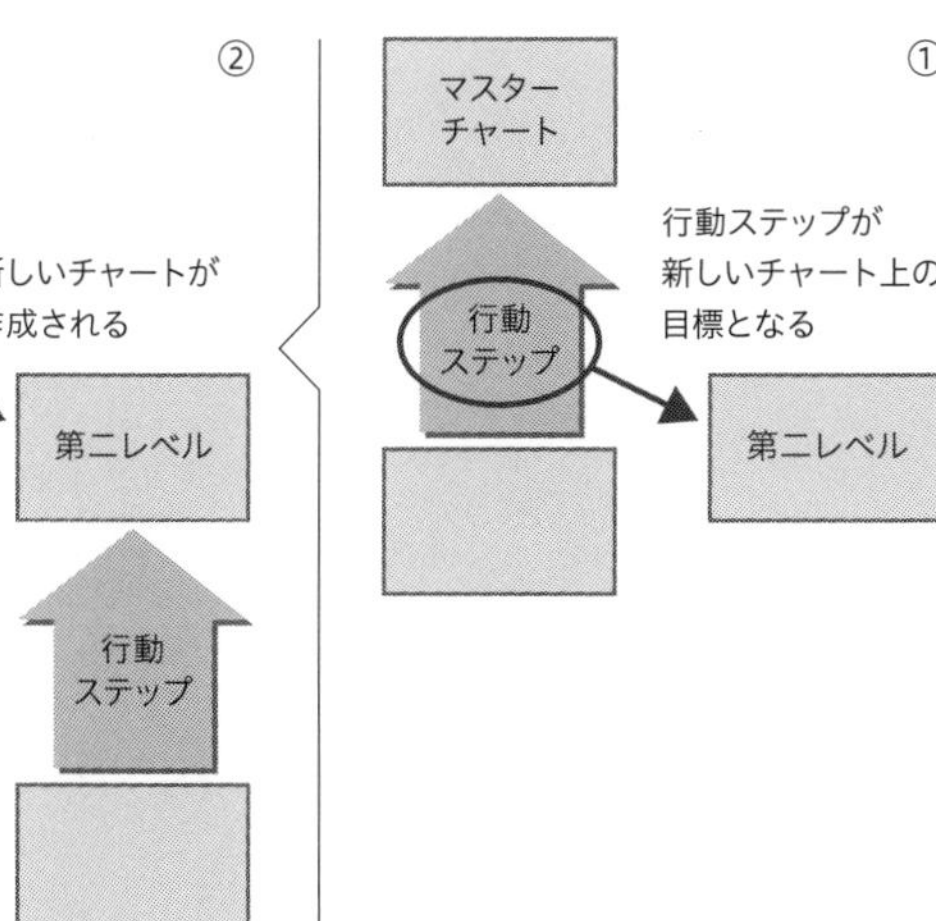

【図10-1】

テレスコープした第二レベルの新しいチャート上では、マスターチャート上の行動ステップが新しい目標になる。その新しい目標から見た、今のリアリティを記述し、小さな行動ステップを書き出し、それぞれに期限と責任者を書き込む。

マスターチャート上の各行動ステップは、それぞれ独自の緊張構造チャートを生じうる。さらに、第二レベルのチャート内の各行動ステップは、次のレベルの緊張構造チャートを生じうる。第三、第四レベルのチャートとなる。こうして詳細が展開されていく。

③

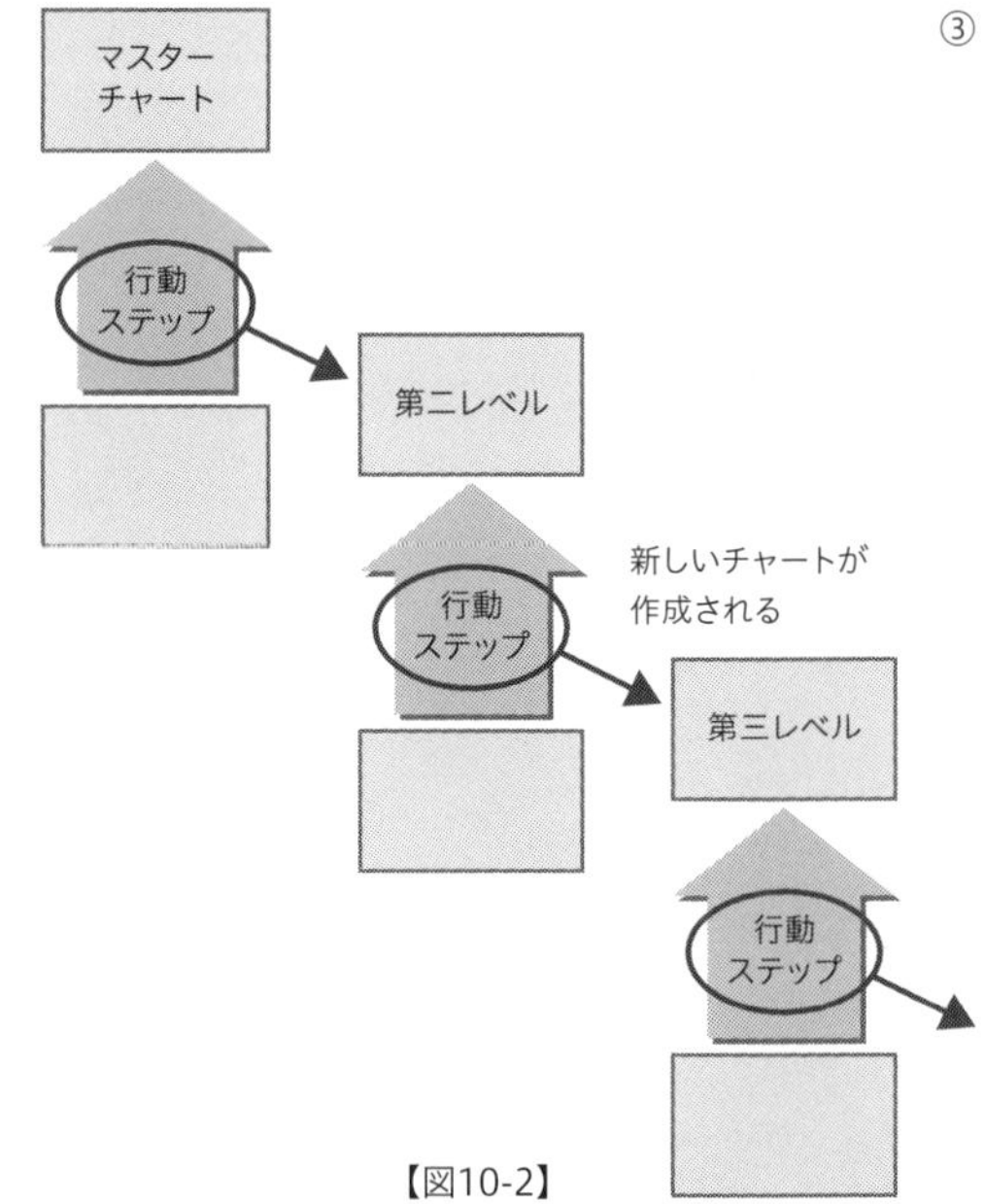

【図10-2】

テレスコーピングの効果

テレスコーピングによって、思考プロセスを分解していくと素晴らしいことが起こる。組織がバラバラになる代わりに、見事にまとまるのだ。

テレスコーピングを行うことによって、全員に全体像が共有され、詳細に埋没する人がいなくなる。木を見たら森が見えて、自分が全体の一部だとわかるようになる。これは、特にチームにとって、画期的な変化となる。皆が木と森のつながりを見るようになると、組織を構造として見ることができるようになり、最小抵抗経路の原理を感じ取れるようになっていく。つまり、エネルギーが最小抵抗経路に沿って流れ、その経路は構造によって決まっていて、経路を変えるには構造を変える必要がある、ということがわかるようになっていく。

そうなるとしめたものだ。チームは賢くなり、生産的になる。状況に反応する代わりに、緊張構造チャート上の今のリアリティとして状況を利用できるようになっていくのである。

統御された自律

もうひとつ、テレスコーピングが素晴らしいのは、過剰な干渉抜きで高度に自律していくことだ。それぞれのメンバーがそれぞれの創意工夫で成果を上げる。組織の価値と方針に合致している限り自由に仕事ができる。各マネジャーが自分の才能と自分の裁量で采配を振るえばいい。

たとえば、医薬品会社の臨床開発部が緊張構造チャートを作成して、非常に複雑なプロジェクトを運営していたことがある。そのグループは、抗ウィルス性医薬品の臨床試験を実施して、安全性が確認できたらＦＤＡ（アメリカ食品医薬品局）の承認を取得する計画を立てていた。

最初の緊張構造チャート作成は、ＦＤＡ承認目標からスタートした。この目標を達成するには、23の主要な行動ステップを必要とする。各行動ステップはテレスコーピングされ、それぞれの緊張構造チャートを形成する。23の緊張構造チャートは１４４の緊張構造チャートに展開された。各チャートは、このプロジェクトの主な要素をカバーしている。

臨床開発部のシニアマネジャーがチームと力を合わせて基本計画を作成、それが緊張構造チャートの出発点となる。彼女は自分の専門知識を動員して困難を伴うプロセスをガイドし、関連する最新科学を活用した。他のチャートの責任は、臨床チームの各担当者に割り振られ、特に２名のマネジャーがワークフローの調整を任された。

　このふたりのマネジャーは「作戦室」を設け、作戦室の壁には全ての緊張構造チャートが貼られた。作戦室に入れば、誰でも最新のプロジェクト状況をたちどころに理解することができる。

　２名のマネジャーのひとりは、緊張構造チャートと同時に従来のプロジェクト管理ツールも使っていた。メンバーと力を合わせて、適切なスケジュールと手順の中で行われるようにしていた。各チームのチャートを使うことで、マネジャーたちは簡単に進捗管理を行い、変化していくリアリティを捉えることができた。必要に応じて新しい行動ステップが加えられ、継続的に調整が行われ、時間管理が行われていた。

　もうひとりのマネジャーは、状況変化に応じた計画変更がタイムリーに行えるよう、各チャート間の関係とフローを調整し、早期警戒システムを可能にしていた。

　これはいいシステムだった。リーダーが主要なチャートを管理し、チームのためにプロジェクトマネジメントが行われ、全体の関連を調整・統合するマネジャーがいた。医薬品開発においては、全ての作業が他の全ての作業と密接に結びついている。情報が正確に記録され、手順が厳密に遵守されなければならない。こうした規律の要求に応えるのに緊張構造チャートは特に適している。

　臨床開発部は、ＦＤＡ承認取得を迅速に実現し、新薬は年間６億ドルの売り上げとなり、多くの対象患者を助けている。

全体像を見る

ラルストンコンサルティングのパートナーで構造コンサルタントのゲイリーは、緊張構造チャートの使い方を次のように語っている。

当社のクライアントのひとりが、緊急で複雑な開発プロジェクトをマスターチャートと15のサブチャートに落としました。彼女は全てのチャートを壁に貼っていっぺんに眺め、今まで隠れていたサブタスク間の鍵となる関係を見て取ることができるようになりました。そこで、技術開発管理を担当する同僚を部屋に呼び、プロジェクトのアプローチを練り直しました。これは、部分と全体の関係を俯瞰しなかったら起こらなかっただろう変更でした。緊張構造チャート化プロセスがあって初めて可能になったことです。この発見によって、デザインは変更となり、開発期間は短縮され、会社の最終期限から見て決定的に重要な改善となりました。

チームの仕事に焦点を合わせる

大きな組織の中で働くチームの場合も、緊張構造チャートを使って、プロジェクトをもっと効果的に、効率良く完了させることができる。アメリカの製薬会社シェリング・プラウ社の研修部長で構造コンサルタントだった、バリー・サゴツキーがヘルスケアシステムグループの18名と緊張構造チャート作成をした体験を語っている。

このグループは、ある事業に参入するかどうかについて調査資料をまとめなくてはなりませんでした。この組織で事業の調査資料をまとめるとなると何ヵ月もかかるのが通例です。私たちは、一定規模の事業を5年で構築する全体戦略を立てるために、マスターチャートとテレスコープした13枚のチャートを書くことになりました。

2日間でほぼ完成し、調査資料の9割はできあがりました。2日間です。しかも、始めるときに3名のメンバーが「このグループでできるとは思わない、自分は反対だ」と言っていたにもかかわらずです。最終的にグループ全員で13枚のチャート全てを現実化することにフォーカスしていました。

組織を創作（作曲）する

緊張構造チャート作成とテレスコーピングのプロセスは、音楽の作曲ととてもよく似ている。複数のイベントを構成して、全体としてうまく機能するようにまとめているのだ。テレスコーピングによって緊張構造を強化し、それを組織の中の支配的な構造にしていく。そして、組織をひとつの音楽作品のように、よく形作られた全体にしていく。ラフランス社のジョージ・バラーはこう語っている。

緊張構造を使うことで組織全体のつながりを見るようになってきました。異なる部署が、全体の基本デザインの中で互いに影響を与え合っています。組織全体のビジネス戦略を手にして、個々の事業部の事業戦略を練り、整合していくのです。全ての緊張構造チャートを壁に貼ると、優先順位は自明なものとなります。どこの生産能力を強化し、どこにフォーカスを移し、どこで当初必要と思ったことが必要なくなったか、などが見えてきます。方向性と戦略の意思決定がたやすくなり、組織が驚くほどフォーカスを定めて、全てが支え合うようになっています。

戦術的アプローチ

テレスコーピングされたレベル2以降のチャートの行動に取り組むと、「やることリスト」を超えた動きが必要となり、戦略を支える戦術の実際を理解するようになる。

戦略とは、取り組みの全体コンセプトを描写したものだ（詳しくは第11章）。それに対し、戦術とは個々の領域における小さな戦略である。すなわち、大きな戦略が要求する目標を支える具体的なアプローチのことを言う。

ただのやることリストを持っているだけでなく、何に取り組んでいるのかという全体理解を持っていたほうがいい。

この点をはっきり示すために、レベル2の緊張構造チャートを見てみよう。化学製品を開発・製造する会社の生産能力を最適化するチャートである。

生産最適化

・生産能力向上のために冷却加熱システムを改良する
・重点設備をアップグレードする
・計画的操業停止のために工場を3領域に分ける
・週7日12時間労働の効率的シフトをつくる
・冷却キャパシティを拡大する——工場全体のシステムの定義・評価
・冷却水システムのキャパシティと配管システムのアップグレード
・週7日16時間の分析範囲
・定常運転の標準作業手続き
・大量貯蔵の拡大
・オペレーター訓練プログラムの定式化
・特定製品の目標在庫水準を定義
・キャパシティ測定タスクフォースを設定
・人員計画の策定
・現行設備のキャパシティ評価
・オンサイトの拡大選択肢の評価
・スケジュールの明確化
・トレーニングとメンテナンス停止時間（ダウンタイム）の調整
・重点原材料調達の二次供給元を確保
・生産フロー管理とボトルネックへのフォーカス

◇50パーセント期限内出荷
◇80～85パーセント交渉後期限内出荷
◇3～4ヵ月未処理分（バックログ）
◇キャパシティ測定システム不在
◇産出・原材料等の基準が恣意的
◇構造は存在するが、基準の実用性を実証するメソッド不在
◇週7日システムはあるが、人員充足率は75パーセント
◇ボトルネック複数

【図11】

行動ステップの種類によってグループ化する

この緊張構造チャートには19の行動ステップがあり、全てがさらにテレスコーピングされ、膨大な量の詳細ステップに展開されている。これらの行動ステップに責任を持つマネジャーは、一体どうやって全体が整合しているかを理解できるのだろうか。

これは重要な問いだ。詳細に埋没してしまって「やること」のレベルだけで考えるようになり、全体の形や関係性を見失うことはたやすい。

ひとつ私たちができることは、行動ステップの種類ごとにグループ化することだ。行動ステップのリストを見るには、いくつかの見方がある。次に挙げるのは簡便で単純な見方だ。

- システム
- 設備
- 人員
- トレーニング
- 物理的整理と貯蔵
- スケジューリング

全ての行動ステップが、これらのカテゴリーのどこかひとつに収まる。それによって、どんな活動で生産能力を最適化しようとしているかがわかる。

何をして工場を最適化しているのかを即座に理解できるので便利だ。

詳細の山に埋もれそうなときは、その行動ステップの機能を思い出すこと。そうすれば、やっていることが明快になる。

戦術を理解すること

行動ステップの種類を知っておくのは悪くないが、もっといいのはアプローチ全体の戦術を理解することだ。私がよくマネジャー職の人たちに言うのは、「時間をフェーズで考えてみて」ということだ。一つひとつのフェーズは、異なる時間帯の異なる活動、パーツ間の異なる関係性と勢いを増す感覚を示している。優れた戦略や戦術は、ひとつ前のステップに基づいて実行される。つまり、ステップを経るごとに次のステップが容易になっていくのである。

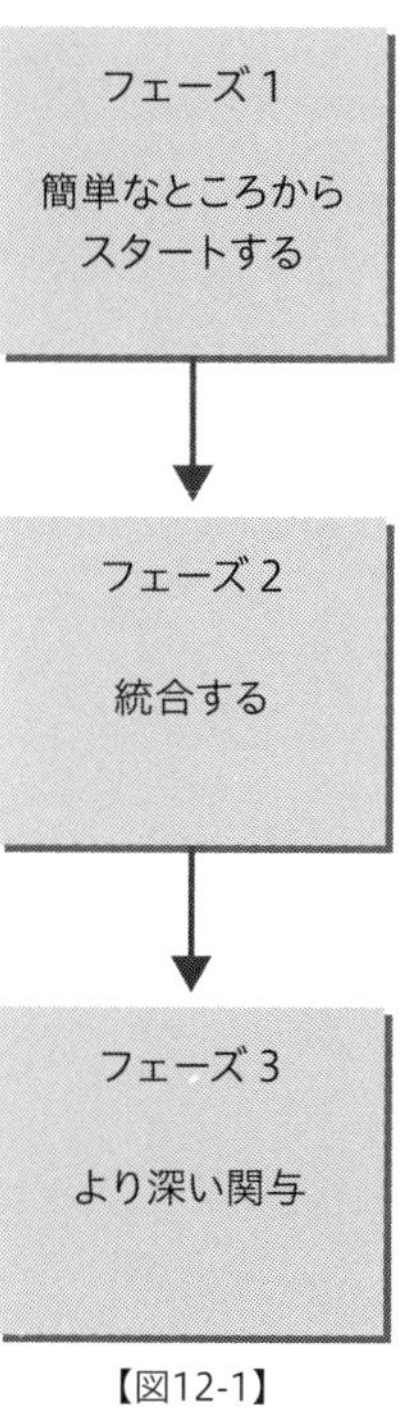

【図12-1】

フェーズ１は通常、たやすい行動ステップから成るはじめの一歩だ。初期に成功体験を重ねて戦術に勢いをつけ、アプローチを軌道に乗せる。フェーズ２は、初期の成功を統合し、次に進む。フェーズ３は、もっと長期の関与をつくり出し、しっかりとした基盤を築いて戦術の複雑さを展開していく。

戦術によっては、フェーズ４やフェーズ５もありうる。次々と複雑さと関与の度合いを増していく。

工場プロジェクトの緊張構造チャートの例は、戦術をフェーズで見ている。工場は操業中なので、戦術の初期段階からそれを前提に活動を展開しなくてはならない。フェーズ１では、現行システムをより良く運用することを含む。それができたらフェーズ２に進める。新しいシステムと運用手続きを開発するのだ。フェーズ２においては、貯蔵や設備を追加し、人員を増強するかもしれない。フェーズ３では、全体の生産能力を拡大し、新しい工場を加えることになるかもしれない。

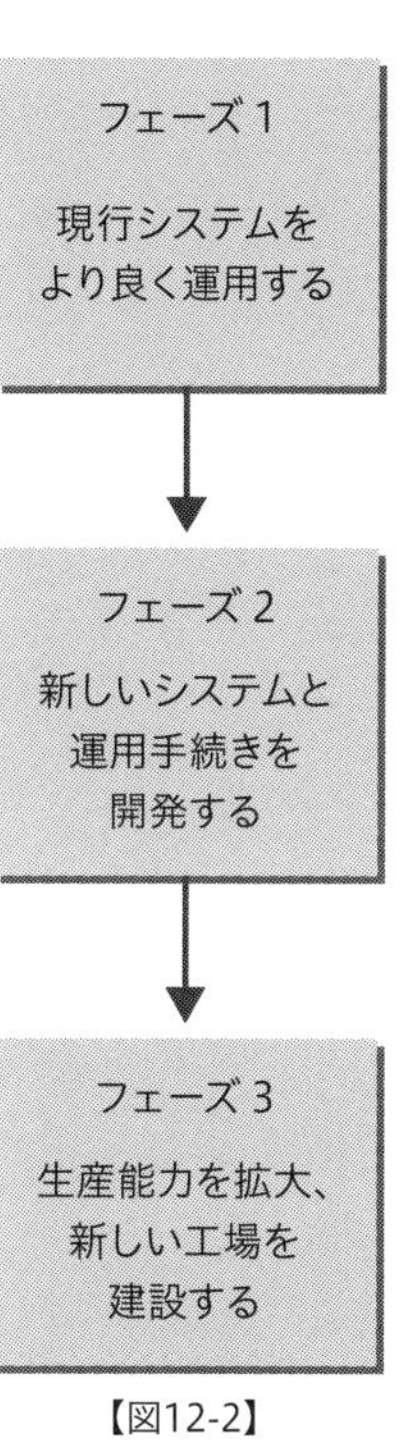

【図12-2】

戦術全体を説明するためにアナロジーを使ってみよう。大学バスケットボールのシーズン中、チームの監督に任命されたと思ってほしい。シーズン中だから試合がある。今のチームの体制で何とかしなくてはならない。これがフェーズ１となる。フェーズ２は、試合に向けた全体アプローチそのものを考え直すことかもしれない。新しい指導者を雇って夏の練習を任せるかもしれない。フェーズ３は、優秀な選手をリクルートしてトレーニングシステムを改善することかもしれない。そしてリーグ優勝を目指して大半の試合を勝ちにいくことになる。

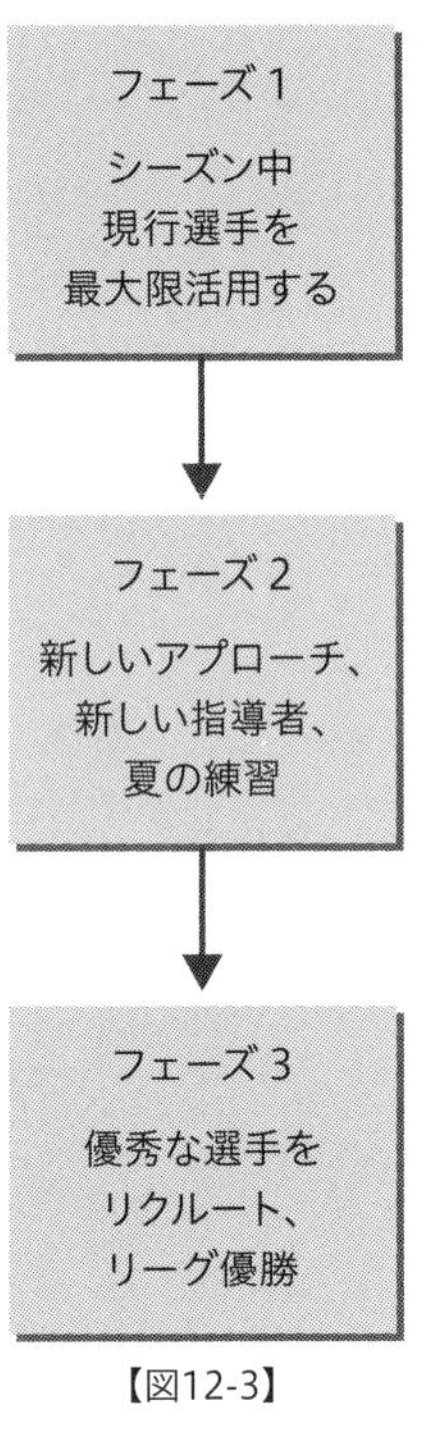

【図12-3】

このアナロジーで見ると、前述した工場生産最適化の目標を達成する全般的アプローチを考えるために役立つ。わかりやすく、緊張構造チャート上の行動ステップを反映していて、誰もが理解して力を貸せるものになっている。詳細のステップが単なるやることの蓄積ではなく、戦術の一部として理解できるようになる。

緊張構造チャートで行動ステップを書いて、種別の分類と戦術のフェーズに展開すれば、チームの全員が目標達成のアプローチをより良く理解できるようになる。

過去数年にわたって、私はスウェーデンイノベーションシステム庁（ＶＩＮＮＯＶＡ）と、国際開発会議の仕事をしてきた。これは、途上国の第一線のリーダーを集めてまとめられたプログラムだ。集まった人たちの多くは、各国の省庁のトップや大学教授や産業界・科学界のリーダーだった。壮大なプロジェクトに取り組みたい人たちが世界中から応募してくる中、最も優秀な人たちが選抜される。私たちはこれまで、中国で最も汚染された都市の環境回復、サイエンスパークの開発、アルゼンチンの乳業開発、ブラジルの生物燃料産業開発、スリランカのシナモン製品産業開発（シナモンの輸出を超えた産業開発）、南アフリカの伝統的民間治療薬のＦＤＡ承認取得などの長期プロジェクトのリーダーたちと仕事をしてきた。

こうした壮大なプロジェクトを目の前にすると、全てが遠く抽象的に見えてしまうことがある。そこで私たちがやるのは、まず、各プロジェクトについてマスターチャートを作成することだ。次に、プロジェクトチームごとにフェーズ化された計画を作成する。計画はたいてい7から10ほどの明確なフェーズに分かれている。これによって、たちどころに効果が現れる。フェーズが明確になると、チームはプロジェクトの現実に根を下ろす。リーダーの名言「私はここに夢とともにやってきて、計画とともに出て行く」という状態になる。

コントロールについての誤解

緊張構造チャートによって、マネジャーは例外なく本物のコントロールを手にすることができる。ここで、コントロールという、複雑で混乱を生みやすいトピックについて話してみよう。

マネジャーにはコントロールが必要だ。しかし、私たちはコントロールしているというふうに見られたくない。皆に嫌がられずに、マネジャーとして効果的にコントロールするにはどうしたらいいのだろうか。

きちんとコントロールしたいのに、やり方を知らないマネジャーが陥るパターンがある。まず、部下に「任せる」アプローチを採る。しばらく任せていると、問題が起こり始める。期限を過ぎ、判断を誤り、プロジェクトは混乱する。そこでマネジャーが介入し、電光石火でプロジェクト全体を「仕切る」ことを始める。独裁者、または仕切り屋のもとでうまく働ける人はいない。独裁や仕切りが度を越して、反発が起こる。マネジャーの強い仕切りが功を奏したのは最初のうちだけで、だんだん皆の生産性が下がり、マネジャーはその尻拭いで手いっぱいになっていく。これでは自分ひとりで背負いきれないと悟り、手を引き始める。しかし手を引くことによって、当初の「任せる」状態に戻り、やがて「仕切る」必要が出てくる。このパターンでは、やらなすぎの状態からやりすぎの状態に移り、またやらなすぎの状態に戻る、ということの繰り返しになる。

アスリートやアーティストたちは黄金時代に、素晴らしいコントロールをしているときがある。ロジャー・フェデラー、アル・パチーノ、ビーナス・ウィリアムズ、マイケル・ジョーダン、マライア・キャリー、スティーブン・スピルバーグ、優れたカーレーサー、建築家、外科医……皆、例外なくコントロールを持っている。コントロールがなかったら仕事にならない。仕事をするためにコントロールが必要なのだ。

ところが、コントロールについて語り始めると大きな誤解があることに気づく。どうかご心配なく。あなたがマネジャーとして成功するために、他人をうまく操作して、言うことを聞かせる嫌な奴になる必要はないのだ。コントロール過剰に見える人がそう見えるのは、彼らが必要なコントロールを持っていないからであり、コントロールできていれば過剰なふるまいも起こらない。リーダーシップにふさわしい資質と構造的サポートさえあれば、自ずと他の人たちは力を貸したいと思うのだ。共通の目標を達成するためにひと肌脱ごうとするものだ。そして、緊張構造チャートがあれば、独裁者や仕切り屋にならずに、マネジメントに必要なコントロールを手にすることができる。皆がプロフェッショナルとして客観的にやりとりすることができる。目標達成アプローチのロジックを見て取ることができるからだ。プロセスが進んでいくにつれ、行動ステップがテレスコーピングされ、必要な詳細を示す各チャートに展開されるロジックを見て取ることができるのである。

学校制度で緊張構造チャートを使う

教育の専門家で構造コンサルタントのシェリー・スパークスは、何年もクライアント組織において構造アプローチを使っている。その一例がミシガン州のアレンパーク学区だ。

構造アプローチを使う以前は、アレンパークにおいても典型的な組織課題が発生していた。計画段階において、長期的で大局的な視野を保つのが大変で、実行も難しい。個々の学校は、各地域の目標と整合のとれた行動計画を作成したいのに、どうしても目の前の出来事に目を奪われ、細々とした雑務に忙殺されてしまう。折に触れて大局を見ようとするものの、見たところでその情報をうまく使うことができない。

彼らの下す意思決定は、長期的目標とリンクしていない。具体性に欠け、混乱と冷笑を招き、うわべだけの協力につながる。アレンパークにおける本来のプロフェッショナルな配慮や有能さとは正反対のものだった。個々の状況においては、個人もチームも委員会も、適切と思える判断を下しているのに、長い目で見ると自滅的な決定になっていたのだ。

必要な情報が手に入らない。お互いを信用できない。疑心暗鬼になり、最悪の想定ばかりする。次から次へと新しいプロセスが導入され、残業続きになり、頑張っているのに結果が出ない。退職者が続出する。新たに入った人たちも同じことになる。これが最小抵抗経路のありようだ。人がどんなに善意を抱いていても、組織の構造が事を決する。人が行きたくもないところへ最小抵抗経路が連れていってしまう。

アレンパークでは、緊張構造を創り出すプロセスを開始し、緊張構造チャート作成に取り掛かった。目標と現状を見据えることで以下のことがわかった。

- アレンパークは満点をとる八方美人になろうとしていた。
- アレンパークの従業員は信じられないほど勤勉だが、生徒の成績と卒業後の進路から見た業務成果は不明。
- アレンパークの「顧客」はコミュニティを超える。資金を提供し、評価を下す地域、州、連邦の立法府、卒業生を受け入れる（または受け入れない）高等教育機関、卒業生の将来の雇用者などを含む。
- 価値と目標を明言することが重要。そうでなければ価値と目標が合致しているかを従業員や住民が見定めることができない。
- 彼らの欲求と価値は、生徒とコミュニティのそれと非常に似通っていた。
- 彼らの意思決定は必ずしも彼らの価値と合致していなかった。
- 彼らの意思決定は、生徒たちが自分の価値と目標を明確化する助けになっていなかった。
- 従業員とコミュニティはアレンパークについてタイムリーな情報提供を求めていた。
- アレンパークの資金は起業家的に考えることで大いに増大しえた。現行プログラムの多くは、拡大して従業員の知識やスキルや才能を活かすことが可能だった。

アレンパークの人々は、こうやって自分たちを客観視するガッツを持った人たちだった。そして緊張構造チャートを作成し、実行に移した。結果は劇的だった。シェリーの報告を見てみよう。

彼らの成果と価値は、誰の目にも歴然となり、アレンパークは時間・設備・資源をずっと有効に活用していました。皆がより良く調和して生徒たちに接していました。どんなプロセスでも具体的に創り出したい成果と結びつけることができます。かつては教育界のトレンドを追いかけていましたが、今は自分たちで一から考えています。やりたいことと合致していればベストプラクティスを使い、合致していなければそれを使わず、どんどん自分たちの創造性を活かせるようになっています。かつての「火消し」メンタリティから、生徒のために長期的目標を創り出す姿勢へと転換しました。

皆の雰囲気が変わり、一人ひとりがやっていることに打ち込んでいます。意思決定は改善し、条件反射的な反応は減り、目標を達成するようになっています。

そしてこのアプローチは広まっています。今年はスクールシステム全体で緊張構造チャート作成に取り組み、視覚的に全体進捗を管理できるようになります。近いうちに家庭やコミュニティの人たちも緊張構造チャートに家や職場からアクセスし、状況を共有できるようになります。

ウィリアムスミス高校

２００４年、コロラド州オーロラ市のウィリアムスミス高校は「ラストチャンスハイ（最後の望み高校）」として知られていた。他の学校でどうにもならなかった生徒たちの受け皿だったのだ。かなり大変な連中だった。生徒定着率は23パーセント、平均出席率は72パーセント、１２５件の規律違反報告、60パーセントの落第率、大学出願率はたった５パーセント、奨学金獲得はゼロ、保護者の学校行事出席率はたったの10パーセント。

ジェイン・シャーリーは、校長として構造アプローチを導入した。ジェインは私の著書を読んだ後、構造思考の基礎コースに参加して構造コンサルタントのアンドリュー・ビサハに会い、自分自身の演劇体験からも構造アプローチを知ることになった。鍵となった理解のひとつは、「根底にある構造が全てのふるまいを決定する」という洞察だ。根底にある構造を変えなければ、同じパターンを何度も繰り返すことになる。教育に携わる人たちが陥るのは、問題解決思考だ。もしジェインがよくある問題解決アプローチを採っていたら、低い成績、不良態度、絶望といったお馴染みのパターンを繰り返す羽目になっただろう。

子供が将来に希望を持っていなければ、学習意欲など湧くことがない。勉強などして意味があろうか。しかし、何かを創り出したいという動的な衝動は、人間の精神に備わっているものだ。自分の人生を築き上げることなどすっかりやめて、社会規範を拒絶した子供たちでさえも、「こうやったほうがいいんじゃないか」という創造のひらめきを持っている。正しい構造に恵まれなければ、創造のひらめきは、表現されるチャンスを得られずに抑圧されてしまう。構造が変われば新しい可能性が浮上する。

ジェインがまずやったのは、教師たちに

「何が望みなのか」

「どんな学校を創り出したいのか」

と問いかけることだった。創り出すプロセスにおいて、これは当たり前の問いに思えるだろう。しかし教師たちの大半は創り出す思考に慣れていない。目の前の問題に対応し、余計な期待を持たせて落胆や幻滅を生むことを避け、何とか自分たちにできる範囲の授業をやろうとしていた。そんな環境では悲観的になるのも無理はない。

しかし、教師たちは何日もかけて考え抜いた。そして、問いに答えるために集まった。教師たちは、生徒が学習に打ち込めるようにしたかったのだ。生徒が学ぶことに関わりたかった。生徒たちが創造的になって、人生で成功できるようにしてやりたかったのだ。最初は絵に描いた餅に思えた。しかし教師たちは本当にそれを望んでいたのだ。

望みがはっきりしてから、次に自分たちのリアリティを観察した。出席率の低さ、学業成績の低さ、緩い規律に起因する不良行動などである。こうした状況に対応して、学校を午前中で終わらせることにしていた。昼食後には多くの生徒が戻ってこないだろうと考えたからだ。それで8時から12時の間に生徒が学べると思えるだけの内容を詰め込んだ。カリキュラムはとても低いレベルに設定されていた。

このリアリティに対する教師たちのビジョンは、非常に強い緊張構造を創り出した。どうやってここからあそこまで行くのか。最初のステップのひとつは、水準をビジョンのレベルまで上げることだった。目標が妥協の産物であっては、個人的にもプロとしても精魂を傾けることが難しい。この高い目標を達成するには、学校を半日で終わらせるわけにはいかない。さっそく変更した。カリキュラムの水準を落としても真の学習には至らない。

教師たちは水準を高くした。それまでは、生徒がコースをふたつ落としたら除籍処分になっていた。この方針を変更し、生徒が改善できるまで支援を行うことにした。他にも改革は続いた。もっと体験学習ができるようにした。一つひとつの改善が大きな目標に到達するために工夫されていった。

当初は抵抗があった。まず、生徒にとってウィリアムスミス校はそんなに頑張らなくても進級できる「楽勝の学校」と思われていた。そのイメージが覆され、衝撃が走った。教師の中にも改革を嫌う者たちがいた。そういう教師たちは改革が進むにつれて退職していった。一方で、教育界に噂が流れ、意欲と熱意を持った教師たちが門を叩くことになった。

創造プロセスが学習のための新しい土台となり、緊張構造が最も基本的な共通基盤となった。これらが根付くには時間と訓練が必要だった。新しい考え方を気に入った人でも、ときどき問題解決志向に陥ることがあった。「ジェイン、問題があって……」と話を始める。ジェインは答える。「その前に、私たちが創り出したい成果は何？」と。どんな状況においても彼らは緊張構造を創り出す。教師たちが構造アプローチを学んでいると、やがて生徒たちにも浸透していく。

ジェイン・シャーリーは言う。「大半の教育者は問題解決志向で教育を考えて学校を運営することしか知りません。正しい道筋で、正確なステップを、間違いのない順番で踏んでいくことに固執していたのです。創造志向になると、私たちは従来の計画プロセスを離れて、緊張構造によって前進する勢いを得られるようになります。時間と実践を経て新しいアプローチに慣れ、変わっていく今のリアリティに基づいて次のステップを選んでいけるようになりました。その上、あらかじめ全てのステップを知らないでいいということから、従来の思考では思いもよらなかった創意工夫が可能になったのです」

ジェインのチームの達成した結果を概観してみよう。

	2005年	2010年
学校規模（生徒数）	175人	275人
生徒の定着率	23%	84%
平均出席率	72%	94%
規律違反報告	125件	35件
平均ACTスコア	11	18
落第率	60%	5%
大学出願率	5%	86%
奨学金	0	$100,000
高校出願率	15%	175%
学校行事への保護者出席率	10%	80%

【図13】

ジェイン・シャーリーは説明する。「うちの学校に来るほとんどの生徒は、学校を一方的な押しつけだと思っています。いい成績はご褒美で、悪い成績は自分の欠陥の結果だと思っています。生徒たちが自分で望む結果を考えて目指せるようにすることで、被害者意識を転換して、計画的に進歩し、成果を上げる体験ができるようになるのです」

創造プロセスにおいて、緊張構造ほど強力なものはない。教師と生徒がこの構造原理を共有できたのは、教育と専門知識が見事に合致した結果だ。ジェインは続ける。「共通の目標に向けて集団の創造力を結集する能力が生まれました。これが今回の最も重要な成果です。教育改革のフォーカスは生徒たちの創造力を育むことに向けられています。イノベーションを起こす力は、アメリカの強みのひとつと考えられているのに、その目標に向かっていない教育体制がずっと続いています。生徒が読み書きを覚えるのと同じくらい、創造力を高めることは大切なはずです。学校は、生徒が読み書きに習熟するだけではなく、創造プロセスに習熟できる環境を創り出す必要があります。私たちは教育者として、今回の改革から創造プロセスと構造アプローチの力を学びました。これが将来の生徒たちを育てるために大切なことだとわかっています」

分割思考——分けて考える

マスターチャートを作成し、テレスコーピングして詳細を展開するときの思考法は、「分割思考（分けて考える）」と呼ぶことができる。

最初に最終成果を考える。次に今のリアリティを考える。そして今のリアリティから最終成果に向かうアプローチを考え、続いて実行のための具体的なステップに分割していく。

こうして分割して考えなければ、忙しい組織生活の中で物事を成し遂げることは非常に難しい。よくある間違いは、色々なことをごちゃごちゃにして寄せ集めてしまうことだ。ビジネスの会議やマネジメントのミーティングを分析すると、次のようなことがよく起こっている。

——さて、今日のアジェンダは？

——下請けについて決めないといけない。
——もう下請けは発注しただろう。
——どこに？
——ボーゲン社だよ。
——あそこはもう使わないんじゃなかったか。
——誰がそんなことを？
——それは……
——いや、そうじゃなくて……
——早く決めないか。
——私の前職の経験では……
——出た！　「前職の経験では」。ご立派な前職をどうしてお辞めになったのかしら？
——やめざるをえなかったんでしょ。
——そんなことはない。
——さあ、議題に戻ろう。
——そうそう、何の話だっけ？
——ボーゲン社に依頼する必要がある。
——どうして？
——そう言ったからさ。
——言ってないよ。下請けについて考えるって言ったんだ。

――外注する必要があるよ。

――内製できるだろう。

――どうやって？　もう何週間も滞ったままだ。

――フレッドに頼んだよ。

――フレッドだって？

――フレッドに頼むのは良くないね。

――どうして？

――フレッドはいい奴だから、何とか依頼に応えようとして他の全部を台無しにしちまうんだよ。

――工場のシステムを改善しないといけない。

――新しい工場が必要だ。

――無理だよ。誰がそんなことを？

――ボスだよ。

――ボスは無理難題を押しつけてくるのさ。予算もないのにどうやってそんなことができるもんか。

――本当だよ。その通りだ。

――どうして予算を確保できないんだ。本社のショーケースに大枚叩（はた）いておきながら、馬鹿な話だ。

――設計は誰だったの？

――あの変人だよ。イヤリングした男だ。
――イヤリングを三つつけてた。
――ちょっと待てよ、うちの息子もイヤリングしてるが、変人じゃないぞ。
――ただのファッションよ。
――ほっときゃ次は肘にピアスを始めるぞ。
――もうしてるわよ。
――してるのか？
――本題に戻らないか。ほら……
――ちょっと皆さん……
――ボーゲン社に連絡して、そして……ＴＴＦ社はどうかな。
――あそこは前にも駄目だったよ。一回で駄目だった。
――そう、クライアントはカンカンだったよ。
――そもそも受注すべきじゃなかったよ。
――営業は受注したらいいと思ってやがるからな。
――そうそう。

この手の会話では規律を持った思考が行われず、自由連想に走ってしまう。分割思考を実践し、一度にひとつのことにフォーカスして考えるプロセスを採用したほうがいい。
チームが会話に没頭したときは、次のような問いかけをして重点領域に注意を向け、領域間の関係を明らかにすることができる。

フォーカスを維持するリマインダー

- 自分たちが望む最終成果は何か
- 今のリアリティはどうなっているか
- 最終成果にたどり着くためのステップは何か
- 今の行動は効果的か
- 今、何を学んでいるか
- もっといいアプローチはあるか
- うまくいっているかどうかはどうやってわかるのか

ほんの数分をかけてこうした問いかけを行うことで、びっくりするほどチームの体験は変わっていく。無秩序から秩序へと進むのだ。

第4章のまとめ

- テレスコーピングは、緊張構造チャートに段階的な詳細を展開していくための技法である。
- 詳細は意図的かつ秩序的に書き加えられ、計画を容易にする。

- テレスコーピングにおいては、マスターチャート内の各行動ステップに個別の緊張構造チャートを作成できる。そして個別のチャート内の各行動ステップについて次の次元のチャートを作成できる。こうして必要な次元まで詳細を展開できる。
- テレスコーピングによって緊張構造を創り出し、組織に一体感をもたらすことができる。どんなに小さなステップでも、たどっていけば組織の主要目標と今のリアリティに結びついているからだ。
- チャート作成とテレスコーピングは、手書きでもできるし、ソフトウェアを使ってもできる。
- 分割思考という思考プロセスを使うことによって、緊張構造チャート作成が容易になる。
- プロセスに没頭しているとき、第一に最終成果を特定し、第二に今のリアリティを特定し、第三に今のリアリティから最終成果に向かう行動計画を作成する。こうしてチームと自分自身との焦点を合わせることが容易になる。

第５章　チェックリスト　チャートを精緻化する

緊張構造チャートを展開していくとき、まず下書きを作成し、二番目の下書き、必要なら三番目の下書きと続いていく。目標を精緻にし、今のリアリティの記述を精緻にし、行動ステップを精緻にしていく。このプロセスを踏むためにチェックリストを用意した。チェックリストには緊張構造チャート作成の原則が内包されている。

本章の使い方はふたつある。まずざっと読んで概略を理解するのもいい。もうひとつの使い方はガイドブックとしてだ。実際に自分の緊張構造チャートを書いて、今から精緻化していくというときに参照するのである。チェックリストで確認すれば、やるべきことが明らかになってくる。

目標のチェックリスト

今、マスターチャートを手にしているのであれば、最終成果は全体的な結果であり、最終目的地だ。到達したいところ、創り出したいものである。

最終成果は次の項目でチェックできる。

1．これが創り出したい成果か

心の中で最終成果を思い描いて、この問いに答えてみよう。

もし答えがイエスならば、欲しいものを記述できている。チェックリストの残りを確認すれば、目標を精緻化できる。そうすれば、後の作業をまとめることが楽になる。

もし答えがノーならば、まだ仕事が終わっていない。本当に創り出したいものを記述し続けること。ただし、どんどん詳細を付け加えればいいというわけではない。マスターチャートの段階での記述は、細かすぎず大まかであること、曖昧でなく明快であること、綿密ではなく全体像を示していることが必要だ。

2．数値化できる目標は数値化したか

できる限り具体的な数値で記すこと。「大きな売り上げ」よりも「2億8500万ドル」のほうがいい。明快に直接的な目標を持つこと。

そのためには、成果について具体的な決断をする必要がある。

金額以外にも数値化できるものはある。たとえば、利益の目標を「20パーセントの粗利」などと数字で記すことができる。新規事務所開設を16、新規主要顧客を28、他の新規顧客を80などのように記すこともできる。

数値化可能な要素を数値化するたびに、より明快な定義がなされる。今のリアリティを定義するときも同じだ。可能な限り数値化する習慣を身につけること。それによって、成果を上げる際の正確さとパワーを手に入れることになる。

３．相対的表現を実際の目標に転換したか

「もっと、より、増加、減少」などの相対的表現は、他の何かと比べたときにのみ意味を持つ。「コミュニケーションをもっと良くする」といっても、それだけでは何を達成したいかわからない。もし今のコミュニケーションが悪かったとしたら、「もっと良く」なってもまだ不十分かもしれない。不十分なコミュニケーションは、おそらく望むものではないだろう。

相対的表現を避け、実際に創り出したい結果を記述すること。この場合なら「いいコミュニケーション」である。

この原則の例がいくつかある。

「もっと製品開発する」ではなく「年間七つの新製品リリース」
「売り上げ増」ではなく「ＷＸ‐Ｔ12の売上高５５００万ドル」
「意思決定改善」ではなく「継続的に正しい決定を正しいタイミングで行う」

４．問題解決ではなく成果を創り出しているか

第７章で見るように、問題解決は、何か（問題）をなくすための行為だ。成果を創り出すというのは、何か（目標）を生み出す行為だ。両者は正反対である。問題解決の観点から成果を記述したら、何か嫌なものをなくすことでしかなく、望むものを創り出すことにはならない。

これが重要なポイントだ。なくしたいことを書くのではなく、創り出したいことを書くのだ。

この原理の例をいくつか示そう。

「当社のマーケティング力欠如を克服する」ではなく「素晴らしいマーケティングによって顧客に当社の物語を伝え、顧客が当社製品を購入したくなる条件を生み出す」

「生産力不足を解消する」ではなく「十分な（または最適な）生産能力と作業量のバランス」

「多すぎる残業を減らす」ではなく「よく計画され実行されている作業スケジュール」

5．目標が単なるプロセスではなく、実際の成果を記述しているか

プロセスは「どうやって」目標を達成するかであり、「最終成果」は「何を」創り出したいかである。プロセスは成果のためにある。成果を上げることが目的だ。マスターチャートでは、最終成果はプロセスではなく、常に結果の記述でなくてはならない。「どうやって」ではなく「何を」である。

この原則の例を示す。

「ＩＴのプロジェクトチームを設置する」ではなく「堅牢な情報システムがあり、ニーズに応じて進化している」

「全てのキーパーソンからビジネス戦略のための支持を得る」ではなく「ビジネス戦略が存在し、ダイナミックな成長を生み出している」

「統合された研究開発と生産のシステム」ではなく「研究開発と生産が統合的に機能していて互いを強化している」

6．目標が明確に描写されているか、それとも曖昧か

目標が曖昧でなく明確になっていたほうが容易に組織化（オーガナイズ）できる。前述したように、数値化できるものは数値化すること。数値化しにくいものは、できる限り具体的に記述すること。

この原則の例を示す。

「顧客満足」ではなく「顧客がサービスに満足していて、リピート率は85パーセント」
「素晴らしい製品」ではなく「顧客調査で当社製品が最高の評価を受けている」
「イノベーションを行う」ではなく「三つの新しい技術が創造され、当社製品に利用されている」

緊張構造チャート作成においては、目標の定義が原動力となる。時間をかけて目標定義をチェックして精緻化する必要がある。

今のリアリティのチェックリスト

マスターチャート上の主要目標を定義できたら、次は今のリアリティを記述しよう。最終成果が旅の到達地点を教えてくれるなら、今のリアリティは旅の出発地点を教えてくれる。

1．今のリアリティを記述するために参照ポイントとして最終成果を用いたか

たとえば、

目標が「4800万ドルの年間売り上げ」だったら、今のリアリティの記述は「3100万ドルの売り上げ」となる。

目標が「納期遵守率100パーセント」だったら、今のリアリティの記述は「納期遵守率89パーセント」となる。

マスターチャート上の全ての目標に対して今のリアリティを記述すること。

2. 的確な絵を描写しているか

3. 全体像を含めているか

たとえば、目標が新しい品質プログラムの導入だったとする。今のリアリティの箱に「今はない」と書いたとしたら、それが正しかったとしても、もう少し全体像を記述したほうがいいかもしれない。

「製品の品質を高める必要があるのに、品質管理の仕組みがない。顧客調査では製品品質への不満が報告されている。品質管理分野において、多少の経験を持つ社内研修講師がいる。経営陣には余裕がなく、変革に少し抵抗がある」

この記述のほうが出発地点の描写として優れている。

４．想定や論評になっていないか。なっていたら客観的ニュースレポートに変える

暗黙の想定をあぶり出し、想定ではなく客観的描写に努めること。
たとえば、今のリアリティをこう記述していたとする。

「当社の得意なニッチビジネス以外に当社のビジネスはない」

これは客観的レポートではなく、論評になっている。今のリアリティを記述するには事実だけを記述すること。リアリティを客観描写できれば、創り出したい成果を創り出すための行動を、より効果的にデザインできるようになる。
そのために、論評や想定を次のように書き換えることができる。

「現在のニッチビジネス以外のビジネスにもチャレンジしたことはあるが、リターンが少なかった。成功する方法を知らなかった」

ここまで来ればもっと簡潔にも言える。

「当社は現在の市場以外にビジネスの方法を知らない」

5．誇張なしに記述しているか

誇張を避けること。現実以上に良く見せたり悪く見せたりしないこと。

「安全管理が最悪だ」ではなく「過去1年でニアミスが九つ、小規模の事故がひとつあった」

6．今のリアリティそのものを記述しているか、それともこれまでの経緯を説明しているか

たとえば、

「工場で新しいケトルを購入し、設置するまでの間に、営業チームが大量の新規注文を取り付けていて、生産が追いつかなかった。そこで新しいシフトを組んだが、経験不足のためにあまり対応できず、コストだけが跳ね上がった。顧客は期日までに納品を受けられず、激怒してクレームを入れてきたが、元はと言えば営業員が無理な受注をしてきたことが原因だった」

これでは、現在地点の描写ではなく、いかにして現在地点に到達したか、の説明になっている。そこで次のように書き直す必要がある。

「生産能力の限界に来ており、追いつかないほどの受注がある。販売と製造が協調していない。新しい人員が力を発揮するまで予想以上に時間がかかっている。新しいシフトのためにコストが増大している」

7. 全ての必要な事実を含めているか

今のリアリティの記述を仕上げるために、もっと事実の補填が必要かもしれない。記述が必要な領域の例を挙げると次のようになる。

- 現在の売り上げ
- 現在のマーケット動向
- 現在のマーケットシェア
- 現在の競合
- 現在の財務状況
- 現在の製品品質
- 現在の流通システム
- 現在の生産能力と利用可能資源
- 現在のマネジメント戦略と姿勢
- 現在の雇用市場と雇用慣行
- 現在のシステム
- 現在の組織の人員の能力・才能
- 現在のコアコンピタンス
- 現在の意思決定プロセス
- 現在のビジネスアプローチ

今のリアリティを描写する際には、網羅的で正確で客観的であることが大切だ。

行動ステップのチェックリスト

行動計画をチェックするには次の原則が役に立つ。

1．マスターチャート上の全ての目標に対して該当部門を巻き込む行動ステップがあるか

たとえば、マスターチャートに対応して、次の各領域に行動ステップがひとつふたつあってもいいだろう。

- 研究開発
- マーケティング・販売
- 製造・生産
- 品質
- マネジメント
- 情報システム
- 総務・事務
- 製品サービス
- 顧客リレーションシップ

- 出荷・輸送・流通
- 財務管理
- 新規事業開発

マスターチャートをテレスコーピングする際、「デザイン」と「実行」という言葉を使うといい。それによって、展開される行動ステップを明快に記述できる（第４章）。たとえば「網羅的なマーケティングアプローチをデザインして実行する」と記述する。これは非常に大まかな記述だが、目標に到達するために重要なステップになるかもしれない。詳細は後でいい。

2．全ての行動ステップを実行したら、目標に到達するか

答えはイエスかノーかだ。ノーだった場合は、引き続き行動ステップを考えなくてはならない。イエスになったら、行動ステップの記述は完了だ。

3．行動ステップは正確で簡潔に記述されているか

行動の詳細を長々と書いてしまう人がいる。たくさんの長い文章よりも、ひとつかふたつのセンテンスのほうがいい。簡潔に記す。行動ステップを目に浮かべる。そのほうが狙いをつけやすい。

4．行動ステップの全てに期限があるか

第３章で見たように、期限をつけることで行動ステップは時間軸に位置づけられ、よりリアルにな

る。期限内に完了すれば、他の行動と相まって目標を達成することになる。

５．行動ステップの全てに責任者がいるか

それぞれの行動ステップに、ひとりの責任者が充てられるべきだ。責任者がいないと、実行されないことがある。原則として、責任者をひとりに絞ること。複数にしないほうがいい。部署の責任にもしないほうがいい。それによってフォーカスが生まれ、役割分担が明確になる。

チェックリストを使うのは形式的に思われるかもしれないが、アプローチに規律を与えるものだ。分割思考のプロセスと同じだ。試しにやってみて、これが価値を生むかどうか、自分の目で確かめるといい。

第５章のまとめ

目標のチェックリスト

1．これが創り出したい成果か。
2．数値化できる目標は数値化したか。
3．相対的表現を実際の目標に転換したか。
4．問題解決ではなく成果を創り出しているか。

5. 目標が単なるプロセスではなく、実際の成果を記述しているか。
6. 目標が明確に描写されているか、それとも曖昧か。

今のリアリティのチェックリスト

1. 今のリアリティを記述するために参照ポイントとして最終成果を用いたか。
2. 的確な絵を描写しているか。
3. 全体像を含めているか。
4. 想定や論評になっていないか。なっていたら客観的ニュースレポートに変える。
5. 誇張なしに記述しているか。
6. 今のリアリティそのものを記述しているか、それともこれまでの経緯を説明しているか。
7. 全ての必要な事実を含めているか。

行動ステップのチェックリスト

1. マスターチャート上の全ての目標に対して該当部門を巻き込む行動ステップがあるか。
2. 全ての行動ステップを実行したら目標に到達するか。
3. 行動ステップは正確で簡潔に記述されているか。
4. 行動ステップの全てに期限があるか。
5. 行動ステップの全てに責任者がいるか。

組織が揺り戻すとき

もし読者が本書を読んで、学ぶことが緊張構造とその使い方だけだったとしたら、それだけでも大いに有用だ。しかし、組織が揺り戻す構造の中にいたら理解できず、構造を変えることもできないだろう。前進したと思ったら後退し、また前進しては後退する、それが揺り戻す構造だ。

何が組織を揺り戻すのか。なぜ最小抵抗経路が、最初は前進させ、次に反転し、結局挫折に導くことがあるのか。この重要な問いに答えるのが、本書の第２部である。

THE PATH OF OSCILLATION

第２部
揺り戻しの道

第６章　葛藤構造　なぜ組織が揺り戻すのか

たいていの組織は、無数の揺り戻しパターンを定期的に繰り返している。意思決定ひとつとってもそうだ。中央集権で経営陣が全てを決めていたかと思えば、今度は分散化して、現場の人たちに、あらゆることの決定権限が与えられる。かと思えば、再び中央集権に戻り、そしてしばらくすると、また分散化する。行ったり来たりを繰り返す。

「リスクをとって自ら動け」と号令がかかる。しばらくすると、「経営陣と歩調を合わせるように」と言われる。そしてしばらく経つとまた、「自ら動け」と言われる。

財務目標では、コスト削減から積極投資へ、そしてまたコスト削減へ、と行き来する。会社全体が「創造性を高めよう！」と言っていたかと思えば、しばらくすると「ベンチマーキングして良識に従おう」と言い、しばらく経つとまた「イノベーションが将来を築く」と言い出す。

企業が生産能力を高め、縮小し、また拡大する。

こうした揺り戻しパターンで、企業は多くを浪費する。資金、時間、資源、知的資本、士気、評判、マーケットシェアなど。言うまでもなく、これは躁鬱病のごときものだ。

こんな揺り戻しパターンを望む者はいない。それなのに、どうしてパターンを繰り返すのか。それは根底にある構造のためだ。最小抵抗経路が、あるときはある種の戦略・戦術・行動を促し、別のときは反対の戦略・戦術・行動を促す。この構造を葛藤構造と呼ぶ。組織が慢性的に揺り戻しているとき、葛藤構造が悪さをしている。本章では、この葛藤構造を探究し、なぜそれが揺り戻しを起こすのかを見ていくことにしよう。

葛藤構造の原因

緊張解消システムが単純な場合は、緊張構造が生じる。ところが、ふたつの競合する目標を巡ってふたつの緊張解消システムが存在すると、事態は複雑となり、葛藤構造が生じるのだ。

まずは単純な例を挙げて説明しよう。空腹と体重の関係だ。

空腹は、身体が欲する食べ物の量と、体内の食べ物の量との差から生じる緊張である。空腹という緊張は、食べることでこの差がなくなり、解消される。

一方、太りすぎ（実際の体重と目標体重とが異なること）の場合は、別の緊張解消システムとなり、ダイエットによって緊張が解消される（図14‐1）。

このふたつの緊張解消システムが、それぞれ緊張の解消に向かおうとすると、互いに競合し、葛藤を生じる。

まず、空腹が支配的な緊張となる。この緊張を解消するために食べることになる。

食べることで空腹は消える。ところが、あいにくなことに体重は増える。増えた体重は目標体重を上回ることになる。すると今度はこの差が支配的な緊張となる。この緊張を解消すべく、食べる量を減らしたり、食事を抜いたりする。

すると少し体重が減り、ひと安心する。ところが身体はこの状況を全く喜ばず、脂肪とタンパク質

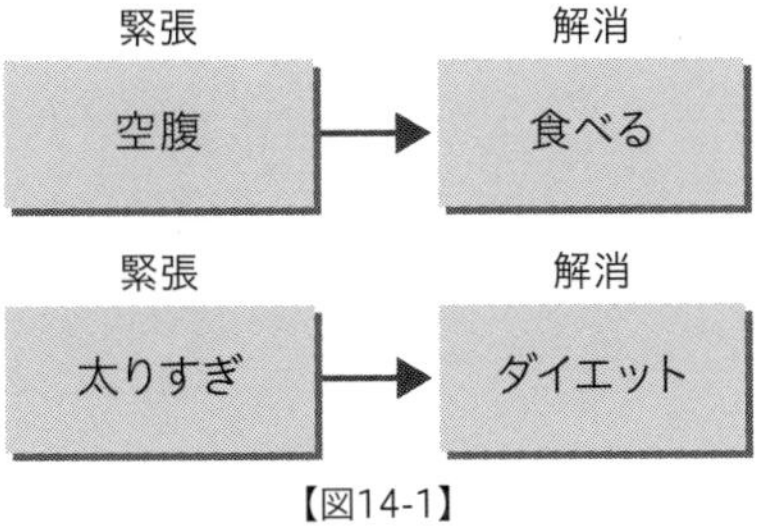

【図14-1】

の減少に反応して、「食べろ！　食べろ！　食べろ！」と飢餓の警鐘を鳴らし始める。（これは脳内のサーモスタットのようなもので、身体が十分な食べ物を取り入れていない、このままでは脂肪が足りず、身体が冷たくなって冬を越せないと警告しているのだ）

すると、脳内の食欲中枢がふたつのことをする。まず身体に食べろと指令を出す。再び空腹の緊張が支配的になり、最小抵抗経路が変わる。さらに食欲中枢は、より少ない食べ物からより多くの脂肪を体内に蓄えるように身体に働きかける。何ともうんざりなことだ（図14－2）。

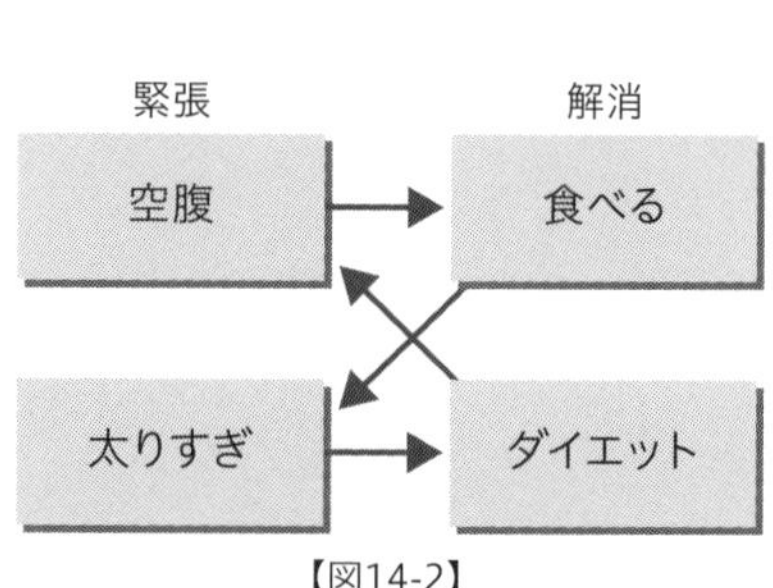

【図14-2】

最小抵抗経路がシフトするとき

このように、ひとつの緊張解消システムから、競合するもうひとつの緊張解消システムへと支配的な緊張が移るとき、揺り戻しパターンが生じる。最小抵抗経路が「食べる」という行動から「ダイエット」という行動へとシフトするのだ。これを、**支配のシフト**と呼ぶ。空腹から食べる行為に移り、そこから体重増加、そしてダイエット、また空腹へと、最小抵抗経路が変化するに従って、支配がシフトしていく。

痩せたり太ったりを繰り返すダイエットの経験がある人なら、おかしなことが起こっていることに気づくのは難しくない。気づくのが難しいのは、根底にある構造が最小抵抗経路を変え、このパターンを引き起こしているということだ。このサイクルを体験する人は、自分の意志の弱さや規律の無さを責めたりする。実はそんなことではなく、この構造の中にいる限り、どんなに意志が強固であろうと同じパターンを繰り返すのだ。頑張ってダイエットするたびに、構造が反対方向に引き戻し、結局は挫折する。構造に支えられないうちは、何をやっても無駄なのだ。

葛藤構造においては、ひとつの緊張解消システムが解消に向かうたびに、競合するもうひとつの緊張解消システムが支配的になる。一方の緊張が弱まるだけもう一方の緊張が強まる。これが支配のシフトを引き起こすのだが、この支配は永続せず、支配的な緊張が解消に向かうと、再び支配のシフトが起こる。元の緊張が支配を取り戻し、揺り戻しパターンとなるのである。

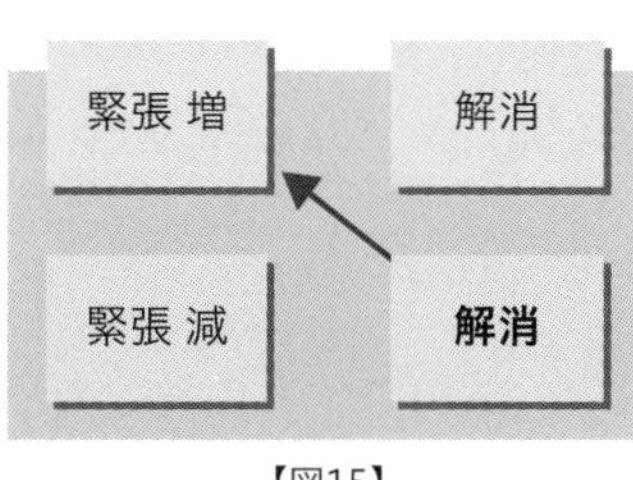

【図15】

組織構造の第六法則は次のようになる。

組織構造の第六法則

葛藤構造が組織を支配するとき、揺り戻しが起こる。

組織の中の揺り戻し

組織はなぜ揺り戻すのか。組織構造の第六法則によって答えることができる。例を挙げて説明しよう。

ＤＤＤ社は、業績を上げ、成長を続け、ポテンシャルを開花させたい。大変革プログラムを導入し、全社に変革が起こり始める。経営陣は、システムを再編成し、部門横断チームをつくり、評価制度を刷新し、人事異動で新しい配置を行う。

ところが変革が進むにつれ、ＤＤＤ社の社員たちは、不安定と断絶を感じるようになる。慣れ親しんだコミュニケーションのラインが消えて仕事がやりにくくなる。自分たちへの期待が何か、何をする必要があるのか、誰が責任者なのかが次第にわからなくなる。経営陣は新方針を明快に告げているにもかかわらず、実際の職場を見れば、新しい理想とはほど遠い現実がある。環境の激変の中で、社員たちは継続性を望むようになり、結局はそれが社内の支配的な緊張となる。

この緊張を解消するには、変革を拒むことになる。ＤＤＤ社の社員たちは、新しい指揮命令系統と方針を無視し始める。組織内に分裂が起こり、変革への支持は弱まっていく。士気は下がり、変革が滞る。

この時点で、ＤＤＤ社の経営陣は変革を放棄し、組織は通常運転に戻る。変革は失敗だったと皆が認識する。しかし、元に戻ると圧力が強まるのを感じる。成長が鈍化し、創造性は阻ま

緊張
解消
変革したい
変革する
緊張
解消
継続性を望む
変化を避ける
【図16-1】

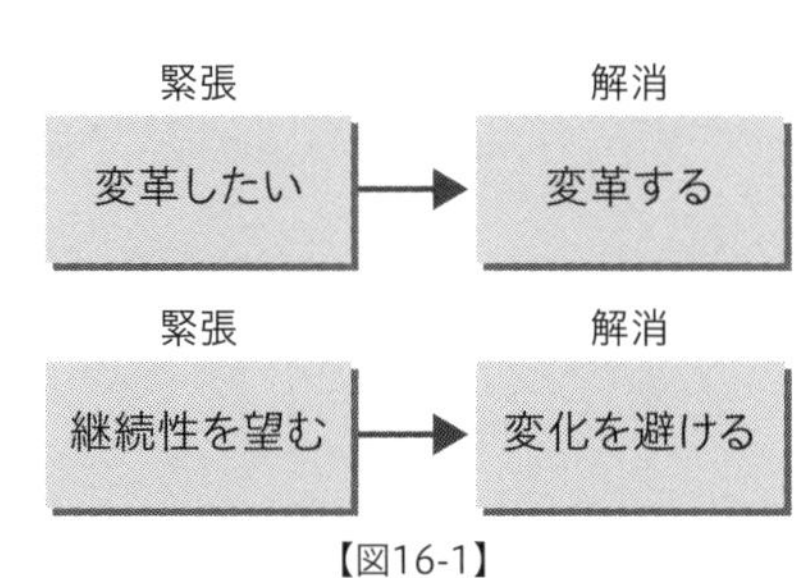

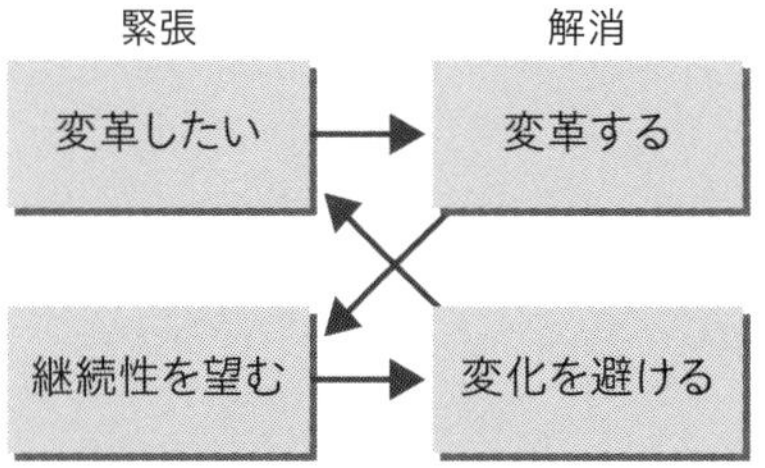

緊張
解消
変革したい
変革する
継続性を望む
変化を避ける
【図16-2】

れ、改善は頭打ちになる。しばらく停滞が続いた後、ＤＤＤ社の経営は再び変革の狼煙を上げる。ちょうど最新のマネジメント手法の流行も気になっていたところだ。

こうして、何年もかけて変革と継続性の間を行ったり来たりする。停滞と限界の淵から変革の動きが沸き起こり、変革の起こした混乱からまた元に戻る。それを繰り返す。

多くの組織がこの葛藤構造の中にいて、なぜ揺り戻しが起きているのかを理解していない。変革は抵抗に遭い、停滞も抵抗に遭う。継続性と変革は永久に勝敗がつかない戦いを続けている。どっちつかずで振り回される人たちは、苛立ちや歯がゆさを覚える。ほんの少しでも変革を進めようとすれば、壮大なキャンペーンが必要になる。組織に長くいる人たちほど「変革なんてする価値があるのか」と疑問を持ち始めるのも無理はない。

構造的な揺り戻しの原因

こうした揺り戻しの原因を詳しく見てみよう。ふたつの緊張解消システムのダイナミックな性質を理解するために、巨大なゴムバンドを想像してほしい。まず、「変革」に結びついたゴムバンドが腰のまわりに結ばれているとする。

次に、「継続性」に結びついたもう一本のゴムバンドが、やはり腰に結ばれているとする（図17‐1）。

「変革」というゴールに向かって進むと、ひとつめの緊張解消システムは解消に向かう。そのとき、もうひとつの緊張解消システム、すなわち「継続性」のゴムバンドはどうなって

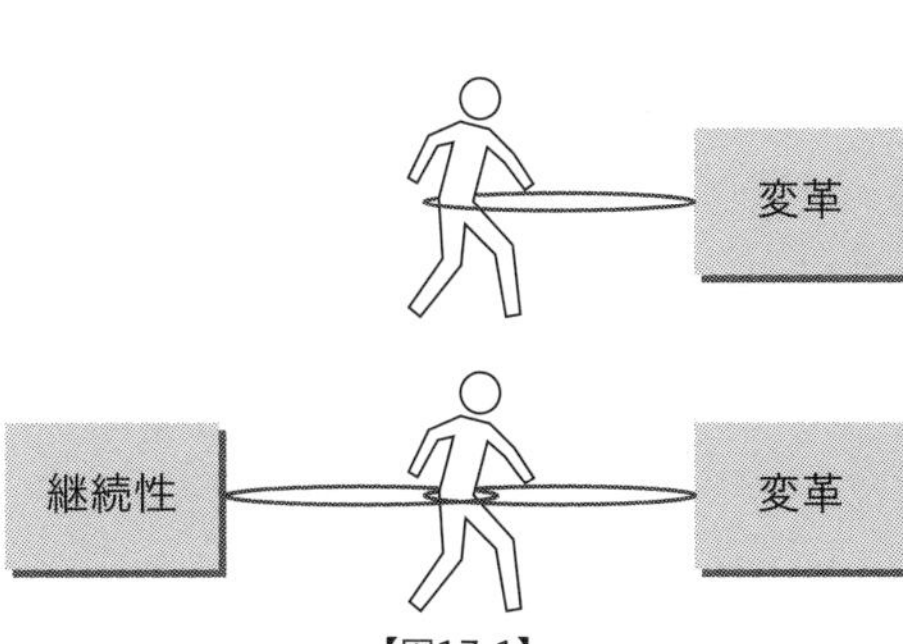

【図17-1】

いるだろうか。そう、伸びている。つまり、緊張が強くなっているのである。そうなると、動きやすい方向、最小抵抗経路はどうなるか。言うまでもなく、最初の「変革」とは反対の方向、「継続性」のゴールへと向かうことになる。そして、継続性のゴムバンドが緩むとともに、同時に変革のゴムバンドがきつくなっていく。緊張が増していくのだ。そうなると、動きやすいのはどちらの方向だろうか。最小抵抗経路は変革の方向へと引っ張ることになる（図17－２）。

変革と継続性の揺り戻しは延々と続く。ときには何年もかけて揺り戻し、パターンとして認識できないほどゆっくりと変化する場合もある。しかし、状況や出来事や登場人物たちが、揺り戻しを引き起こしているのではない。本当の原因は、構造にある。変革にも継続性にも向いていない構造が、揺り戻しを引き起こしているのである。

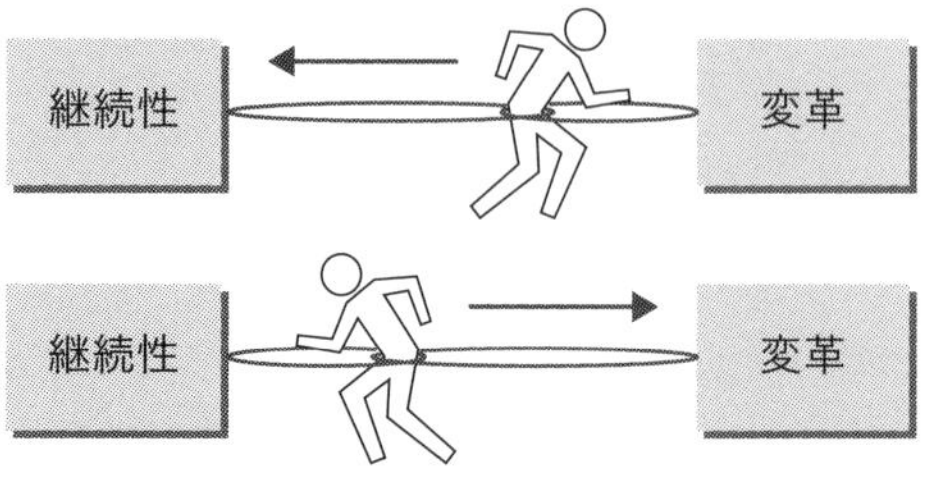

【図17-2】

揺り戻しは変革を台無しにする

変革の大半は失敗する。それは、変革というものの性質が抵抗を生むからなのか。世間の常識では、変革は困難だという。しかし、正しく動機づけられた変革が困難なものだろうか。ワープロを覚えた後で、タイプライターに戻ったという人に会ったことがない。もしかしたら、広い世界のどこかには、そういう変わった人もいるかもしれないが、それはきっと例外に属するだろう。（私の勘では、ヘミングウェイがワープロに出会ったら真っ先にタイプライターを捨てていたんじゃないかと思う）

変革の中には、あっという間に簡単に起こり、しかも長続きするものもある。組織がどんなに複雑であろうと、根底にある構造が新しい変革を支えていれば、最小抵抗経路が変革を可能にするものだ。一方で、もし支配的な構造が葛藤状態にあって、最小抵抗経路が揺り戻しの方向に向いていたら、どんなに変革プロセスが素晴らしいものであっても、やがて勢いを失い、消え失せてしまう。マネジメントに関する文献をひもとけば、TQMやリエンジニアリングなどの成功事例が無数に見つかる一方、何年か経つと、当初の成功が次々と失敗に変わってしまっている。

ロバート・S・カウフマンが葛藤構造に支配された組織の悲劇についてMIT（マサチューセッツ工科大学）のスローン・マネジメント・レビューに寄稿している。

製造現場の再生を担当するマネジャーの置かれた境遇は厳しい。ジャストインタイムや従業員のエンゲージメントなどの教育を何年も受け、野心的な取り組みを開始する。当初は劇的な生産性向上を達成し、これで成功間違いなしだと確信する。しかし改善は一時的なもので、だんだん悲観的になっていく。従業員たちは熱意を失い、過去の失敗事例同様に「変革と言えばまたこれだ」と片付けられる。

考えられることは何でもやって、立て直そうとしてもうまくいかず、だんだん自信を失っていく。

組織は必ず最小抵抗経路を進むものだ。そして、根底にある構造が最小抵抗経路を決定する。したがって論理的に問うべき問いは、「構造は何を求めているのか」である。この問いは重要だ。葛藤構造がなぜ揺り戻しを起こすのかを理解する必要があるのだ。

構造は何を求めているのか

状況はこうである。

- ふたつの緊張解消システムが競合している。
- それぞれのシステムは、そのシステムの緊張を解消することを目標としている。
- しかし、ふたつの緊張解消システムの緊張を同時に解消することは不可能だ。一方のシステムが緊張を解消すればするほど、他方のシステムの緊張が強まる。最小抵抗経路は強いほうの緊張を解消する方向に進む。
- 支配のシフトが繰り返され、揺り戻しが生じる。

不均衡が存在している。構造が、ふたつの緊張解消システムの間の不均衡を減らして、均衡をつくり出そうとする。

構造が「均衡をつくり出そうとする」と言っても、構造に心があるわけではない。構造自身に、頭脳や意思や性格や既得権益があるわけではない。構造は重力と同じだ。物理的な自然の力でしかないのだ。

しかし、構造が均衡を求めているとき、私たちは不均衡を生み出すものを求めている。ひとつには変革（チェンジ）（あるいは継続性）だ。

そして私たちは継続性を望む。

しかし、構造はふたつの緊張解消システムの間に均衡を求める。つまり、それぞれの緊張が均等になることを望むのだ。

ここで重要な原理をわかっている必要がある。「構造は均衡に向かう」ということである。不均衡状態があれば、構造は均衡を取り戻そうとする。最小抵抗経路は均衡に向かう。

したがって、変革と継続性の葛藤構造においては、変革に進むたびに均衡が失われる。そして、継続性に向かうたびに、また均衡が失われる。葛藤のどちら側に傾いても不均衡が生じるのだ。

葛藤構造が揺り戻しを引き起こすのは、支配のシフトが起こるたびに不均衡を生じるからである。不均衡状態が生じた途端に、構造は均衡を求め、最小抵抗経路はふたつの緊張解消システム間に均衡を取り戻そうとする。

第2章で見たように、不均衡も均衡も、それ自体に善悪はない。不均衡の中には、緊張構造として現れて、弓から矢が放たれるように目標を達成する力となるものもある。また別の不均衡は、振り子のように揺り戻す。

私たちは、議論や意見の相違があればどちらか一方につきたがる。しかし構造力学を理解してしまえば、どちらか一方につこうとすることの愚がわかる。変革と継続性のどちらを選んでも、結局は揺り戻してどちらにも行かないとわかるのだ。

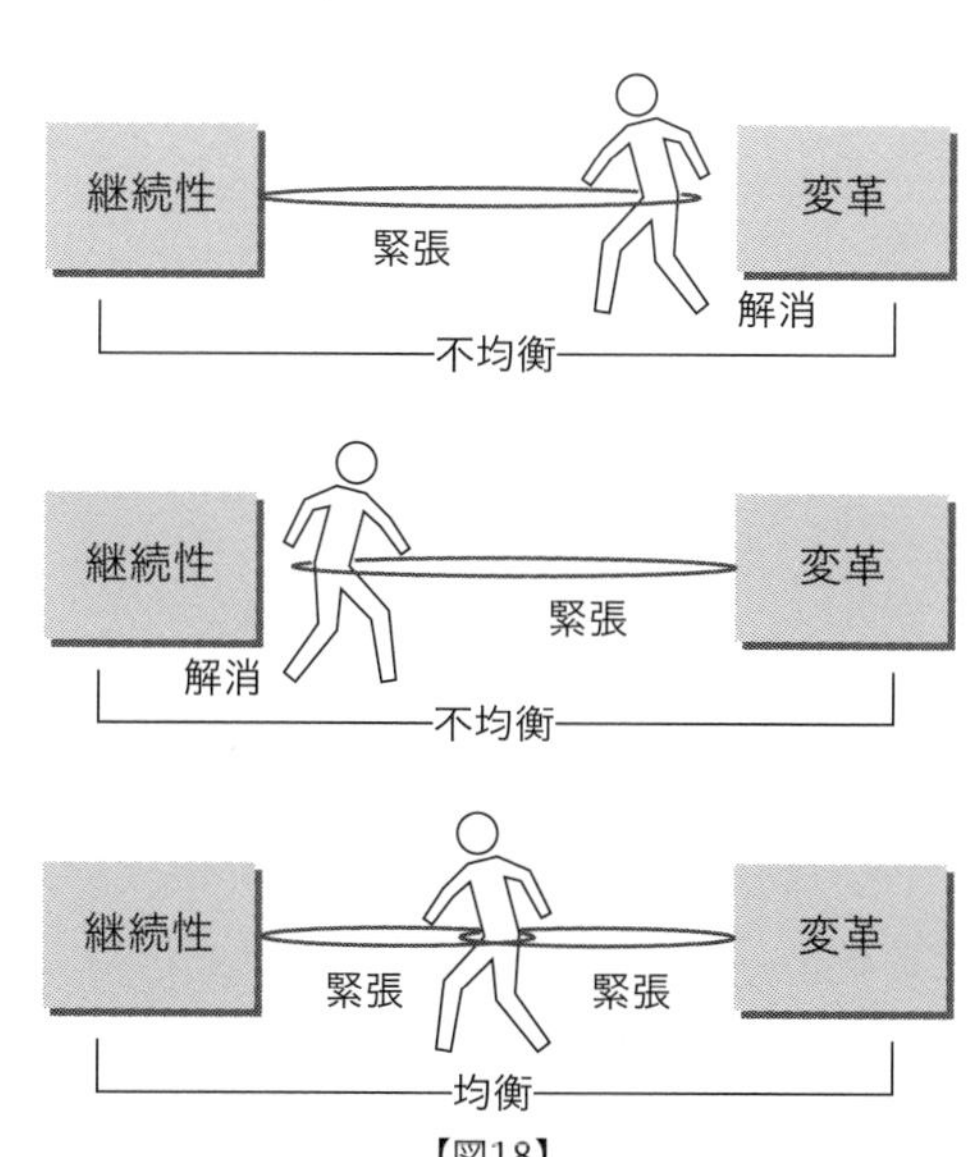

【図18】

私たちは、変革と継続性の間に挟まって立ち往生したくはない。その必要もないのだ。本書では、読者の組織の葛藤構造をどう扱ったらいいかを示していく。どうぞご心配なく。今はまず葛藤構造そのものを研究し、何がどうなっているのかを理解することが先決だ。

次のふたつの章で、まず、揺り戻しへのまずい反応（マネジメントへの問題解決アプローチ）を見ていき、続いて、読者の組織に存在するであろう大きな葛藤構造を検討する。

第6章のまとめ

構造的な葛藤と揺り戻し

- ふたつの目標または緊張解消システムが互いに競合しているとき、葛藤構造が生じる。
- 揺り戻しは次のように起こる。ひとつの目標に近づき、もうひとつの目標から遠ざかると、ふたつめの目標に向かう緊張が高まり、最小抵抗経路はふたつめの目標へと導く。葛藤構造の中では、一方向に進めば進むほど他方向への力が強まり、揺り戻しのふるまいとなる。
- 組織構造の第六法則……組織を葛藤構造が支配するとき、組織的な揺り戻しが起こる。
- ふたつの目標の間に葛藤構造があると、どちらの目標も達成が困難となる。一度は達成した目標も反転して元に戻ってしまう。
- 構造は、競合する目標の間に均衡をつくり出そうとする。一方の目標に近づくと、構造は均衡を取り戻すために、自動的に他方の目標へと向かう。そうやって揺り戻しが起こる。

第７章　問題解決にまつわる問題

組織が直面する典型的な葛藤構造そのものを検証する前に、問題解決という問題について見ていかねばならない。というのも、たいていの人が葛藤構造を問題と見なして解決しようとする。しかし葛藤構造は解決すべき問題ではない。それどころか、問題と見なして解決しようとするほど組織の揺り戻しを引き起こすことさえある。

葛藤構造は問題ではない

葛藤構造は問題ではなく、ただの構造である。目的を達成するには、不適切な構造だというだけだ。ロッキングチェアのたとえで考えてほしい。街に買い物に行くのに、「ロッキングチェアが揺り戻してばかりで前に進まない」と文句を言って、タイヤやエンジンやハンドルをつけて問題解決しようとするだろうか。ロッキングチェアを降りてクルマに乗ったらいいだけだ。

このアナロジーは組織にぴったりだ。構造が不適切なとき、問題解決思考に陥って、不適切な構造を何とかしようとしてしまいがちになる。私たちは、何かが間違っていたら直すようにと教えられている。しかし、デザインが最初からおかしいものを直そうとしても目的を達成することにはならない。組織を直す必要はない、リデザインする必要があるということだ。

組織構造の第七法則

組織構造が不適切な場合、直すことはできない。

その代わり、不適切な構造から適切な構造に移行できる。

「直す」というのは、駄目なものを取り上げて修理することだ。「リデザイン」とは、基本的な前提を一から再考することだ。組織を問題解決しようとするよりも、再考してリデザインするほうがいい。

では、なぜ問題解決がこれほど普及しているのだろうか。

問題解決の誘惑

葛藤構造に直面したマネジャーは、「どうやってこれを解決したらいいのか」「どうやって変えたらいいのか」「どうやってなくしたらいいのか」「どうやって脱出したらいいのか」と反応しやすい。これは自然な反応だ。問題解決するように教育されているからだ。欧米では特に、困難に遭遇したマネジャーはすぐに動きたがる。争いやもめごとに出くわすと、即座に戦闘モードになる。ジョン・ウェイン、ジェームズ・ボンド、ブルース・ウィルスの出動だ。

しかし、「自分に何ができるのか」と自分たちの行動にばかりこだわりすぎると、「今、何が起こっているのか」「自分たちを取り巻く状況をつくり出している因果関係はどうなっているのか」といった基本的な問いから遠ざかってしまう。

原因を理解するより先に、やっかいな問題を取り除きたいと思ってしまう。これは自然なことだ。規律がなければ、いきなり戦闘モードに入ってしまいかねない。一方、なぜ現在の状況に至ったのかについて理解が生まれると、目標に向かって効果的な行動をとりやすくなる。その理解がないと、自滅的で不適切な行動によって、かえって長期的な目的達成を阻んでしまう。

マネジャーが問題解決を好むもうひとつの理由は、人を巻き込むのに、それが好都合だからである。何か重大な問題があって、何とかしなくてはならない、早くしないと大変なことになる、というのはわかりやすいメッセージだ。「問題」という共通の敵に向かって戦うために力を合わせるということになる。家が火事で燃えているなら、あれこれ考えている時間はない。皆を外に出し、消防署に知らせ、火を消すのだ。そうしないと家が焼け落ちてしまう。火事の後にやることも決まっている。保険会社に知らせて、保険金が下りるように戦うのだ。

火消しやその後処理は、家を建てるのとは違う。問題解決は、新しいものを創り出すのとはまるで違う。両者は違う結果を生み出す。そして違う構造を生み出す。実を言うと、問題解決は構造的に揺り戻しやすい。その理由を見ていこう。

どのように問題解決が揺り戻しを引き起こすのか

典型的な問題解決は、まず、問題の定義から始まる。次に、問題を解決する行動計画を立てる。このプロセスにおけるゴールは、問題を取り除くことだ。問題が強烈であるほど、取り除きたい気持ちも強烈になる。ところが、問題解決行動をとると、問題の強烈さは少なくなる。それで私たちは行動をとったことに気を良くする。そして、問題の強烈さが少なくなると、解決行動をとり続ける動機が弱くなっていく。

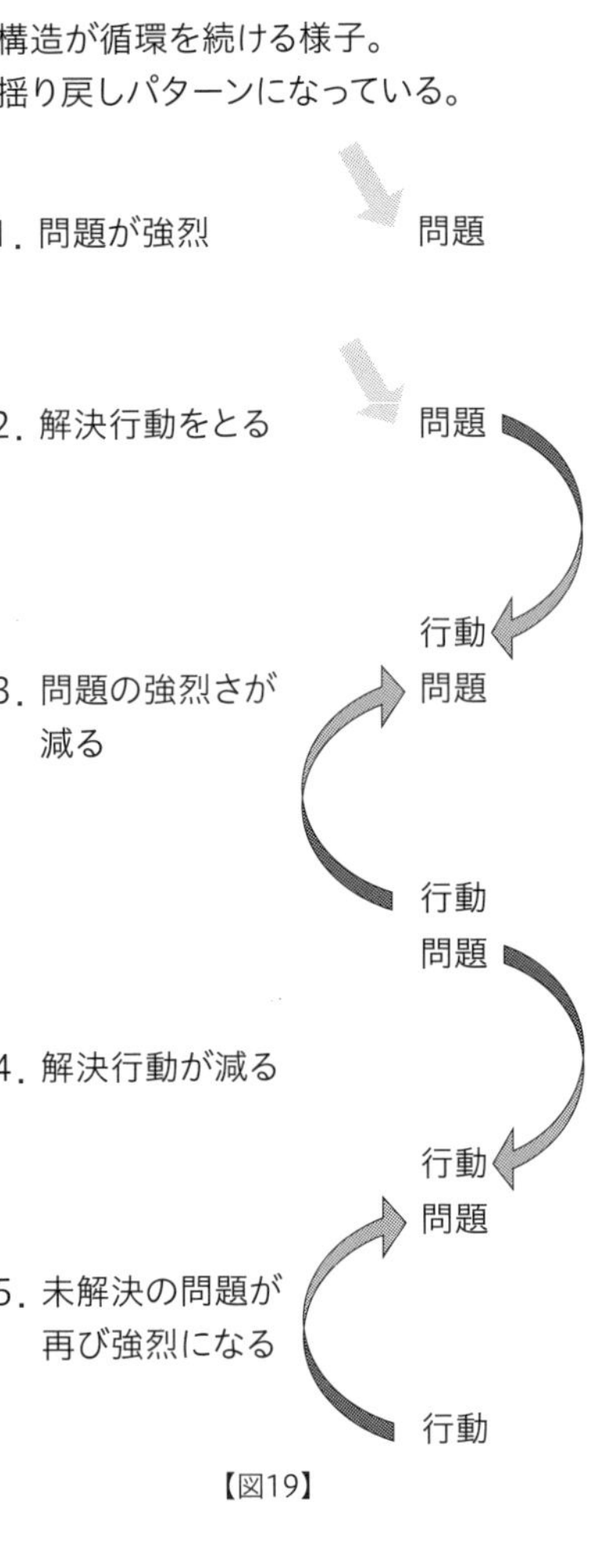

【図19】

この構造は、揺り戻しパターンに陥る。強烈さが行動につながり、行動が強烈さを減らし、強烈さが減ると行動が減る。

この作戦では、うまくいっても短期的に問題を取り除くだけだ。私たちが欲するものを創り出すことにはならない。嫌なものをなくすのと、欲しいものを創り出すのは、全く同じことではない。ゴミ出しが終わったところで、食事の支度は別の話だ。

ではここで、問題解決が揺り戻しを起こす理由をおさらいしつつ、さらに詳しく見ていこう。組織の中で問題解決が支配的になっているときの話だ。

第一に、目的を達成するために、行動（アクション）がとられていない。その代わり、問題への反応（リアクション）が起こっている。創り出したいことではなく、取り除きたいものによって動かされている。

第二に、前述したように、ビルの解体は建築とは違う。解体は何かをなくすこと、建築は何かを生み出すことだ。問題解決と、組織のビジョン実現との違いがここにある。

第三に、組織における学習が限定される。嫌な状況をなくすためばかりで、望む状況を生み出すことを学ばない。その結果、組織学習が、創り出す能力の向上につながらない。そして、もしも問題解決が本当にうまくいったとしたら、問題そのものが消え失せてしまい、もはや学びの対象も消えてしまうことだろう。

第四に、時を経て問題の重要性が変わっていくごとに、行動する動機が次々と別の問題へとシフトしていく。問題解決志向の組織においては、そのときどきに新しい問題が飛び込んできて、新しい問題に目が向けられるたびに、古い問題は置き去りにされる。ひとつの問題を取り除くために行動すれば、その問題の強烈さは減るかもしれないが、もし問題自体が、まるで変わらなかったり、むしろ悪化したりしていたとしても、時勢が変われば別の問題が注目を集めるだけだ。

第五に、効果的な行動について錯覚が生まれ、倒錯した価値観が形成される。たとえば、「行動するのは危機のとき」というものなどだ。１９７０年代から１９８０年代初期の問題解決マネジメントスタイルの最盛期においては、組織内に登場した火消し軍団が、実は同時に放火魔だったことを、多くの会社が発見した。見事な危機対応に報いるほど、多くの危機が発生する。火消し軍団を始末したら、多くの火事がなくなったという会社もある。

もちろん、組織の中には扱うべき問題も存在する。問題解決が不要というのではない。しかし、ビジネスがきちんとデザインされていればいるほど、問題解決は支配的なモードではなくなるのである。

ＴＱＭ（総合的品質管理）から問題解決、そして揺り戻しへ

品質管理運動は素晴らしい。特にエドワーズ・デミング博士の先駆的で革新的な仕事は素晴らしい。デミング博士は品質管理運動の父であり、真の知的英雄だ。企業や組織の抱える困難の94パーセントが構造的なもので、人間の愚行によるものは、たった6パーセントだと教えてくれたのはデミング博士が最初である。ところが、残念なことにデミング博士の後に現れた人たちが、博士の業績を問題解決モデルに変えてしまった。本来は、成果を上げる信頼性の高いメソッドだったのに。

その結果、品質管理運動の多くが揺り戻しの原因となってしまっている。継続的改善の構造が、問題解決アプローチとして採用されたケースを見てみよう。

まず、現状があり、分析され、改善が行われる。

このプロセスでは、現状の中に原動力がある。分析によって現状の問題が扱われ、改善によって問題を取り除く。時間をかけて問題が取り除かれていき、問題はだんだん見つからなくなっていく。ところが、現状が改善して問題が減れば減るほど、改善への原動力が減っていく。するとプロセスは停滞する。皮肉なことに、この構造の中では、品質が上がる。

揺り戻しをどう扱うかは、本書の主要テーマのひとつだ。緊張構造を使って揺り戻しを扱ったらどうなるかをお見せしよう。

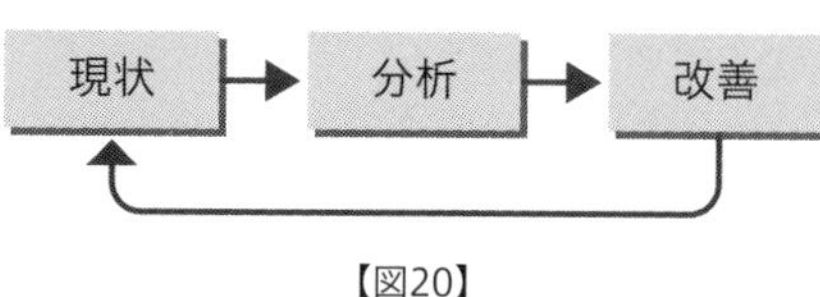

【図20】

TQMの揺り戻しを緊張構造で扱う

さあ、これが大事なポイントだ。葛藤構造の正しい扱い方を示そう。

この「現状―分析―改善サイクル」から、私たちは緊張構造を使って構造をリデザインすることができる。いや、せねばならない。前にも言ったように、葛藤構造は問題ではなく、問題解決の対象にはなりえないのだから。

本書の第1部で学んだ緊張構造を思い出してほしい。最初の問いは、「自分は何を創り出したいのか」「創り出したい結果のビジョンは何か」だ。単に「最高品質」や「顧客満足」などにとどまらず、広い視野で考察する必要がある。TQMにおける目標も、企業全体のビジネス戦略に結びつけられなくてはならない。それなしにTQMだけの目標を立てても無意味になってしまう。大きなビジョンの中でどう位置づけられるのかを知る必要がある。

ビジョンを明確にできたら、今のリアリティを見極める。ビジョンとリアリティがともに明らかになったら、行動に品質管理技法である「現状―分析―改善サイクル」を加えることになる。

こうなればしめたものだ。最小抵抗経路が変わり、「現状―分析―改善サイクル」というTQM技法がビジョンを支える位置づけになる。問題解決アプローチのときの葛藤はもはや消えてなくなるのである(図21)。

TQMで大成功している企業は、知ってか知らずか緊張構造を使っている。それと知らずに使うより、自覚的に使うことができると、もっとパワフルに使うことができる。戦略的に

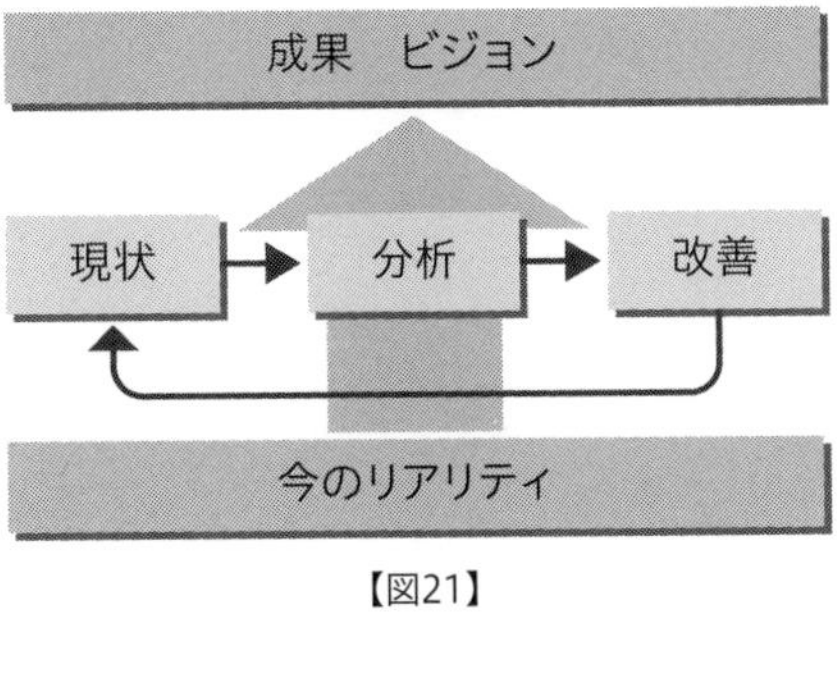

【図21】

体系立てた改善ができるようになる。社員たちは、何のためにＴＱＭを行っているのかを明確に知ることになる。正確な統計測定などの観察と分析ツールは、今のリアリティを把握する道具となる。恣意的な基準ではなく、客観的で的確な基準によって現状を測定できる。誰にでも使える最適な基準は、「ビジョンに対して今どこにいるのか」である。

あいにくなことに、ＴＱＭやリエンジニアリングなどの変革技法を採用する多くの企業は、問題解決を基本に据えてしまっている。そのため、本来の変革のメリットに至らず、根底にある構造が前進ではなく、揺り戻しを引き起こしている。

アメリカ空軍ライト研究所のラリー・ウィラーズ中佐は、社内トレーナー・構造コンサルタントの仕事の中で、ＴＱＭと構造アプローチを合わせて活用している。

空軍の研究所として組織の力を維持するためには、継続的な改善が必要だとわかって、ＴＱＭを採用しました。それによって、従業員の意識、対人スキル、顧客フォーカスとプロセスの理解を改善することはできました。ところが、私たちは根本的な仕事のやり方を改善するには至っていませんでした。社員たちは真面目で、もっといい仕事をしたいと思っていたのですが、頑張っても代わり映えがしないことに悶々としていました。それは、私たちが組織の構造に手をつけていなかったからなのです。

構造的な力が鍵だとわかってから、私たちは目標に向かうために構造をデザインすることができました。今では顧客ニーズにフォーカスし、技術研究とＴＱＭを緊張構造のフレームに位置づけることができています。しかも私たちは、組織の基本階層を変えることなく構造をリデザインできたのです。皆が同じ役職で、同じ上司と仕事をしていながら、仕事の決断の仕方が根本的に変わり、問題解決ではなく、目標達成のために動けるようになりました。本物の進歩が可能だとわかるのは素晴らしいことです。

構造アプローチをとるとき、これが問題解決とは全然違うということを忘れないことだ。構造力学では、構造の何たるかを知り、組織をどうリデザインしたら目的を実現できるかの理解を深めていく。

第７章のまとめ

問題解決と揺り戻し

- 組織構造の第七法則……組織構造が不適切な場合、直すことはできない。その代わり、適切な構造に移行できる。
- 問題解決は、マネジメントにおける一般的なアプローチだが、揺り戻しパターンを生み出す。問題が解決されればされるほど解決行動の動機が減り、解決行動が減れば問題は再燃し、解決行動の動機が高まり、というふうに循環が続く。
- この揺り戻しは、次のような組織行動に現れる。

——成果を上げるためではなく、問題への反応として行動が起こされる。

——行動が、何かを生み出すことではなく、問題を取り除くことに向かっている。

――組織学習は、問題に限定され、問題が消えると学習も消える。

――組織のフォーカスが、ひとつの問題から別の問題へと移っていく。当初の問題が未解決でも同じ。

――倒錯した価値観が組織の主たる原動力になりかねない。

――問題によって行動が決定されてしまう。

ＴＱＭ、問題解決、揺り戻し

- ＴＱＭを含む変革の仕組みが、問題解決の道具として使われると、どれも機能しない。品質が向上すればするほど、さらなる向上への動機は弱まり、組織は揺り戻しに陥る。
- しかし、品質改善サイクルを緊張構造の中に位置づければ、しかるべき前進が起こる。

第８章　華麗なる組織の葛藤構造

第６章では、変革と継続性の葛藤構造を取り上げた。本章では他の例を取り上げる。組織の経営者から中間管理職までが直面する典型的な事例である。

本章ではふたつの成果を目指す。ひとつは、自分の組織にこの手の葛藤構造があると認識できるようになることだ。葛藤構造は組織の大小にかかわらず存在するものだからである。

もうひとつは、葛藤構造を見たら、それと認識できるようになることだ。組織構造の第六法則は、葛藤構造が揺り戻しパターンを生み出すとしている。したがって、組織が揺り戻しているときは、常にその根本原因に葛藤構造を見つけることができる。葛藤構造を特定できれば、組織をリデザインすることが可能となる。

最初に、成長と生産能力の間を揺り戻し、組織の足を引っ張る葛藤構造を見ていこう。

成長と生産能力の葛藤構造

企業はその活動を拡大しようとするものだ。市場、利益、製品ミックス、顧客サービス、規模、範囲など。たいていのマネジャーは、会社を成長させるのが自分の仕事だと思っている。それなのに、決定的に伸び悩む組織が多いのはなぜなのだろうか。それは、成長と生産能力の間に葛藤構造が存在するからだ。その葛藤構造においては、まず成長しようとし、次に成長への抵抗が生まれ、組織に限界を突きつけるのが最小抵抗経路となっている。

成長が支配的なゴールのとき

まず、成長が支配的なゴールになっていると、成長意欲は会社を成長させることによって満たされる。

ところが成長していくと、組織の生産能力の壁にぶつかる。成長によって仕事が増え、

1. 同じ人数でもっとたくさん仕事をする

または、

2. 増員する

ことになる。もし同じ人数で、もっとたくさん仕事をすれば仕事の質が落ちる。経営者はよく、「創意工夫しろ」「リスクをとれ」「気合いを入れろ」「チームを変えよう」などと言い、同じ人数で生産性を高めようと望む。

しかしこれは机上の空論だ。現実の壁の前に崩れ落ちる。仕事量の増加が創意工夫につながらない理由はふたつある。第一に、人が仕事量に圧倒されているときに「工夫しろ」などと言われても、今の仕事で精いっぱいになっていて、仕事を増やしてきた張本人から押しつけられた、馬鹿げた「創意工夫」など受け付けられないのが道理だ。

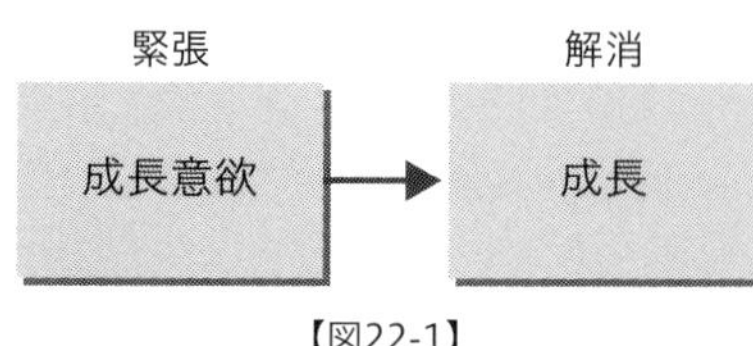

【図22-1】

第二に、新しい工夫を始めたときに生じる学習曲線を考えてほしい。新しいことを学び始めると、たいてい最初は効率が落ちる。効率が上がるのは学習が一段落してからだ。

仕事量が増えて忙殺されているときは、創意工夫するよりも、慣れたやり方に頼りがちだ。無理もないのだ。

そこで、同じ人数の社員にもっとたくさんの仕事を押しつけるのをやめようと言って増員したらどうなるだろうか。新人は訓練や教育が必要となる。だから仕事量がすぐに減ることにはならない。そして、誰が訓練や教育をするかといえば、まさに仕事が多くて困っていた人たちだ。新人たちが戦力になる前に教育や訓練という新たな仕事が増えてしまう。

これは新しい技術の導入の場合も同じだ。新しい仕組みに習熟するには学習が必要となる。それによって新技術が役に立つ前に生産能力が下がることになる。

生産能力の頭打ちが支配的になったら

葛藤構造においては、まずひとつめの緊張解消システムが行動をかきたて、そのシステムが緊張を解消すると、次にもうひとつのシステムが行動を駆動し始める。この転換が支配のシフトだ。生産性を高めようと真面目に一生懸命努力しても、今の生産能力の限界の壁にぶち当たる。それはテコでも動かないものに思える。

私たちが頑張ることで壁に突き当たり、それによって支配のシフトが起こる。葛藤構造の中のもうひとつの緊張解消システムへとシフトするのだ。

緊張は、ふたつのものの差から生じることを思い出してほしい。このふたつめの緊張解消システムを駆動している緊張は、組織の実際の生産能力と、成長に必要な生産能力との差から生じている。

成長すればするほど、生産能力に負荷がかかる。生産能力の頭打ちが支配的なシステムとなって行動を駆動し、組織の最小抵抗経路は私たちが望む成長を制限するものとなる。

そしてまた成長が支配的に……

成長に制限がかかって生産能力に余裕ができると、皆ほっと一息つく。ところが、このふたつめの緊張解消システムが解消に向かったら、次に何が起こるだろうか。そう、その通り、「やっぱり成長すべきだ」となって振り出しに戻るのだ。

これはよくある組織のパターンだ。

成長しようとする
←
仕事量が増えて生産能力が逼迫する
←
生産能力に注意を奪われ、成長が鈍化する

販売と製造の葛藤

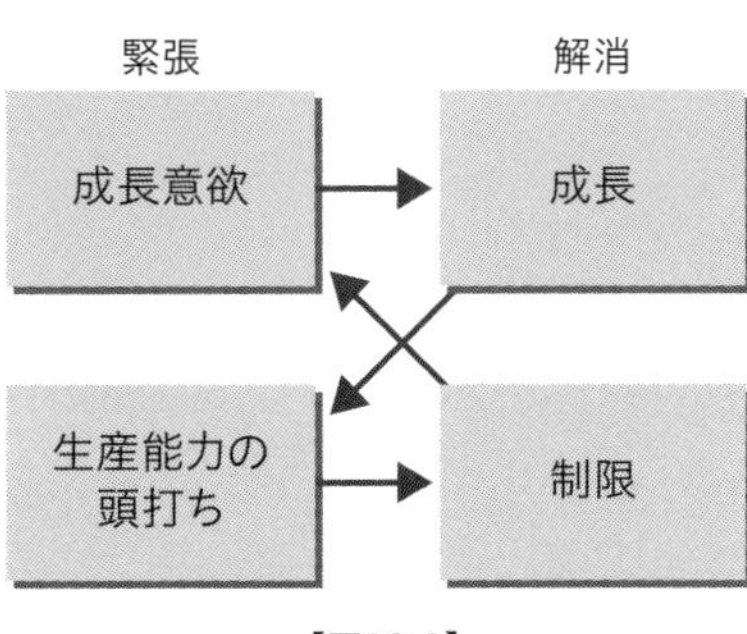

【図22-2】

生産能力を高めるには、成長を遂げるよりも時間がかかることが多い。その時間の遅れが、固定された壁のように感じられるのだ。あるいは、少なくとも望ましい成長スピードから考えると、とてものろすぎると感じられる。たとえば、営業チームがどんどん販売しているのに、製造の限界にぶち当たるということになる。

この手の葛藤構造を持つ組織においては、営業チームは歩合給を稼ぐためにどんどん販売しようとする。そして受注した製品を納入することになる。ところが今度は製造工場にかかる負荷がどんどん大きくなり、遅延が生じる。顧客を待たせることが増え、不満が募る。顧客は営業に圧力をかける。営業は製造チームに圧力をかける。しかし無い袖は振れない。

工場はシフトにシフトを重ね、工場の稼働率は98パーセントにもなる。安全管理者は、事故に注意するようにと皆に呼びかける。営業チームが工場に姿を現し、自分の注文を先に通そうとする。そうすると他の注文が後回しになり、他の顧客がさらに待たされる羽目になる。危機が訪れ、受注に制限がかかり、遅延のために顧客は他社に奪われる。売り上げは落ちる。歩合給も減る。すると再び販売努力が高まり、またもや同じサイクルが始まる。

生産能力と成長の関係は、企業が成長目標を達成していく上で決定的に重要な要素だ。不幸なことに、たいていの組織は生産能力を無視して、いい加減な売り上げ目標を設定してしまう。当然ながら葛藤が起こる。この構造における最小抵抗経路は揺り戻しとなる。

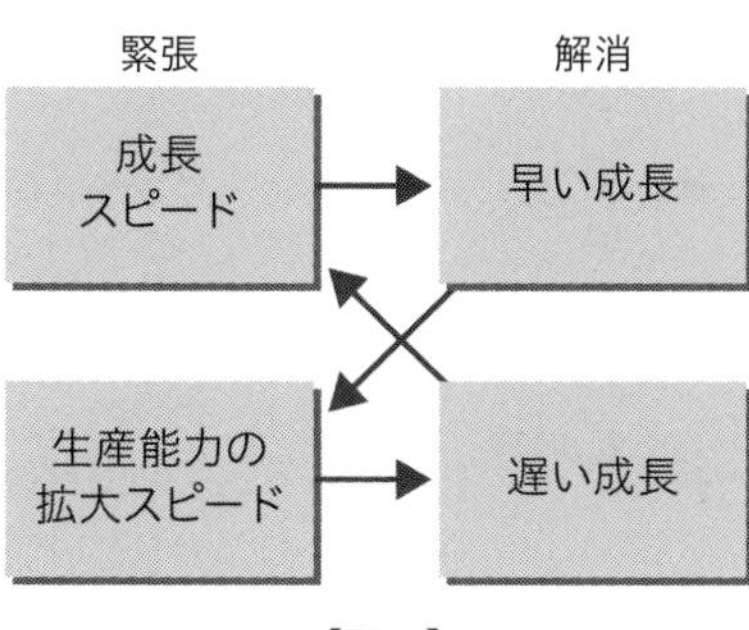

【図23】

成長と利益の葛藤構造

ビジネスの成長のために投資をしたい一方、利益を上げるためにコストを抑えたいという、投資とコスト抑制の葛藤である。

ここに株主利益を重ねる。投資家は何を求めているのかといえば、投資に対する高いリターンである。

企業は何を求めているのかといえば、事業開発のための投資資本である。しかし資本が再投資されると、目先のリターンは下がり、株主に分配する配当金や株式買い戻しの資金は減る。再投資が成長につながるには時間がかかる。

すると、株主と企業の間に利益相反が生じ、揺り戻しが始まる。

組織がまず取り組むのは、事業の成長である。工場建設や技術開発にはコストと時間がかかる。しかし、初期投資が成長につながるのかどうかは、やってみなければわからない。一方で、投資を実行すればすぐに目先の利益は減り、株価に影響する。株式市場から見たら企業の将来が見えないので、株式としての目先の魅力は減少する。

株価が低迷すると、資本調達コストが高くなる。株式市場で値動きの高い競合他社は、より有利に資本調達でき、決定的な競争優位を獲得する。

そうなると、会社は脆弱に映り始め、敵対的買収のイメージがちらつき始める。危機感が高まり、経営陣は株価の値動きに注目することを求められる。企業は方針の見直しを迫

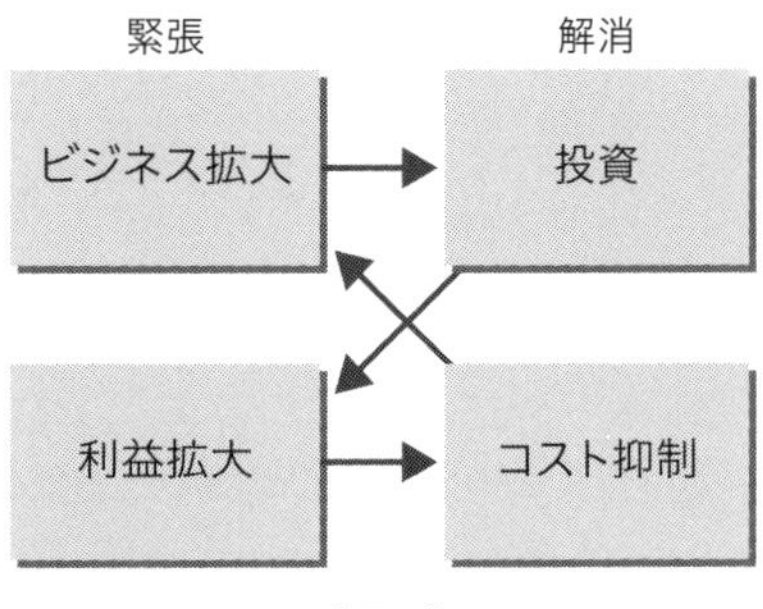

【図25】

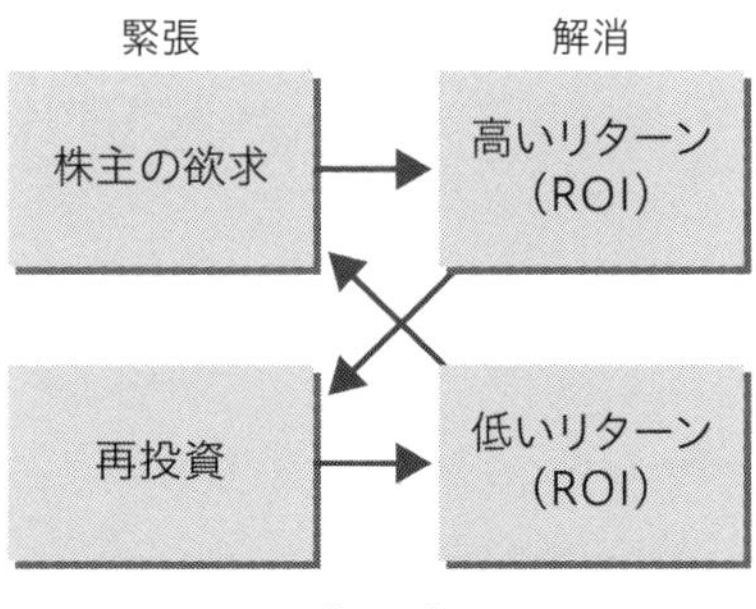

【図24】

られ、もっと魅力的な株式にしようと取り組み始める。

するど、組織のフォーカスは、再投資から高利益へとシフトする。しかし、危機が去り、株価に問題がなくなり、競合の脅威が薄れると、企業はまたしても長期的再投資にフォーカスし始める。

この葛藤構造は、短期戦略と長期戦略の間を揺り戻す最小抵抗経路をつくる。

最小抵抗経路を行く

ゴムバンドのたとえを使ってこの構造現象を見てみよう。長期目標に近づけば近づくほど、ゴムバンドの反対側の短期目標の緊張が強まる。ここで最も緊張が強いのは、短期目標側だということに注目してほしい。この葛藤構造で私たちが引っ張られやすいのはどの方向かといえば、それは短期目標の方向だ。最小抵抗経路が短期の要求に向くのである。

私たちは即座に行動する。自然が要求する唯一の選択をとるのだ。つまり最小抵抗経路を行く。どんな行動でもいいから短期目標の要求を満足させる行動をとる。ところが、そうすると支配のシフトが起こる。長期目標のゴムバンドが取って代わる。次にどっちに向かうのが楽かというと、最小抵抗経路は長期戦略のほうに向かうのだ（図27）。

葛藤構造においては常にそうであるように、組織は自分自身の行く末を決めかねているかのように映る。長期プランを展開したいのか、それとも自社株を売りたいのか。経営陣が両極端を行ったり来たりすることによって、途方もなくおかしな意思決定をしてしまい、士気は下がり、組織の調和は乱

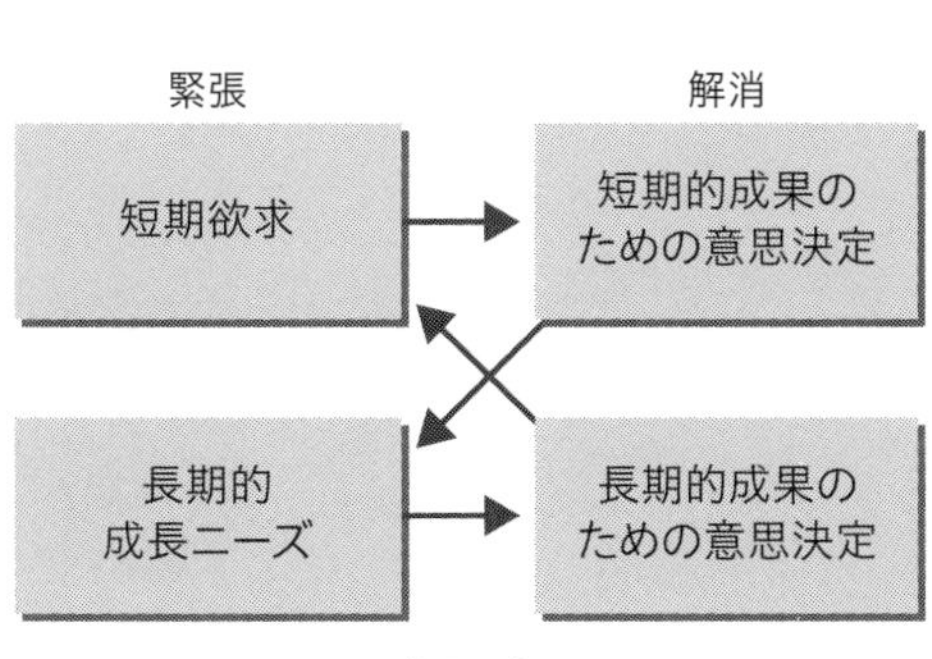

【図26】

れる。従業員は仕事に身が入らなくなり、本来なら支えていきたいはずの会社を信頼しなくなる。経営陣は支離滅裂に映り、信用を失う。そうなってしまうと元に戻るのも難しい。

欧米の多くの企業がこの構造に陥っている。合併・買収、マネジメントの交代、方向性の変更、さらには業容転換までもが原因となっている。

ソニー、ナイキ、アップルなどの優れた会社では、この構造はそれほど見られない。もっと小さな会社でも、揺り戻しに陥っていない組織は存在する。それはなぜなのか。長期計画によって緊張構造が確立され、支配的な原則として機能しているからだ。その場合には、上位の目標と今のリアリティ、目標達成のための戦略が明確になっていて、利害の対立は緊張構造の枠の中で扱われている。

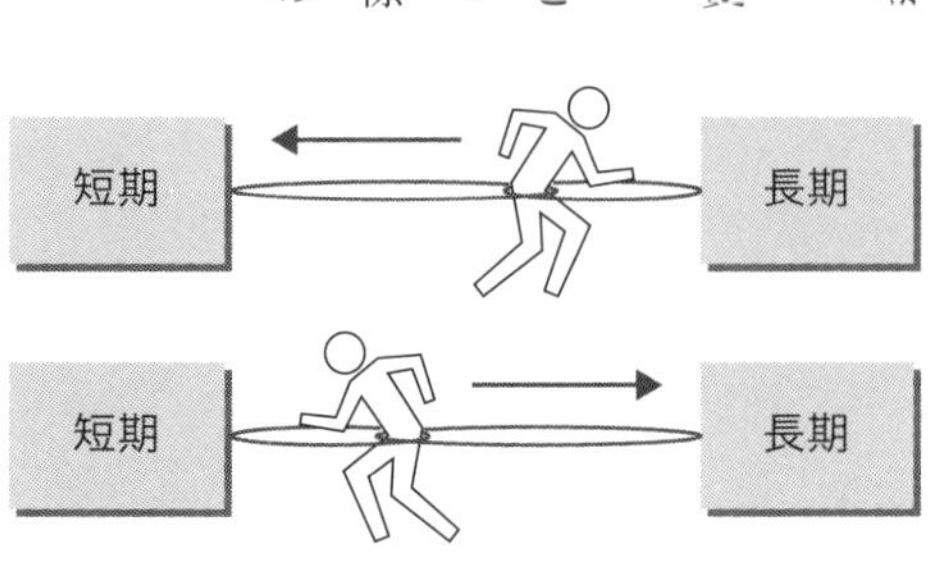

【図27】

「新しいマネジメントスタイル」から来る葛藤

昨今は、新しいマネジメントスタイルについて聞くことが増えた。クロスファンクショナルチームによって組織の壁を壊し、皆がもっと全体的に考えられるようになる。意思決定を現場近くに落としていって自律分散的にし、上意下達（コマンド・アンド・コントロール）の独裁的マネジメントをやめる。合意形成を重んじ、よく話し合い、気持ちを分かち合い、権限委譲する。

かつて経営陣が独占していた情報が組織中に共有される。ストックオプションが与えられることで、一人ひとりがオーナーのように思考できるようになる。マネジャーは部下を尊重し、従業員の福利厚生が高い価値として重んじられることで会社への忠誠が増す。

どれもこれも、とても立派に聞こえるが、多くの企業が実際に導入しようとすると、混乱と不安定を生むことになる。

経営陣からよく聞かれる不満は、せっかく従業員に意思決定の権限を与えたのに、意思決定をしない、というものだ。また、クロスファンクショナルチームは、たしかに生産的な会話をするのだが、計画は実行されずに放り出されている。従業員は、全社的な視野で考えるように促されているのに、実際の言動は現場中心にしかならない。人を尊重すべきだとさんざん言っておきながら、相変わらず政治的策略が横行している。マネジメントスタイルについての優れたアイデアが、実際にはそれほど役立っていないのはなぜなのだろうか。

その理由は単純だ。どんな言葉やアイデアよりも、自律分散と中央集権の間の葛藤構造が組織を動かしているからなのである。

自律分散と中央集権

中央集権から自律分散への移行は、予想以上に根本的な変化だった。意思決定権限は力を発揮する手段だ。権限を現場に下ろすことによって権力が分散される。そこら中に権限が散らばれば、中央に残る力は減る。これは誰もが気に入る形ではない。昇進した経営者は、キャリアの中で意思決定に成功したから昇進したのだ。物事が「きちんと」行われるように権限を手中に収めていた。ところが権限を分散するということは、経営者が今持っている権限を手放すということだ。これは難しいことが多い。組織の成功を確実にしようと、経営者は責任を持つ。そのときに、組織の成功をコントロールできなければ、不安が募るのは当然だ。経営者以外の人たちは、意思決定を間違えたり、戦略的な決断ができなかったりするかもしれない。そのために不測の事態に陥り、経営者が気づいたときには遅すぎるかもしれない。

図28はこのときの葛藤構造を表している。

しかし、経営者は必ずしも現場の重要情報を持っていない。すると、現場のことは現場で決められるようにしたくなる。

ところが現場で意思決定が行われていくと、経営者はコントロールを失い、望んだ結果にならないことが増える。これは多くの経営者にとって堪えがたいことだ。プレッシャーが高まり、再びある時点で結果をコントロールしたい経営者の欲求が支配的になる。権限を現場から取り返して、ほっと一息つく。そしてこのサイクルが繰り返される。

より多くの人たちが意思決定を行えば、コントロールが減る。より少ない人たちが意思決定を行えば、コントロールが増す。結果は中央集権と自律分散の間の揺り戻しである。

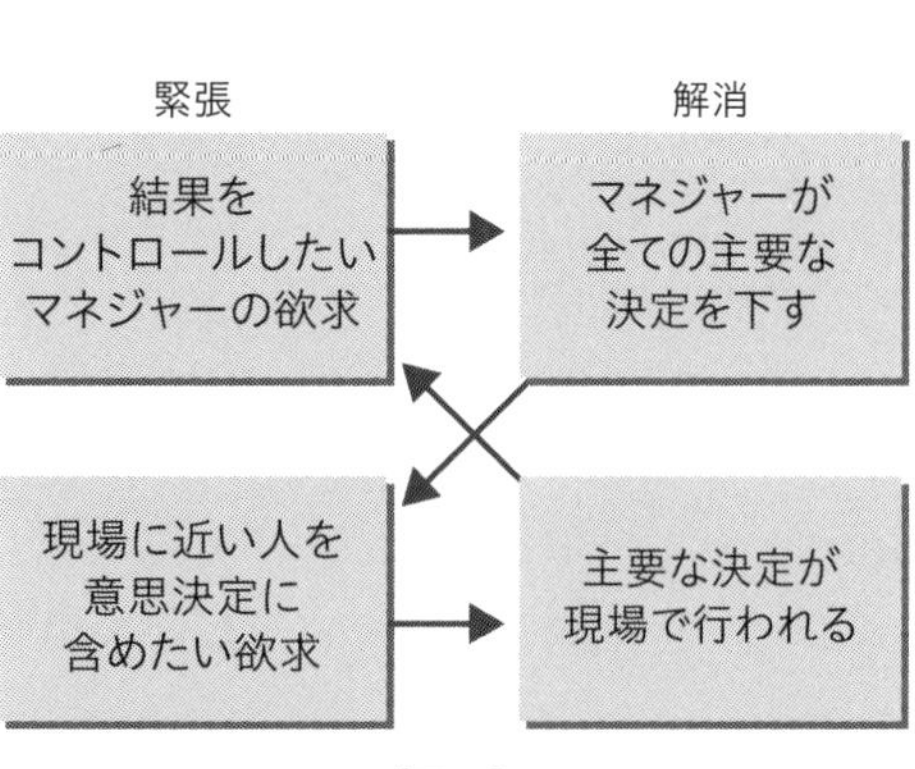

【図28】

意思決定権限と失敗への恐れ

では、新たに意思決定の権限を与えられた人たちはどうなのだろうか。会社の中でより大きな役割を果たすチャンスをものにするのだろうか。

多くの人たちが、そのチャンスをものにするどころか、びっくりするほど尻込みしてしまう。新しい権限に物怖じして、権限の与えられた意思決定を回避するようになる。これはなぜなのだろうか。意思決定の権限が与えられると、同時に責任も与えられる。私たちは間違った決断をするかもしれない。失敗をどう扱ったらいいのだろうか。

たいていの組織は、失敗の扱い方を間違えている。失敗は罰せられるべきものだと考えられていることが多い。そうなれば、誰しも失敗しないようにふるまうことになる。わざわざ自分の身を危険にさらしたりなどしない。権限が大きくなれば失敗のリスクも大きくなる。したがって、いくら権限を与えられても、失敗するかもしれない意思決定などしなくなるのは当然だ。

この現象を構造的に見ると図29のようになる。

人は組織で大きな役割を果たしたいと思っている。しかし、意思決定をすればするほどリスクは高まる。すると、潜在的なリスクを回避するために、意思決定そのものを回避するようになる。構造から見れば、なぜ権限を与えられた人のふるまいがちぐはぐに見えるかがよくわかる。根底にある構造が、最小抵抗経路に揺り戻しを起こさせているのだ。人は自ずと組織内に埋め込まれた葛藤に反応しているのである。

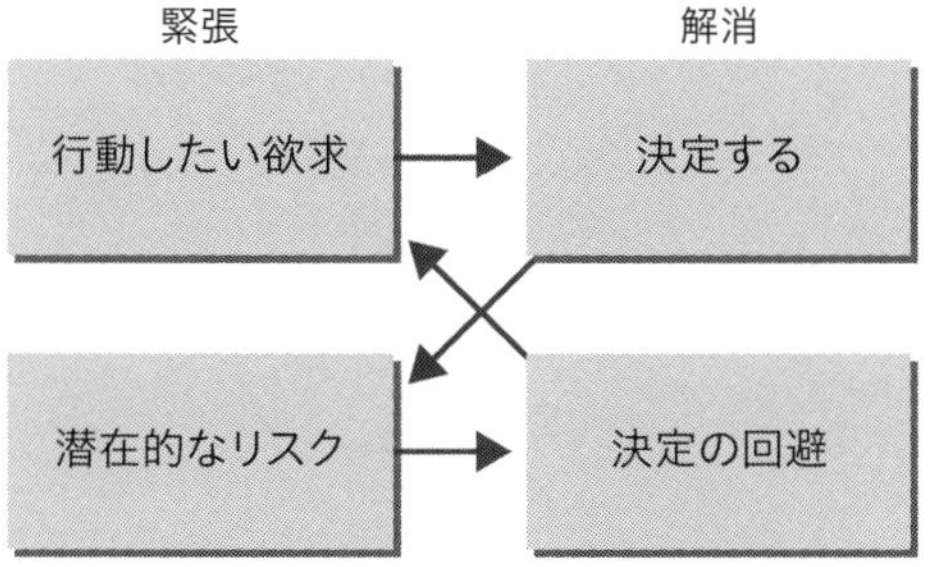

緊張		解消
行動したい欲求	→	決定する
潜在的なリスク	→	決定の回避

【図29】

葛藤構造はそこら中にある

葛藤構造は、大企業に限ったことでもなければ、経営や会社全体に関わることばかりでもない。どの組織にも蔓延している。

研究開発の葛藤

ハイテク業界の多国籍企業で、研究開発のマネジャーが応用研究を任された。応用研究は会社の核となる強みのひとつである。研究は有意義な投資だと見なされ、尊重されていた。ここから図30‐１のような緊張と解消が生まれる。

ところが研究を進めていくと、担当チームはもっと製品開発に注力するように言われる。つまるところ彼らは研究だけではなく、製品開発のチームでもあったのだ。チームが研究に時間を費やせば費やすほど、製品担当者たちは自分たちが割を食っているように感じ、自分の責任を果たせないのではないかと心配し始める。こうして競合する緊張解消システムの間に葛藤が生じて大きくなっていく（図30‐２）。

もちろん、研究開発チームがフォーカスを製品開発に移せば、研究を依頼した社内顧客は不安になり、早く研究に戻れと圧力をかける。

揺り戻しが起こっていることと、その因果関係は明らかだ。そして、このチームは研究と製品開発のどちらの要求も満たすことができないだろう。

看護学校の葛藤構造

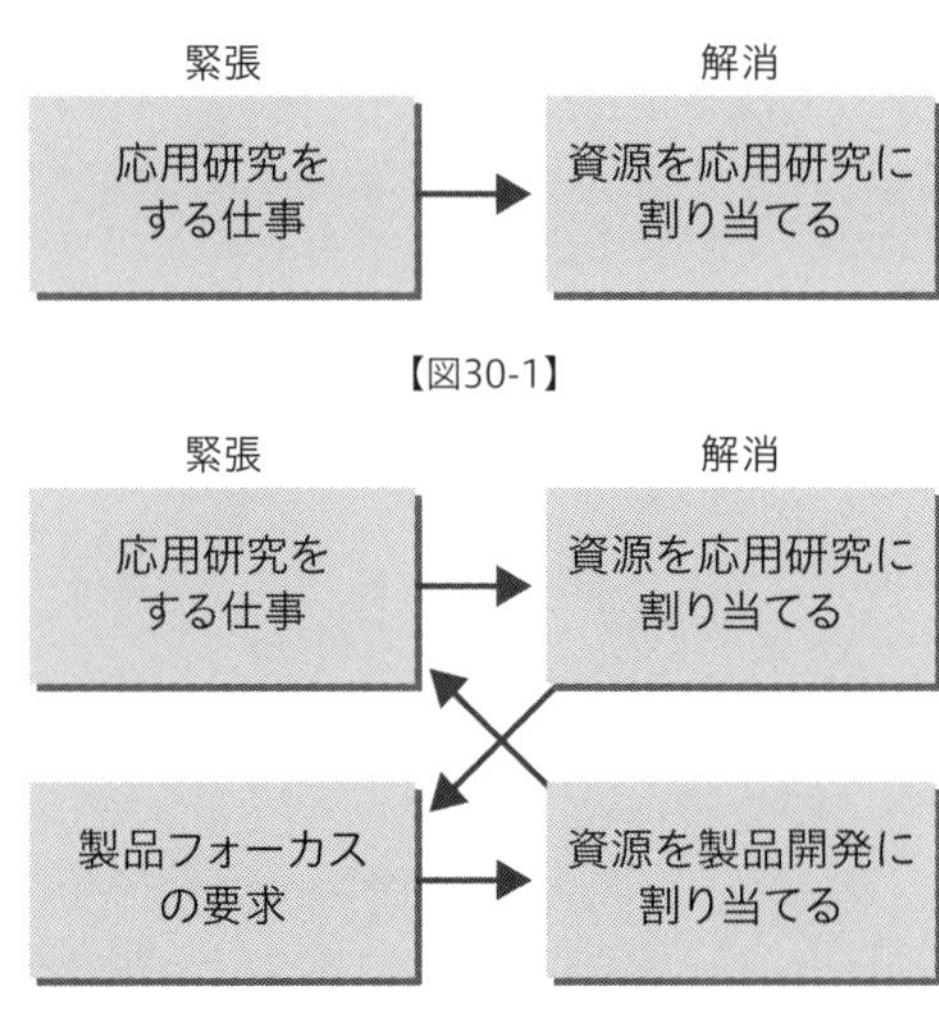

【図30-1】

【図30-2】

看護学校では、学生たちは臨床現場のトレーニングを受ける。トレーニングの質を高くするには、職員あたりの学生数の比率を低くしなくてはならない。ところが、州政府が加重単位時間という制度を法制化した。政府が学校への助成金を提供するにあたって、単位時間に応じた金額を計算するようにしたのだ。単位時間を稼ぐためには、ひとりの教官がより多くの学生を受け持つほうがいい。多人数の教室のほうが、少人数の臨床研究よりも、効率的に単位時間が増える。これによって、看護学校は、運営資金と教育の質との間の葛藤構造に置かれることになった。

一方の緊張解消システムが解消に向かうと、他方が支配的になる。教育の質と資金とが競り合うことになった（図31）。

小さな会社の葛藤

小さな会社が、知見を拡大すべく外部の専門家を雇って助言を求めた。ところが助言を受けるうちに、経営陣は、事業のコントロールを失ってしまうのではないかと不安になり、助言を拒絶し、専門家を雇うのをやめる。しかし、しばらくすると再び助言が必要だと気づき、再び専門家を雇い……（図32）。

本章のここまでの事例は全て単一の葛藤構造によって起こっている。しかし現実はそこ

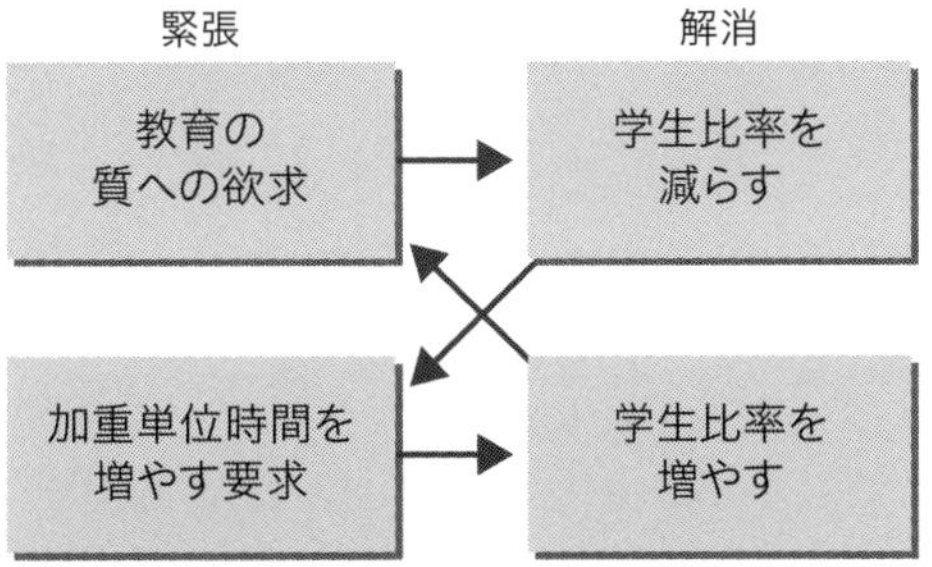

【図31】

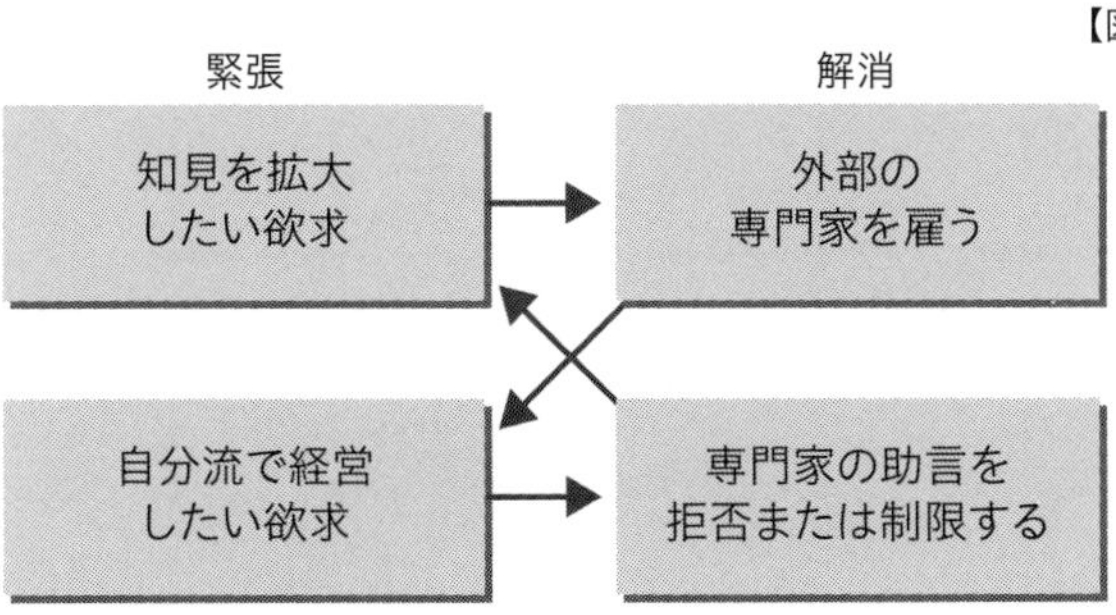

【図32】

まで単純ではない。詳しく見ていこう。

積み重なった葛藤構造

現実の組織の中に存在する葛藤構造はひとつやふたつではなく、同時に多発している。成長と安定の間の葛藤は、しばしば変革と継続性の葛藤と同居している。さらに投資とコスト抑制や自律分散と中央集権の葛藤構造があれば、もう混乱の極みだ。

複数の葛藤構造が同時に働いていると、絶望を感じるようになることが多い。自分にはどうしようもできない何かと格闘するような体験である。やがて希望を失い、諦めの気持ちを感じ始める。何をやってもうまくいかない。想像もハードワークも役に立たない。会社の未来は宿命に牛耳られているかのようだ。気まぐれな宿命が優しいものとは限らない。さらに厄介なことに、揺り戻しパターンは長期間にわたってゆっくりと出現するため、最初はそれに気づきにくい。ひと巡りするまで数年かかることもある。しかし、それでも揺り戻しが起きていることはわかる。

経営陣が一新され、一時的に組織の運命が変わるかに思うこともあるが、根底の構造が変わらなければ、新社長とのハネムーンは長続きせず、従業員たちはまたもや無力感に陥る。一時的にかすかな希望を抱いた分だけ幻滅し、絶望は深くなる。

「皆、元気を出せ！　やればできるぞ。自分を信じろ。社歌を歌おう！」と明るく発破をかけて、苦境を脱しようとする経営者もいる。逆に、組織が立ち直らなければ

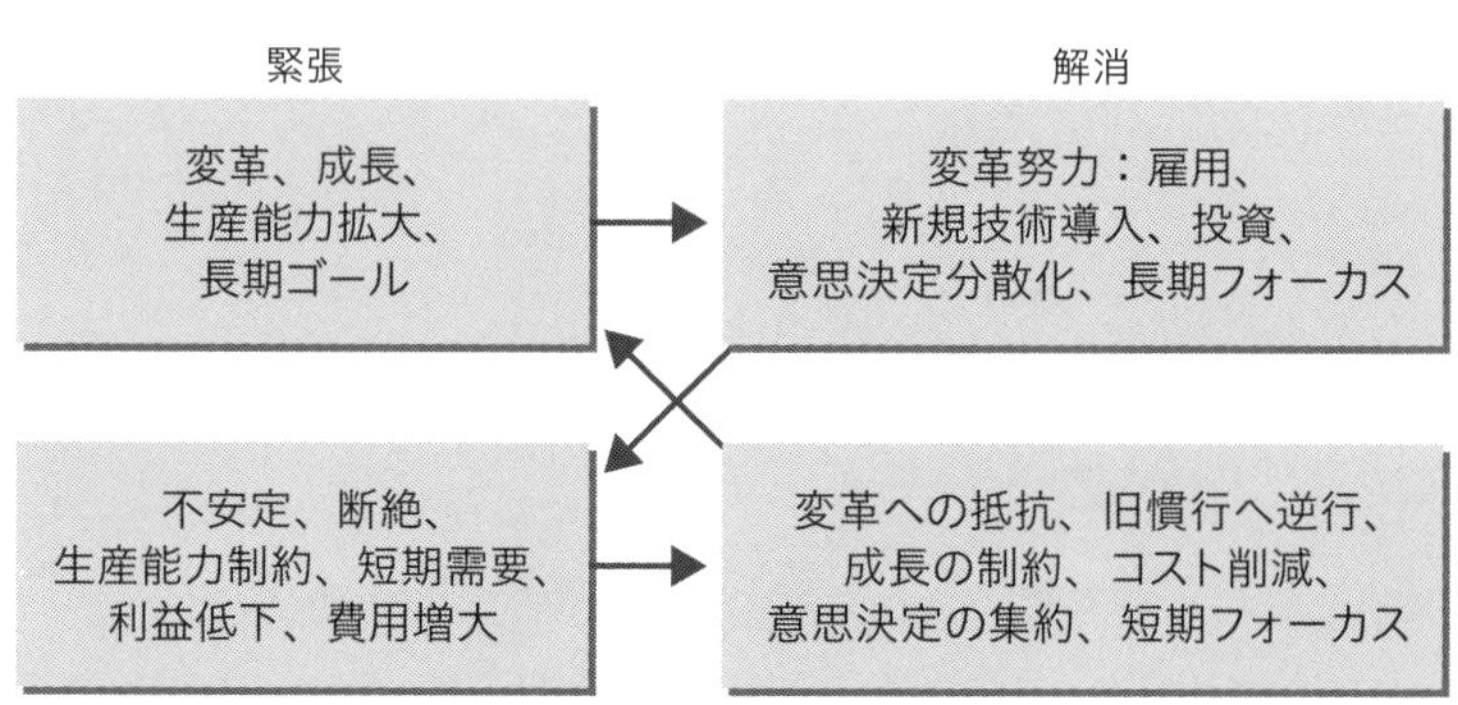

【図33】

最悪の結果が訪れると警告して、事態を打開しようとする経営者もいる。こういう飴と鞭によって駄目な構造を変えることはできない。

しかし絶望するには及ばない。大丈夫、望みはある。そしてもう一度言っておく。揺り戻しとその原因をまず理解しなくてはならない。そこから構造をリデザインし、新たな最小抵抗経路を生み出して組織の前進、つまり真の成功へと導くのである。

葛藤構造を見つけるには

本章で取り上げた葛藤構造の多くは組織によく見られるが、本章で取り上げていない葛藤構造を見つけることもできるだろうか。もちろんできる。ただし見つけられるようになるためには、組織を構造的な視点からよく見て研究し、分析する必要がある。

まず、揺り戻しパターンを探す。「まずこれをやり、次にこれをやり、そしてまたぞろこれをやった」というような状況を探すのだ。数ヵ月や数年にわたって揺り戻しが起きていないか探すと見つかることが多い。見つかったら次の問いが役に立つだろう。

- 揺り戻しパターンで最初の振れは何か。
- 組織がその方向に振れたとき、それは何から離れていく方向だったか。
- 皆が最初に話していたことは何か。そして、次に話していたことは何か。社内で会話のトピックが変わっていったか。

思い出してほしい。緊張はふたつの要素の差から生じる。望む状況と現在の状況との差だ。その緊張が解消に向かうと、競合する緊張解消システムの緊張が高まることに気づく。そうなると何が起こっているかを理解することができるだろう。

図34の形式を使って自分が観察している葛藤構造を描写するといい。

揺り戻しパターンを起こしている葛藤構造を理解してしまえば、仲間たちと本物の対話を始めることが可能になる。うわべの症状ではなく、根底の構造について語ることができる。それによって建設的な対話になる。自部門の利益を守らなければと警戒することも減る。全員がもっと客観的になれる。このプロセスは驚くほど役に立つ。

葛藤構造は組織に蔓延しているが、不治の病ではない。次章では、葛藤構造を消滅させるべく、組織をリデザインする鍵となる原理を紹介しよう。

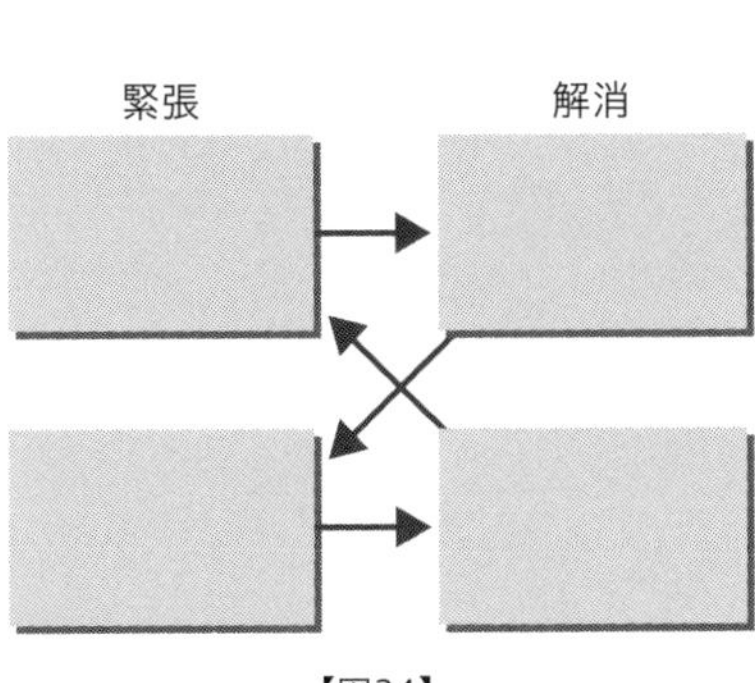

【図34】

第８章のまとめ

- 組織が揺り戻しパターンに陥るのは葛藤構造が原因で、典型例を吟味することで洞察が得られる。
- 組織の揺り戻しパターン
  - ――拡大と制約
  - ――作業負担と予算制約
  - ――利益目標と拡大目標

――投資とコスト抑制
――株価実績と再投資
――短期と長期の要求
――コントロール欲求と現場を意思決定に入れたい欲求
――行動欲求と潜在的リスク
――成長と安定

●葛藤構造が積み重なると揺り戻しが深刻になる。

自分の組織における揺り戻し事例を観察することによって、読者は、競合する緊張解消システムが形成する葛藤構造を認識できるようになっていく。すると構造的な力がどのように働いているかが理解でき、仲間たちと有益な対話を始められるようになる。

第９章　葛藤構造の扱い方　構造をリデザインする鍵

葛藤構造は、解決すべき問題ではなく、リデザインすべき構造である。この短い章で葛藤構造をリデザインするための鍵となる原理を紹介する。階層の原理である。その後で、第３部において組織デザインの要素を詳しく説明する。

変革と継続性のジレンマ

第６章で取り上げたＤＤＤ社の葛藤構造（変革vs.継続性）を再度取り上げて、どうしたらいいのかを見ていこう。こういう葛藤構造である（図35）。

変革を求める欲求から物事が変わり、それが継続性を求める欲求に変わり、変革を回避することにつながる。継続性が確立されると、再び変革の欲求が頭をもたげる。

ここで、葛藤構造の代わりに緊張構造が必要になる。では、どう構造をリデザインしたら緊張構造になるのだろうか。

ＤＤＤ社の経営陣は、まず会社が何を求めているかを特定しなくてはならない。「どんな結果を望んでいるか」である。この場合、ＤＤＤ社はふたつの結果を望んでいる。ひとつは変革、もうひとつは継続性である。ところが、経営陣が変革した分だけ継続性は失わ

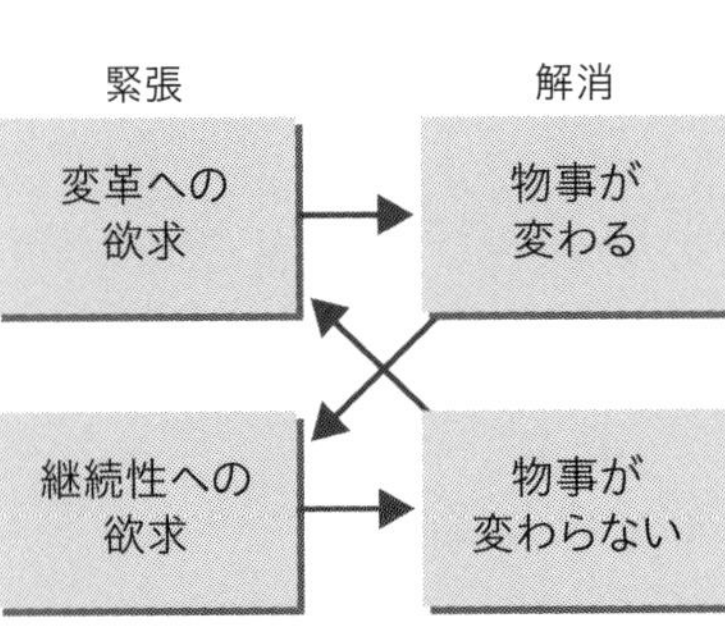

【図35】

れる。そして継続性を維持した分だけ変革は抵抗に遭う。経営陣はこのジレンマをどう扱うことができるのだろうか。

重要性の階層

ともに重要な目標だが、ＤＤＤ社にとっては一方がより重要な目標になる。

- **変革が継続性よりも重要**

または、

- **継続性が変革よりも重要**

ＤＤＤ社の経営陣は、**重要性の階層**を構築しなくてはならない。つまり、ふたつの目標のどちらがより重要かを決めなくてはならない。どちらか一方を選ぶのだ。

変革か継続性のどちらか一方を選んだら、ＤＤＤ社の次のステップは、新しい構造を確立することだ。目標を理解し、今のリアリティを理解し、そのふたつから行動計画を立てて、緊張構造を確立するのである。

ＤＤＤ社が選ぶ目標はどちらなのか。変革と継続性の例で言うと、変革そのものはプロセスであって、本当の結果ではない。だとすると、このプロセスはどんな結果のためにあるのだろうか。ＤＤＤ社が階層を築くためには、変革を遂げた後に、何を手にするのかを知る必要がある。ＤＤＤ社は、変革キャンペーンを通じて何を達成しようとしているのか。製品の改善なのか。経営の仕組みを変えることなのか。サプライヤーとの関係なのか。市場シェアを拡大することなのか。顧客の信頼を培うことなのか。あるいは、もっと効率と効果を上げることなのか。

仮に、ＤＤＤ社がこれら全てを求めていたとしよう。求めない会社などあろうか。ここでのポイントは、ＤＤＤ社がしばらく継続性を犠牲にしてまでもこうした変革を達成したいのかということだ。

じっくり考えてみよう。もし変革を上位目標とするなら、ＤＤＤ社は継続性を手放し、高いレベルの断絶を覚悟することになる。経営的には、変革を遂げるための組織的準備を行うのである。変革成功を目標とし、現状維持が今のリアリティとなり、ここに緊張構造が成立する。行動計画には、断絶の管理が含まれる。

もちろん、ＤＤＤ社は断絶など好まない。しかし変革を望むなら断絶をも覚悟せねばならない。現実に向き合う必要がある。

企業は、変革の戦略を立てるものの、変革途上でどれだけの継続性を維持したいのかを考えていないことが多い。どのくらい継続性を維持したいのか。どのくらいの断絶を受け入れられるのか。ＤＤ社がこうした問いに答えられたときに初めて変革と継続性の関係を理解することができる。

変革を欲すれば現状から離れることになるので、変革の度合いによって継続性の度合いが決まる。変われば変わるほど断絶は大きくなる。しかし断絶が大きくなりすぎると、ＤＤＤ社は短期間で変われないと悟るかもしれない。この状況は、ＤＤＤ社が実際にどのくらい変わりたいのかを考え直す機会となる。

どちらが経営陣にとってより重要なのだろうか。

- **組織を揺るがすほどのスピーディな変革なのか**

または、

- **一定の継続性を担保する緩やかな変革なのか**

ＤＤＤ社の成功にとって、もしスピーディに変革を遂げることが決定的に重要なら、継続性を犠牲にすることを承知の上で変革目標を追うことになる。無論、だらだらと断絶の期間を延ばしたくはない。しかし一時的には断絶を甘受する決断が必要だ。

この場合、変革目標が継続性の目標よりも上位となる。

もし変革目標を急いで達成する必要がないのならば、ＤＤＤ社は確固たる継続性の基盤を構築し、大きな変革に向けた過渡期への助走を行うことができる。この場合、継続性の目標が上位となる。ＤＤＤ社は十分な継続性に照らして変革を管理していき、上位目標である継続性が決してないがしろにされないように注意することになる。

事例――変革よりも継続性を重視する場合

重要性の階層を事例で明らかにしてみよう。

販売規模を拡大するために、大手製薬会社の販売・マーケティング部門がマーケティングのアプローチを大きく変える計画を立てた。各製品の営業チームが単一のマーケティング戦略で医師に販売するのではなく、少数精鋭の営業チームが、多様な製品を扱い、各地域に合わせて戦略を練るのである。

この計画が発案されたのには、ふたつの理由があった。第一に、地域ごとに顧客層が異なる。たとえば、フロリダは他の地域よりも高齢者層の割合が高い。第二に、医師たちは営業員に押しかけられるのを嫌う。

販売・マーケティング部門は、この作戦に大いに自信を持ち、経営陣に提案した。ところが経営陣は、にべもなく提案を却下した。発案が悪かったからではない。前例も実績もない未知の戦略を採って、主要な収益を生んでいる現在の戦略を棄てるという博打を避けたのである。

新しい作戦を採用したら見事に的中したかもしれない。しかし経営陣は事業の継続性を重視した。*注1 変革のメリットよりも継続性のメリットを重く見たのだ。新しい作戦で売り上げを拡大できたとしても、経済継続性を上に置いた。マーケティング戦略を変えるなら、限定した地域でパイロットプログラムを行うなどして戦略の実効性をテストし、経済継続性を担保した上で企画運営する必要があったのだ。

選択せねばならない

変革か継続性のどちらかが支配的となる。両者が対等ということはありえない。どちらか一方を支配的な価値として選択しなくてはならない。選択すれば、階層ができる。主たる目標が定まるのである。組織の緊張構造において、主たる目標が中心点となり、他の目標は主たる目標を支えるものとなる。

＊注1　多くの企業が、無計画な変革によって経済基盤を損なっている。顧客との関係性を犠牲にして製品やサービスを変えたりしてしまう例は枚挙にいとまがない。過激な変革事例として著名なのは、コカ・コーラの製法を変え、顧客を憤慨させたケースである。ジャガーXJ6セダンの定番の曲線を変えて、つまらない角ばったデザインにしてしまったときも顧客は裏切られたと感じたものだ。

葛藤構造を緊張構造に変えるときに私たちがやっているのは、主たる目標、すなわち、より重要な目的の定義である。葛藤構造ではシステムの中で競合していた目標が再編成され、主たる目標と対立するのではなく、支えるようになる。

言い換えると、もし変革が主たる目標（プライマリー選択）なら、ある程度の断絶を許容することが主たる目標に対する手段（セカンダリー選択）となる。変革を支えるために断絶のマネジメントが必要になる。もし継続性が主たる目標（プライマリー選択）なら、手段（セカンダリー選択）として変革を最小限にとどめることになる。断絶を最小化するために変革をやりくりするのである。

どちらが主たる目標なのかがわかれば、競合する目標をうまくやりくりすることができるようになる。*訳注2

均衡を求める力

ふたつの緊張解消システムが競合する構造を、ひとつの支配的なシステムにリデザインすることができる。均衡の観点で記述してみよう。構造は均衡を求めることを思い出してほしい。

図37が示す均衡は、ふたつの競合する目標の中間で釣り合いのとれた状態だ。それに対して、緊張構造の場合は、今の状況と望む状況が同一になったときに均衡が生じるのである。そう、欲しいもの

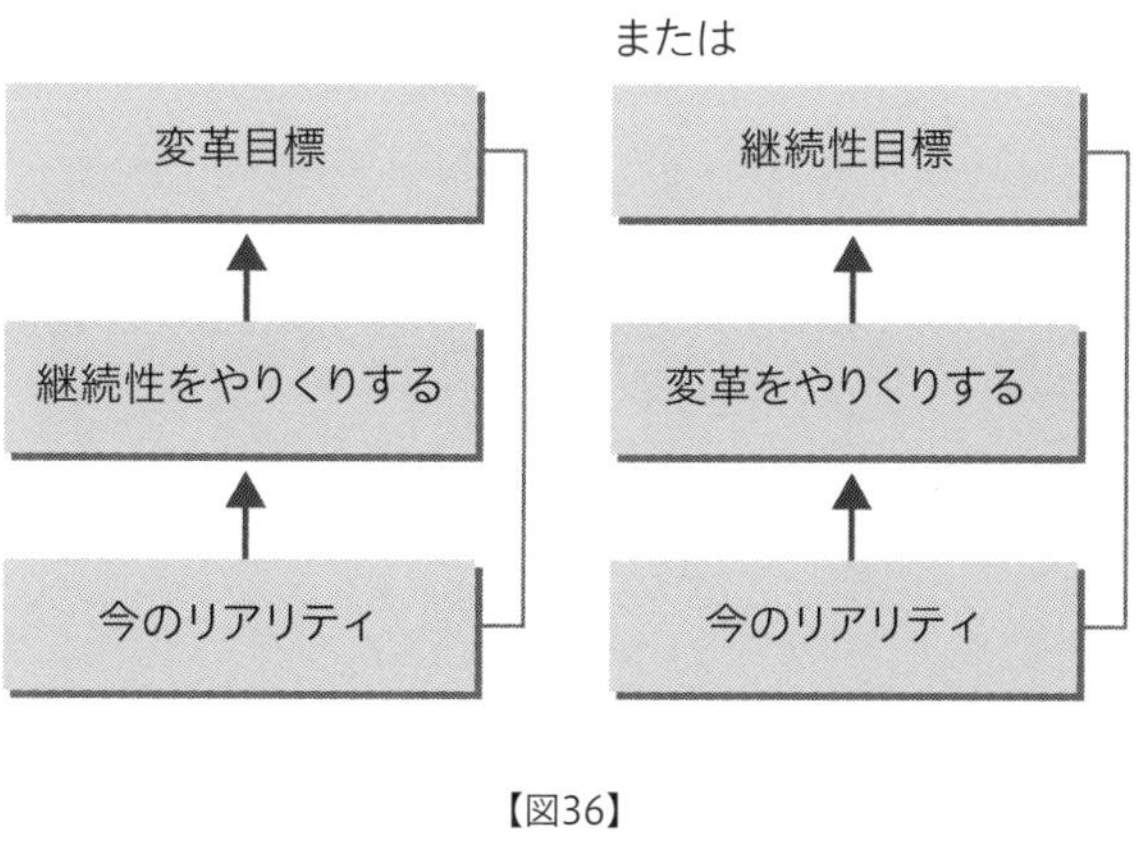

変革目標
継続性をやりくりする
今のリアリティ

または

継続性目標
変革をやりくりする
今のリアリティ

【図36】

＊訳注２　プライマリー選択（primary choice）とは、自分が創り出したい主たる成果のこと。セカンダリー選択（secondary choice）とは、自分が創り出したい主たる成果（プライマリー選択）を創り出すための手段として選択する事柄で、目的がなければ選択しないことが多い。たとえば、健康のために必要ならば嫌いなエクササイズもするという場合、エクササイズすることはセカンダリー選択となる。

を手にしたときだ。この理解が絶対的に重要なのだ。なぜ最小抵抗経路が、ある構造では完全な目標達成に導き、別の構造では揺り戻しに導くのかが理解できる。

構造の向かう目標が均衡だということの意味を考えてみよう。構造が自らの目標を達成したら、その動きは止まる。もはや何かを動かそうとする力は働かない。構造は解消もしくは緩和モードになる。もう緊張は存在しない。

さあ、ここが大事だ。同じように目標達成したとしよう。ただし、葛藤構造においてだ。すると、全く違う力学が働くことになる。葛藤構造で目標を達成したということは、最大の不均衡状態にいることになるのだ。すなわち、構造が何としてもその不均衡状態を脱して均衡に向かおうとするポイントにいることになる。

- **葛藤構造においては、目標達成したときが最大の不均衡状態となる。**
- **緊張構造においては、目標達成したときが完全な均衡状態になる。**

葛藤構造では、欲しいものを手にしたことで、欲しいものから遠ざけられることになる。緊張構造ではそんなことは起こらない。

こう考えてみるといい。葛藤構造では腰のまわりにふたつのゴムバンドが巻いてあって、それぞれのゴムバンドが正反対の方向に均等の力で身体を引っ張っている。ひとつの目標を達成したら、反対側のゴムバンドが猛烈な勢いで反対側の目標に向けて引っ張り均衡をもたらそうとする。最小抵抗経路は緊張を解消しようとする。そのため、達成した目標から引き離されることになる。「葛藤構造の

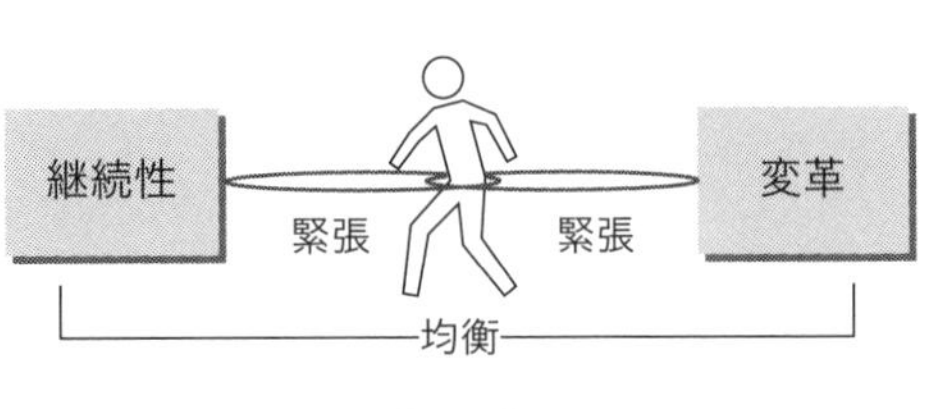

【図37】

組織においては成功が成功として続かない」という怪奇現象の理由はこれである。組織構造の法則は不可避なのだ。

競合する目標を階層化すると、ひとつの目標を緊張構造の目的地に置き、もうひとつの目標を上位の目標を支える行動ステップに置くことになる。葛藤構造が起こりやすい状況そのものが、今のリアリティの中に置かれることもある。たとえば「両立しない目標を両方とも望んでいる」と記述する。そして望む結果の中に「こちらをより重要な上位の目標として選択する」と記述する。こうした階層を確立すれば、「ロッキングチェアをクルマに」変えたことになる。

葛藤構造から緊張構造へ

葛藤構造は組織の中に蔓延している。私たちはデザインモードに入って緊張構造を確立することができる。葛藤構造の中に相容れないふたつの緊張を見つけて階層を構築することができる。どちらか一方の目標を上位に置き、もう一方を下位に置く。

成長と安定の葛藤構造を使って見てみよう（図38）。

このケースでは、成長のために意思決定を分散すれば安定を脅かし、安定のために集中すれば成長を妨げる。

安定と成長のどちらがより重要かを決定すれば、この葛藤構造は緊張構造に転換できる。構造をリデザインするには、この重要性の階層に照らして目標を設定すればいい。あとは個々の意思決定で新しい構造を支えるだけだ。

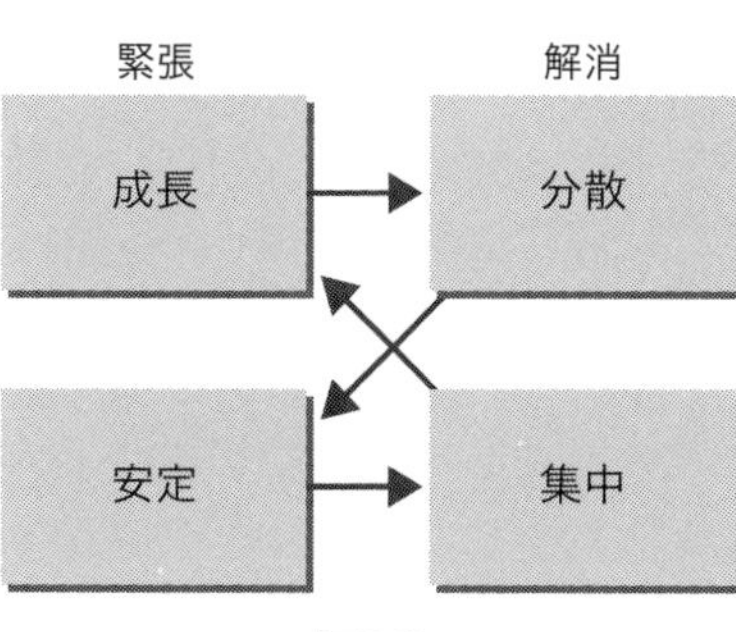

【図38】

組織内の葛藤構造は、階層を創ることで片が付く。ただし、それだけでは足りない。どうやって前進し、成功の上に成功を築ける組織を創るかはこれからだ。第３部において、最小抵抗経路が私たちの望む優れた組織の構築に導いてくれるように、組織をリデザインする領域に突入する。私たちの目的、志、価値、野心を支えてくれる新しい構造をどうやったら創り出せるだろうか。

厳しい選択をすること

さまざまな葛藤構造から、たくさんの圧力を受ける組織は、一体どうしたらそのビジョンや方向性を守ることができるだろうか。

企業の経営陣には、厳しい選択をできないことがしばしばある。長期の成長戦略と短期の財務目標のような競合する要素が天秤にかけられ、両者が殺し合って虻蜂取らずになってしまう。

組織は、どれか一方を最重要の価値として選択し、他の目標を下位に置かなくてはならない。八方美人になることはできない。厳しい選択をして、その選択を支える一連の決定を行うのである。組織は選んだ方向性をきっぱり示さなくてはならない。

経営陣の中には、正念場できっぱり決めることを嫌がって、うまく駆け引きして切り抜けようとする者もいる。これでは困る。どの目標が重要かをはっきり決めない組織では、何ひとつ実現も支持もできない。

組織のメンバーは、どうやって重要課題を扱ったらいいのかわからなくなる。葛藤構造の両側で、誰もが自分は正しいと思い込む。反対側の人たちが「現実」をもう少し理解したなら、「正しい」アプローチ（つまり自分たちのアプローチ）をとることに合意が得られるだろうと思ってしまう。

上層部のリーダーシップが欠如している結果として、組織は方向性を失い、全員が迷子になる。ある製薬会社では、上層部が研究開発の戦略として感染症リサーチを選択するかどうかを決めかねていた。その結果、社員の中には、感染症領域にこそ事業の将来があると思う者もいれば、他社に遅れをとっているこの領域で追いつこうとするには膨大な投資が必要で、今さら投資しても市場でも研究でも優位に立てないと考える者もいた。

延々と議論が続いたが、何も決定がなされなかった。ある時期は有望に思えた感染症領域が、しばらく経つと無謀に思えたりした。研究開発のメンバーは感染症領域の研究を続け、いよいよ臨床試験に突入する段階になったというのに、臨床開発グループは受け入れ準備ができていない。金もない、人もいない、任務を与えられた覚えもないという有り様だ。すると、研究開発グループと臨床開発グループの間に対立が生まれる。当初は、ライバル関係にある頑固な研究者たち個人間の軋轢のように見えた。臨床開発グループから見ると、研究の連中は自分勝手に制度を牛耳っているように見えた。研究開発グループから見ると、臨床の連中は大事な仕事を台無しにしているように見えた。対立解消のアプローチが試みられるものの、本質的な課題は片付かない。

本質的な課題とはこれだ。上層部が階層的選択を怠り、リーダーシップの空白が生まれていたのだ。そこで、現場の社員たちが全社の方向性について、思い思いの理解をつくり上げていた。対立した両サイドでは、なぜ反対側の社員たちが理解しないのか、協力しないのかと首をひねっていた。感染症リサーチの方針を上層部が最終決定しない限り、この紛争はいつまでも解決できない。

この事例は、多くの企業組織に蔓延する慢性的なパターンを代表している。上層部が十分に明快な方向性を示さないために、組織の従業員たちが自ら方向性を決めてしまう。結果は必ず構造的な揺り戻しに陥る。

これは組織構造の第八の法則によるものだ。

組織構造の第八法則

上位の組織化原則が不在だと、組織は揺り戻す。

上位の組織化原則が支配すれば、組織は前進する。

今のリアリティに照らして、会社の志と価値を位置づけ、緊張構造を確立する必要がある。緊張構造のような上位の組織化原則がなければ、組織は自己組織化を始め、さまざまな葛藤構造に陥る。これはなぜなのか。社内の色々な人たちがいい仕事をしようとして、自分たちが「正しい」と思うことを支えようとするのだ。

組織横断的なチームであっても、組織化原則が不在であっては前進を生み出すことができない。組織の支援が得られないと、横断的な試みすらも相殺されてしまう。部門の責任者たちは激しい葛藤構造のはざまで板挟みになる。その結果は構造的な揺り戻しだ。

しかし、ここで組織の価値と志を示す上位の組織化原則があれば、組織は容易に緊張構造を創り出すことができる。社員たちは、現実を客観視して効果的な行動計画を立て、勢いを生み出せる。葛藤構造を発見したら、階層を整えて緊張構造に変えることができる。そうやって最小抵抗経路をリデザインし、前進することができる。

次章以降で、読者は組織の目的を見出し、緊張構造を使ってビジネスとマネジメントの戦略を生み出すことを学ぶ。組織のふさわしい最小抵抗経路は緊張構造に見出されるのだ。

第９章のまとめ

- 競合する目標の間に重要性の階層を確立することが構造リデザインの鍵である。
- 葛藤構造から緊張構造に移行するには、主たる目標の定義が必要である。それによって競合する目標の間の関係をリデザインすることになる。
- 階層を確立すれば、ふたつの競合する緊張解消システムの構造から、ひとつの支配的な緊張解消システムの構造へ移行することができる。
- 葛藤構造においては、望みを満たすことが最大の不均衡状態を生み出す。緊張構造においては、望みを満たすことで均衡状態を生み出す。
- 組織構造の第八法則……上位の組織化原則が不在だと組織は揺り戻し、上位の組織化原則が支配すれば組織は前進する。

ELEMENTS OF DESIGN

第3部
組織をデザインする

第10章　組織の目的　何が組織をひとつにするのか

なぜ組織で働くのか

株主価値だの投資だの金だのという話をする前に、そもそもなぜ組織が存在するのかについて深く考えてみよう。人生に金儲け以上の意味があるように、組織にも金儲け以上の意味がある。金儲けはとても大切だ。皆も好きなだけ稼いでほしい。しかし、組織の存在理由が金儲けだけだと言ったら的外れだ。そんなに単純なわけがない。組織が存在する理由はたくさんある。目的がある。たいてい、良い目的や素晴らしい目的がある。

全ての組織に、マザー・テレサ級の深遠な使命があると言っているわけではない。それでも、たいていの人が思うよりもずっと深い目的があるものだ。

もし組織に目的があるのに、目的に反するようなことをやっているとしたら、組織は葛藤構造を生み出す。最小抵抗経路が揺り戻しに導くのである。組織は人と同じだ。自分自身を裏切ったら苦しみを生むのだ。

目的のもたらす力

人がひとりでは成し遂げられない偉業を組織が可能にするとき、その組織は偉大である。組織のおかげで、奇跡の薬が生まれて人の命を救い、技術が生まれて人と人とのコミュニケーションや共同創造が可能になり、サービスが生まれて仕事が楽になり、製品が生まれて暮らしが豊かになる。組織によって、道がつくられ、高層ビルが建築され、電気や水が届けられ、食べ物が行き渡り、経済が成長する。組織は現代の文明をつくっていく中心的な力である。

しかし、組織は自然に生まれたりしない。人間が発明したものだ。組織を創り出すのは私たちなのだ。多くの創造物と同様、組織はいったん創られるとそれ自体が生命を持ち始める。成長し、発展し、成人して成熟し、老齢にさえ至る。ただし人の一生と違い、組織は生まれ変わって再生し、若返ってやり直すこともできる。

では、組織が存在する理由は何だろうか。組織によってさまざまな答えがありうる。それぞれの組織が固有の目的を持っている。とてもいい目的を持った組織もあれば、真に偉大な目的を持った組織もあるし、冴えない目的しか持たない組織もある。組織の目的といっても色々である。

会社の創業者は、組織の目的をその遺伝子に組み込む。やがて人が増えて新たな次元や側面が加わる。人は目的を増やし、絞り、狙う。そうやって目的は発展する。発展し続けることも少なくない。

「スピリチュアルな目的」

多くの組織が「スピリチュアル」とでも呼べる目的を持っている。宗教的な意味ではなく、リアルに感知できるエッセンス、組織に与えられた高次の使命のような意味である。こうした組織の中では、私たちをワクワクさせるもの、組織の真の価値と志、組織が生み出すサービスや製品を通じてその目的が感じられる。

逆に、組織に幻滅することによって目的に気づくこともある。組織にとって大切な価値を裏切ったり、目的に対して残念な妥協をしたり、矛盾したり、力を発揮していなかったりするときだ。

強力なスピリチュアルな目的を持っていながらそれを見失った企業というと、私が思い出すのはアップルコンピュータである。アップルは素晴らしい。いや、というより私はマッキントッシュが大好きなのだ。だからアップルが道を見失って迷走していた頃は本当に悲しかった。しかし、スティーブ・ジョブズの持っていたビジョンと目的のおかげで、アップルは再生し、また素晴らしい会社になった。ジョブズがアップルに戻ったとき、あの興奮がよみがえった。かっこ良すぎてつい手が出てしまう、あの切なさだ。ビジョンとイマジネーションによってアップルは市場を席巻した。携帯電話、音楽エンターテイメント配信、そしてもちろんiPadを含むパーソナルコンピューター。

企業自らの目的を決して裏切らないことで知られる最高の事例はナイキである。ナイキは巨大だ。年商１９０億ドルである。世界中のスポーツシューズ市場を支配し、スポーツ振興で大きな役割を果たし、ナイキ自体が驚異の現象だ。ナイキの何が違うのだろうか。スポーツを愛し、スポーツに献身する、「スピリチュアルな目的」ではないだろうか。ところがナイキは大いに誤解され、その成功がゆえに卑劣な批判の対象となっている。

卑劣な批判の例を見てみよう。アメリカのドキュメンタリーＴＶ番組「60 Minutes（シックスティ・ミニッツ）」は、ナイキ等の企業が、バスケットボールのスター選手を夢見る子供たちにトレーニングや支援を提供する様子を特集していた。レスリー・ストールという女性記者が「ナイキは才能ある子供たちを金儲けのために利用している」「高額のスニーカーを売りたいだけ」とほのめかしていた。現実は違う。ナイキなどの企業は子供たちが夢を追うチャンスを提供しているのだ。シニカルな記者たちは素直に目の前の素晴らしい現実を見ることができないのだ。

ＴＶ番組の記者たちが、しかるべき時間と手間を惜しまずにしっかりと目を開いて事実を見たなら、ナイキがどのように意思決定をしているかを理解できたはずだ。

ナイキの人々は、いかにスポーツを振興できるかで意思決定を行っている。たとえば、かっこいいだけでスポーツ工学を活かしていない「スニーカー」を売ってどんなに利益が上がるとしても、絶対にそんな製品は売らない。そこに一切の妥協はない。

ナイキは完璧なデザインのために莫大な投資をしている。一般的な消費者はほとんど気づかない。実際に製品を購入して、使用してみて初めて気づくのだ。ナイキの経営陣には、若くて献身的なマネジャーがたくさんいる。彼ら自身の多くが熟達したアスリートなのだ。スポーツが好きで、スポーツ選手やナイキ製品を使う消費者を大切に思っている。

ナイキには、高次の目的に忠実であり続ける組織の優れた事例を見ることができる。企業がビジネスを通じて大勢の人の人生に素晴らしい影響を与えている。そう、靴を売り、スポーツ関連製品を売り、見事に利益を上げている。しかし、ナイキが並外れた成功を遂げているのは、全てに通じる「スピリチュアルな目的」が根底にあって力を与えているからなのである。

もちろん、他の企業同様、ナイキにも問題がないわけではない。市場状況による問題もあれば、流行にまつわる問題もあるし、外注企業の選択ミスもあって、ナイキが劣悪な労働条件を強いているように見られたりすることもある（実際にはそんなことはない）。だが問題があってもナイキは必ず立ち直る。それはナイキがその目的に忠実であり続け、献身する人たちの組織だからだ。

スピリチュアルな目的に沿って組織化している素晴らしい企業は、他にもたくさんある。ソニー、アマゾン、ウォルト・ディズニー、ドリームワークス、グーグル、アップルなどは、それぞれの業界内でよく知られている。組織がどれだけ立派になれるかの実例だ。完璧な企業はない。しかし、組織を偉大にするのは完璧さなどではないことがわかる。

言葉を超えた世界

組織の目的を語るのが難しい理由は、その大半が言葉を超えた次元にあるからだ。感じることができ、直感でき、合わせることができる。しかし、言葉にすると間抜けに聞こえる。これは組織のことに限らない。人生の大切な側面の多くに同じく当てはまる。愛は、リアルで、触れることができる。恋しているときも愛しているときもそれとわかる。ところが言葉にするのは難しい。最愛の人に向かって「あなたの笑顔が好きだから愛してる」と言ったとしよう。じゃあ笑顔でないときは愛してないのか。子供たちに向かって「ちゃんと宿題をやってえらいから愛してる」と言ったらどうか。子供たちを愛しているのは間違いないのに、理由を言葉にした途端に間抜けになってしまう。愛しているとわかっている。でもそのわけを言葉にできない。

これは組織についても同じことだ。組織の目的を感じることはできるのに、いざ口にしようとすると陳腐な言葉になってしまう。

当社は最先端技術で装置設計を行い、品質においては業界トップ、高い市場シェアと顧客満足およびロイヤリティを誇っており、職場環境では働く人の才能を伸ばして現在および将来の挑戦に立ち向かいながら並外れた利益率を実現していることでその名を知られている。

これではとても肚に届く言葉にはなるまい。

組織がミッション、ビジョン、目的を言葉にして書き出すことが重要だと考えるようになって何年も経っている。チームで山に登って（実際はどこかのホテルに缶詰めになって）それを書く。大きな紙に文字を書く直前までは、とても価値のある話し合いをしている。お互いに重要な問いかけをしている。たとえば、「我々は誰なのか」「何を為そうとしているのか」「なぜそんなことをしているのか」など、やりとりは洞察を生むことさえある。組織のスピリットを感じるところまでいくかもしれない。ところが、感じたことを言葉で表現しようとすると、目的にそぐわないことをしてしまう。文字にすることで矮小化してしまうのである。

作業を終えて部屋を出るときには、作文した本人たちにしか意味のわからない代物ができあがっている。作文した本人たちは、もちろん意味をわかっているが、これを読むのはその場にいなかった人たちだ。その人たちが読むと、何とも馬鹿馬鹿しい作文だし、現場で感じている組織とは違うものだとわかる。せっかく作ったのだから何とか気に入ろうと頑張っても、どうしても気に入ることなどできない。

作文は壁に飾られ、パネルに彫られ、社員が携帯するようにとカードに印刷される。見れば見るほど、実際の意思決定には無関係だということが実感される。目の前の現実が書かれていることを否定しているのだから、時を経るごとに作文はますます馬鹿馬鹿しく見えるようになる。

何とか言葉にしようと思うのは、あながち間違いではない。共通テーマを持って組織をひとつに束ねたいと思うのだ。そこで皆を束ねる原則を探して、組織の全員が基本的存在理由を理解して、ふたつのことを実現しようとしている。

1. 企業の目的が従業員の個人のキャリアや人生における目的と合致しているかを見る。個人と組織の目的が整合していれば、お互いにとってメリットがある可能性が高まる。
2. 組織の目的に合致した独立行動を可能にする。組織全体として何を目指しているかを皆が理解すれば、一人ひとりがもっと成果を上げ、もっと協力して一緒に働くことができる。

行動を目的に合致させること

その意気はいいのだが、やり方が間違っている。偉大な詩人たちでさえ、意味を言葉にするのに難儀するのだ。経営者たちが寄り集まって太刀打ちできようはずもない。

組織をひとつの目的と方向性で束ねたいというのが動機なのだが、実際には紙に文章を書くよりも優れた、もっとダイレクトな方法がある。

まず、口で言うよりも行動で示すことだ。組織の目的は実際の意思決定によって雄弁に表現されている。それは作文とは比較にならない。もちろん常に目的と行動が合致しているという保証はない。しかし、大体において一貫したパターンがあるなら、それが組織の目的を表現している。逆に、作文した目的とは反する意思決定を行っているならば、どんなに見事な作文をしようが意味がない。現実の行動と掲げているビジョンが矛盾していると、その矛盾は落胆を生むばかりとなる。

昨今、たいていの組織は、ビジョンや目的やミッションを言葉にして謳っているが、ビジョンや目的やミッションが、明快に意思決定と行動を導いている組織は滅多にない。言葉にしているだけで目的を持たない組織と、言葉にしていないが目的を持つ組織があったら、どちらで働きたいと思うだろうか。もちろんプロパガンダよりも本物を選ぶに決まっている。ところが、本物の目的を持っている組織でさえ、せっかくの目的をスローガンに変えて台無しにしていることもあるのだ。

クライアント企業と仕事をするとき、私はほとんど目的について聞かない。聞かなくても、一緒にする仕事の中に目的が息づいているのだ。戦略計画、マネジメントデザイン、製品やサービスを支える事業などの全てに目的が埋め込まれている。企業によっては、廊下を歩いただけで、何気ない会話を聞いただけで、働く人たちの様子を見るだけで、目的を感じることができる。

ときには「当社にスピリチュアルな目的などない、あるのは金儲けだけだ」と言い募る人に出会うこともある。そして「会社の目的は投資の見返り（ＲＯＩ）だ」「利益だ」「株主価値の増大だ」などと言う。組織の深い本質に対して耳をふさいでしまっているのだ。もちろんお金は大切だ。非営利組織や政府機関でも変わりはない。資金が不十分では目的に手をつけることもできない。しかし、お金そのものがリアルな目標になるのだろうか。もし組織への投資額をまるまる別のファンドに投資したら利益は増すだろうか。株式の組み合わせを最適化したらどうだろうか。ときにはそのほうが儲かることもある。そうでなかったとしても、組織の大変な仕事よりも見返りのいい投資先はたいてい存在する。

大切なことに取り組む

企業の目的は投資対効果だと主張する人たちは通常、会社を売却して銀行やファンドにお金を投資したりしない。

誰の中にも、創り出し、成長し、志し、築き上げたいという動的な衝動がある。皆の衝動が同じ強さというわけではない。誰もが同じ志や欲求を持っているわけではない。しかし、誰もが深い衝動を抱いていることは観察して見て取れる。誰だって、どうでもいいことよりも、大切なことに取り組みたいのだ。どうせ取り組むなら大事なことに携わりたいのである。

組織はたいてい特別な何かを、人間的な何かを根っこに持っている。それは何か大切なことに取り組もうとする本能である。

自分自身の人生を考えてみてほしい。何か高次の目的を持っているだろうか。あなたの仕事は人生の目的と合致しているだろうか。この問いに答えるには、まず会社の「スピリチュアルな目的」を理解したほうがいい。自分の価値、志、目的と組織のそれが合致している人は少なくない。しかし、合致していることに気づいていないことが多いのだ。もし合致していたら、会社と自分の両方にとって大きなメリットになるかもしれない。もし合致がなかったなら、会社の目的と自分の目的がもっと折り合うような別の状況について考えてみるといいだろう。

組織の目的とは、抽象的な理想や絵空事ではない。私たちは、目的を生きたものにする必要がある。現実にどうやったら目的を表現できるだろうか。それがビジネス戦略の役割である。次章で扱おう。

第10章のまとめ

- 組織の基本的な緊張構造は、どのようにふるまいたいかと実際にどのようにふるまっているかの差である。すなわち、目的にふさわしい表現と現在の実際の表現の差だ。
- 望ましい組織の目的は「我々はなぜ組織として存在しているのか」という問いに答えるものである。
- 組織の行動がその目的を裏切ると、組織は揺り戻しを始める。
- 組織の目的は固定したものではない。目的は成長し、発展し続ける。
- 目的は言葉に落とし込むことができない。目的とは、組織の中に息づくスピリットであり、組織の志や行動について私たちを奮い立たせるものだ。だからミッションステートメント、ビジョンステートメント、目的の表明などは組織の目的を矮小化するか、歪曲してしまうことになりかねない。

第11章　ビジネス戦略　目的への最小抵抗経路

組織の目的は、組織の礎である。その基礎の上にどう組織を構築し、どう支えたらいいのだろうか。どうやって目的の達成につながる最小抵抗経路を創り出したらいいのだろうか。

それは、組織のビジネス戦略を通じて可能なのである。目的に合わせて「ビジネス」を築く必要がある。そうしなければ、目的が実行に移されるチャンスを得られない。ここで「ビジネス」というのは、単なる商業的な営利組織のことを言っているわけではない。非営利の慈善団体や宗教団体、文化組織や政府機関、ボランティア組織であっても、資金運用は避けて通れないのである。「ビジネス戦略」によって組織の目的と「目的の現状の表現」との間の緊張構造を解消するプロセスがビジネス戦略である。

ビジネス戦略は「どうやって組織が富や活力を生み出すのか」という問いに答える。組織のビジネスを考えるとなれば、お金がどう機能するかを考えることになる。なぜお金が入ってくるのか。入ってきたお金はどうなるのか。お金と何を交換するのか。

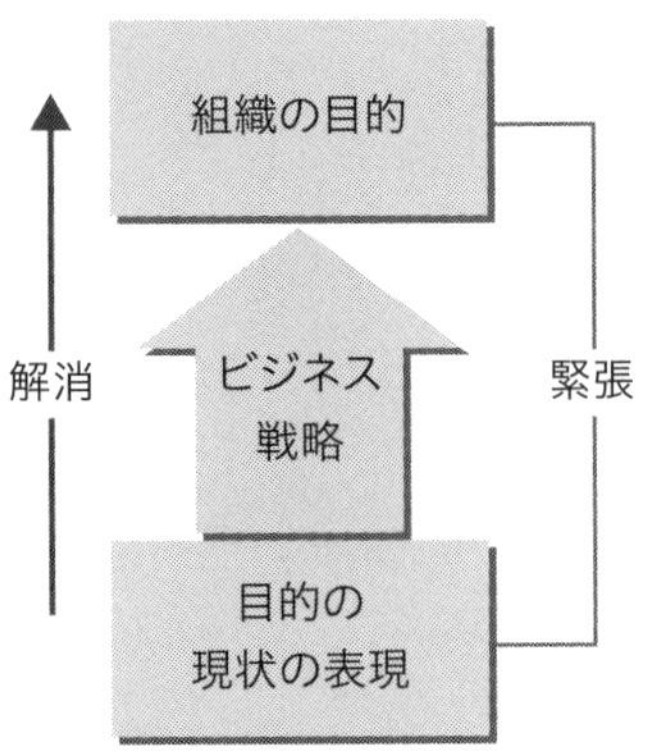

【図39】

ビジネス戦略の演習

マネジャーのトレーニングの中で、ふたつのグループに分かれてもらい、ビジネスシナリオを渡して戦略スキル演習を行うことがある。たとえば、両方のグループがマイクロチップのビジネスをやっていて、ひとつのグループは業界の低価格の汎用品メーカーにおり、もうひとつのグループは高価格、高品質メーカーにいる。両グループに与えられる情報はそれだけだ。20分でビジネス戦略を構築する演習だ。

ビジネス戦略の間違ったアプローチ

両グループのマネジャーたちは、「皆が自分の会社だと思えるような会社にすべきだ」「全領域で組織横断的チームをつくったらどうか」など、マネジメントトークを始めることが多い。本当のビジネス戦略にはほとんど無関係の事柄だ。

マネジャーたちが創り出す目標を見ると、マイクロチップのビジネスがどう利益を生み出すのか、彼らは全く理解していないことがわかる。「来年は売り上げを25パーセント増大する」「グローバル市場を制覇する」「利幅を拡大して投資対効果を23パーセントにまで引き上げる」などと書いたりする。驚くべきことに、こうした目標は何もないところからでっち上げられる。（増大するって、何を？　投資対効果って、何と比較して？）

マネジャーたちに、なぜこういう目標を書いたのかを尋ねても、答えられる人がいない。わからずに書いているのだ。受講者はいい人たちでいいマネジャーだ。しかし、彼らの知識にはぽっかりと穴があいている。

ビジネス戦略を「いかに企業が富を生み出すか」だと考えていないマネジャーが多い。なぜなのか。彼らは自分の会社に戻ると「ビジネス戦略」という言葉を別の意味で使っている。たとえばこんな調子だ。上司が打ち合わせで「去年の実績を25パーセント上回るように」と言ったりする。すると部下たちが去年の実績を上回る目標を立てる。去年10万個が売れたなら今年は12万５０００個を目標にする。総収益が２０００万ドルだったら目標は２５００万ドルになる。こうなると、「これが目標だ。達成するためにはビジネス戦略が必要だ」というふうにビジネス戦略という言葉が使われる。

こういう目標は、ビジネスが実際にどう機能するかという理解をまるで反映していない。「たいていの会社の戦略計画は、戦略でも計画でもない」という古い冗談が思い出される。

このように、過去の延長線上に目標を立てる習慣のあるマネジャーもいれば、流行りの決まり文句を使い出すマネジャーもいた。「コアコンピタンスを開発する」「トータルクオリティを実現する」「顧客フォーカスに徹する」などである。マネジャーたちの思考の背後にある考えを探っていくと、彼らのアプローチでビジネスを構築することは誰にもできないということが明らかになった。アイデアによっては、ささやかな富を生むかもしれない。ただし、それは最初に莫大な富を持っていたらの話だ！

ビジネス戦略の正しいアプローチ

では、ビジネス戦略にどうアプローチしたらいいのだろうか。マイクロチップ事業をやっているなら、

「当社の製品やサービスを購入しようと顧客を動機づけるものは何か」

が重要な問いとなる。「動機づける」に着目してほしい。これは「顧客ニーズは何か」というお馴染みの問いとは異なる。「動機づけ」を知ることは、潜在顧客の気持ちや考え、自社や他社から購入する本当の理由を知ることになる。喫煙者には、健康のために喫煙をやめるニーズがある。しかし、ニーズに基づいて意思決定するとは限らない。「動機づけ」に基づいて意思決定するのである。身体に悪いと思っていても、かっこよく煙をふかすためにタバコを買いに店に走ってしまう。

潜在顧客の動機づけを理解できたら、ようやく私たちは自分のビジネスを理解し始めることになる。もし顧客の動機づけを理解していなかったら、ビジネス戦略を理解するのは難しいだろう。

多くの企業が、顧客の視点から考えず、自分の視点から考えてしまう。これが間違いだ。顧客が自分たちから買う「べき」だという理由ばかり考えてしまう。「付加価値がある」「バラエティがある」「いつでも配達可能」などと言ったりする。

顧客は、付加価値で購買を決めたりなどしない。価値そのもので決めるのだ。付加価値というのは、業者が価格を正当化するために使う理由づけだ。製品のバラエティも関係ない。顧客は自分の欲しい品物がひとつあれば足りる。企業がいつでも配達できる能力を持っていても、それが購買理由にならない。顧客は、自分が欲しいときに製品やサービスを入手できたらそれでいいのだ。

「顧客フォーカス」という言葉には耳に心地よい響きがある。しかし、顧客フォーカスは「何が顧客の購買を動機づけるのか」の問いに答えない。この問いを立てることによって、顧客理解への向き合い方が変わるのだ。自分自身を、顧客の立場に置いて、顧客の懸念や価値を理解しようとすることになる。

顧客調査を行い、顧客ニーズを定義し、競合を評価し、ＴＱＭ（総合的品質管理）を導入し、顧客サービス部門を設置したら、もう完全に顧客フォーカスしていると思い込む人たちが多い。そうした立派な活動を経てもなお、顧客の動機づけがはっきりしないことが多い。顧客フォーカスをさんざん徹底した挙げ句に、競合に顧客を奪われてしまって驚愕するのはそういうわけなのだ。当社の何が悪いのか、と嘆く会社は顧客ではなく自分自身にフォーカスしているのだ。

事業戦略を考え直す

マイクロチップ事業の演習で、両グループに戦略を考え直すチャンスを与えた。今度は顧客の動機づけを考えるように促した。

一体どうして顧客は自分たちの製品を買ってくれようとするのだろうか。

コモディティ戦略

コモディティ化した汎用品のビジネスでは、顧客の購買理由はふたつある。まず、製品が欲しいときに手に入るということ。自分たちの生産スケジュールに合わせてオンタイムで納品してもらえることだ。

次に、製品が廉価であること。顧客は低コストを維持して一定の品質を確保したいので、一定以上の品質には興味がない。自社製品に必要な品質レベルさえあれば、それ以上のコストを支払いたくはないのである。

手に入ることと廉価であること。このふたつから関連する他の意思決定につながる。生産設備をどこに建設するか、輸送納品の仕組みをどう設置するか、コストと価格をどう決定するか。

工場をビバリーヒルズに建設するだろうか。するわけがない。たとえ建設許可が下りたとしても、コストが高すぎて見合わない。

労働コストと生活費が高い土地に建設するだろうか。もちろんしない。労働コストが安く、生活費も安いところが望ましい。能力十分な労働力は必要だ。海外に建設するだろうか。もし当該国の生活費が安く、労働力が確保できて、政治的に安定していれば、その選択もありだ。税の優遇措置や助成などがあればもっといいだろう。

コストについて考えるとき、輸送についても考えなくてはならない。工場の運営コストを下げられても、輸送コストが高くついて相殺されては元も子もない。長期間にわたって工場を運営するためには、長期的な影響を及ぼすであろう要素も検討する必要がある。候補地はどんな使われ方をしてきたか。最近の傾向はどうか。近未来の予測はどうか。

予測できないことは何か。予測不能なことが過度のリスクを生むことはないか。その場合なぜリスクをとるべきなのか。類似の好条件を持つ、もっとリスクの低い候補地を探したほうがいいかもしれない。

顧客の製品入手可能性についてはどうか。どう納品するのか。倉庫や流通経路は確保できているか。

価格と入手可能性というふたつの主な要件が同時に満たされなくてはならない。

他の要素もある。ひとつは評判である。評判は現実に基づいていなくてはならない。顧客が求めるマイクロチップを、適正価格で、適正納期に納品することができるのか。評判がどんなに高くても、現実に「モノを届ける」ことができなかったらあっという間に評判は落ちる。

顧客の将来製品に合わせて、マイクロチップ製品を更新していく必要もある。そのために製品開発部門も必要となる。一方で、他社とライセンス提携して固定費を抑制する選択もある。新しいマイクロチップがコモディティ化したら、ライセンス契約か購買するかの選択をすることで、コストを抑え、競争力を維持することが可能になる。

もし顧客にこんなオファーができたら、顧客はイエスと言うだろうか。

お望みのマイクロチップ製品をお望みの品質と最低限の費用で提供し、最小限の手間で必要なときにお届けします。さらに、次世代のマイクロチップ製品が必要になったら、再び最低限の費用で提供します……

顧客がノーと言えないくらい、魅力的なオファーになる。潜在顧客に対して正確に全体像を伝え、それが嘘ではないとわかるようにすることもマーケティングの仕事だ。

顧客が断れないオファーができたら、それこそ素晴らしいビジネスになることがわかる。あるいは君もゴッドファーザーの仲間入りだ。（↑これは冗談だ）

高級デザイナー仕様マイクロチップ戦略

業界の高価格高品質メーカーにいるなら、戦略はまるで別のものになる。どうして顧客は高価格高品質のマイクロチップ製品を買うのだろうか。顧客企業は、自ら新しいハイテク製品を製造しているのである。製品開発スケジュールに余裕はない。いかに早く市場に出すかが勝敗を決する。こういう顧客企業は、仕様を満たし、性能が信頼でき、期日通りに納品されるマイクロチップを必要としている。この手のチップは、特定製品のためにカスタマイズされており、その個別設計に比べると価格はさほど重要ではない。高価格でも顧客は喜んで支払う。なぜなら、顧客企業はさらに高額の製品を製造し、成功すれば大いに利益を上げられるからだ。

顧客の購買はふたつの要素で決定する。イノベーションの質と確実な納期である。そこで、ビジネス戦略の基本は「顧客の時間軸に合わせた信頼できるイノベーション」となる。それさえできたら、顧客がノーと言えないくらい優れたオファーができるようになる。そして、これが本当にわかれば、ビジネス戦略に関連する他の意思決定について考え始めることができる。

この戦略を実現するためには、並外れて優秀なエンジニア、技術者、コンピューターサイエンティストが必要となる。どうやって採用するのか。自社を業界一の魅力的な会社にしたらいい。業界最高水準の給与を保証する。抜群の生活水準、とてもいい学校、優れた気候、卓越したライフスタイルを可能にする地域に会社をつくる。ＭＩＴやスタンフォード大学などの名門大学の近くにしてもいい。高校でサイエンスフェアを開いて将来有望な学生をリクルートするのもいい。もちろん一流大学で採用活動を行う。最高に才能豊かな人材を集められたら、顧客にとって途轍もなく意味のあるイノベーションを行う能力を手にすることになる。

納期のマネジメントのためには、同様の戦略をもって優秀な経営人材を確保することだ。天才技術者集団を率いることのできる最高の技術経営者たちを採用するのである。

顧客が求めるイノベーションを確実かつ期限内に提供できるということを、どうやって潜在顧客に知らせたらいいのだろうか。マーケティングで実績を強調するのだ。お墨付きで価値を伝える戦術もある。ノーベル賞受賞者たちに顧問に就いてもらったり、あるいは、自社のシンクタンクに招聘したりするのもいい。信頼できるイノベーションの物語を世界に語っていくのに役立つ。

高級品ビジネスは価格にうるさくないから、十分に高額に設定してコスト構造を支えるようにする必要がある。

葛藤する戦略

ビジネス戦略ごとに、関連する数々の意思決定が生まれる。経営者がビジネス戦略をわかっていないと、間違った決定をして台無しにしてしまう。間違った決定をしているのに、常に正しい決定をしているように見えてしまう。自分の経験と狭い視野から決定していて、個々の決定が全体の構造にどうつながるかが見えていない。自分の決定によって葛藤構造が生じ、望んだ方向とは逆に向かってしまうことに気づいていない。

もし個々の決定を全体に結びつける能力がもっとあったなら、優れた決定が可能になる。ビジネス戦略の基本を支える決定である。

真のビジネス戦略の重要性を理解して、自社の戦略を構築したなら、意思決定の基準が明らかになっていく。速やかに賢い意思決定ができるようになる。一つひとつの決定が他の決定を強化し、ひとつの方向性に勢いづくため、決めたことを実行に移すことが容易となる。

事実は小説よりも奇なりである。このマイクロチップビジネスの事例は現実からとったものだ。この会社は、低価格量産品と高価格高品質の両方のビジネスを望んだのだが、ふたつの違うビジネスをひとつに融合しようとしたのである。

なぜ彼らは両者の違いを見落としたのか。ひとつには、巨額を投じて大規模工場を建設したことが挙げられる。いったん建設すると、その投資を正当化したくなるのである。ひとつの決定が次の決定へと連なり、ビジネス戦略が要求する要素を妥協する羽目になった。そうなると、どちらのビジネスにおいても競争力を欠くことになる。

さらに悪いことに、ふたつの事業部門は、同じ資源の取り合いをせざるをえなくなった。これは、コスト削減しつつ、ビジネス構築しようとする葛藤構造のためだ。経営陣は道を見失った挙げ句、統制を強化しようとして、「ビジネスの40パーセントを高品質高価格に置く」というビジネス的に意味をなさない指令を出した。どこから40パーセントという数字が出てきたのかは今なお謎である。

どんな理由づけをもってしても、こうした指令を正当化することは難しい。しかし葛藤構造が組織を支配すると、方向性は失われ、有効性は破棄される。

組織はビジネス戦略によって目的を果たす必要がある。それだけでなく、ビジネス戦略は定期的に見直されなければならない。特に経営陣は、いつでも戦略に精通している必要がある。ビジネス戦略が緊張構造の基礎となるのだ。

企業が自社のビジネス戦略の基本を理解しない限り、生産的で一貫した経営戦略をデザインできない。そしてビジネス戦略がなければ、緊張構造を使って組織を前進させることはできない。揺り戻しの道をつくるだけだ。

ビジネス戦略構築法

コンサルティング業経験から、組織がビジネスについて本質的な洞察を得るために、以下の問いを創り出した。これらの問いに答えることで新しい実践の知恵を手に入れることができる。

- 何が売り物(オファー)か
- 顧客は誰か
- 顧客は何を求めているか
- 我々は何を求めているか
- 顧客の求めているものと我々の求めているものは合致しているか
- 顧客はどうやって我々を知るのか
- 顧客はどうやって我々の売り物(オファー)を手に入れるのか
- 現在の市場は何か
- 将来の市場は何か
- 我々の売り物(オファー)はどう変わるのか
- 我々はどこに向かっているのか

何が売り物（オファー）か

私たちは顧客にどんな売り物（オファー）を提供しているのか。ある会社は顧客にプラスチックのトレー製品を提供していた。ところが調べてみると、プラスチックトレーは顧客企業の製品を熱収縮包装（シュリンクラップ）するために使われていた。この会社は、やがて新しい売り物（オファー）を創り出した。熱収縮包装サービスそのものである。顧客の製品を預かり、プラスチックトレーを使って熱収縮包装をして、パッケージ作業全体を代行するのだ。これは顧客にとってプラスチックトレーよりも魅力的な売り物（オファー）となった。

この企業は、プラスチックトレー以上の売り物（オファー）を提供する潜在力を持っていた。顧客企業の包装出荷プロセスの責任を引き受ける力があったのだ。それによって、顧客企業の固定費と間接費を下げることができた。同じことを顧客企業よりも安く早くできる。この売り物（オファー）を拒絶するのは難しい。素晴らしい売り物（オファー）である。

顧客は誰か

多くの企業が、自社の顧客が誰か知っているつもりになっている。実際に自明なことも多い。しかし、ビジネス戦略を構築する際には、この問いを考え直すことが大切だ。真の顧客は、商品やサービスにお金を払う人でも、それを利用する人でもないことがある。アメリカのマネジドケア組織（医療の質を確保しながらコストを抑制することを目的とする）においては患者が利用者であり、お金を払うのは医療保険組織だが、医師・病院・患者のいずれもが顧客である。こういう業界では、誰が誰なのかを明らかにする必要がある。誰の影響力のもとで、誰が購買の意思決定を下しているのか。

ここから次の問いになる。

顧客は何を求めているか

潜在顧客は、何によって購買の意思決定を下しているのか。顧客の立場から見て、何が最善の利益なのか。顧客は何に価値を置いているのか。顧客は何を探しているのか。どういう理由で探しているのか。（このポイントは重要だ。何が顧客を動機づけるのかはビジネス戦略を大きく左右する）

我々は何を求めているか

営業チームが誇らしげに大口契約をとってきた。多額の歩合給が転がり込む。突然作業量が増え、会社の生産能力をギリギリまで追い込む。通常の受注をさばくことが難しい。新規契約をとったのがよかったことなのかが議論になる。議論をよそにやる気満々の営業チームが大きな契約をもっとたくさんとってくる。やれやれ。

企業活動は、自社の志と戦略に合致していなくてはならない。何を求めているのかを忘れていると、道に迷うことになりかねない。どうでもいいプロジェクトに巻き込まれたり、短期的に良くても長期的に良くないプロジェクトに関わったりしてしまう。

実のところ、企業は「顧客主導（カスタマードリブン）」などであっては困る。自社自身の方向感覚、アイデンティティ、目的、戦略を持つべきだ。何を求めているのかに無知なままでは、八方美人になろうとして自滅しかねない。自分を動機づけるものから離れてはならない。

顧客の求めているものと我々の求めているものは合致しているか

顧客を動かすものと、自社を動かすものがわかったら、両者が合致するかを見てみよう。強い合致があったらビジネスの礎となる。その合致をもとに顧客と関係を構築し、取引は両者の利益になる。有効で勢いを生むトータルなビジネス戦略を構築できる。

顧客はどうやって我々を知るのか

業界一の製品を持っているだけでは十分ではない。世界最高のネズミ捕りを持っていても、誰もそれを知らなかったら店は閑古鳥が鳴く。私たちが最高の製品を持っており、それを買うのは顧客の最高の利益になるのだと市場に知らしめなくてはならない。

市場調査は役に立つかもしれないが、混乱を招く結果になることも多い。自社のすること、売り物（オファー）、市場の求めるもの、顧客の決定を動機づけることの間の合致を見ていかないと、市場調査に惑わされることがある。

マーケティングは、それ自体アートであり、サイエンスでもあろう。しかしどんな方法を採用しようとも、企業は目的・ビジネス戦略・スタイル・価値・製品・対象範囲などに矛盾しないマーケティングアプローチを採らなくてはならない。手紙を書き、電話に出て、ニーズに応え、苦情に応え、顧客の将来のニーズを先読みする……顧客に触れること全てがマーケティングと言える。自社のビジネス戦略がわかっていたら、顧客と触れる全ての機会で一貫したメッセージを送ることにフォーカスすることができる。

優れたマーケティングはいくつもの本質的な目的を達成する。潜在顧客に、私たちが何者かを伝え、何をしているか、どうやってそれをしているか、顧客の欲求と私たちのオファーがどう合致しているかを教える。合致を目に見えるものにしておき、常に顧客がそれに気づけるようにするのである。

顧客はどうやって我々の売り物(オファー)を手に入れるのか

顧客が製品・サービスについて知り、それを入手したいと思ったら、どうやって手に入れるのか。私たちはどうやって流通させるのか。流通システムを周到に考え抜いておくことが大切だ。納品遅れは痛手になる。コスト構造も同様だ。流通コストは経済的な全体戦略と整合していなければならない。価格に敏感な市場では特にそうだ。

現在の市場は何か

この問いに答えることで、私たちの隠れた前提を再検討できるようになる。思っているより市場は大きいかもしれないし、小さいかもしれない。思いもよらない大きな潜在市場を含んでいるかもしれない。現在の最優良顧客のプロファイルに基づき、潜在顧客を絞り込み、それによって最も購買可能性のあるセグメントにマーケティングを集中する必要があるかもしれない。

将来の市場は何か

市場は変化する。どの程度将来を予期できるのだろうか。市場において、私たちがすでに支配力を持っていれば、将来をリードすることができるかもしれない。市場をリードできなければ、先進的で時流に乗った小さな競合にシェアを奪われるかもしれない。ワング社もマイクロソフト社も、かつてそれぞれの市場において最強のプレイヤーだったが、周知の通り、ワング社は支配していたワープロ市場を失ってしまった。せっかく主導権を握っていたのに、将来をリードしなかった結果として、意図せずシェアを他社に譲ってしまったのだ。

それに対して、マイクロソフト社は将来をリードした。常に最高のソフトウェア製品を有していたからではない。自社が何を求めていて、顧客が何を求めていて、どうマッチさせるかを熟知していたからである。自社が提供していたのは単なる製品群ではないと理解していた。顧客の視点と経験から見た使いやすさを提供していた。顧客が何に動機づけられて購買するのかをはっきりわかっていた。そこで、将来トレンドを予期して適切な技術に投資することができた。開発を支配していないときは、積極果敢な買収戦略によって潜在的な競合を手中に収めた。自社の地位を当たり前とは考えなかった。常にビジネス戦略を考え直し、アップデートしていた。

マイクロソフトは市場を支配しすぎていると批判されることが多い。たしかにそうかもしれないが、もし読者がマイクロソフト社を経営していたなら、誰に嫌われようとお構いなしにゲームを支配しようとして当然だろう。企業組織には自社の使命を追求する権利がある。他社にも同じ権利がある。その競争が公平に行われているかどうかを決めるのは私たち社会である。

我々の売り物（オファー）はどう変わるのか

昔、コダック社の映像フィルムストックは、今とはずいぶん違う設計だった。新しいフィルムストックは使い勝手が良く、より広範囲の条件下で使用できる。コダック社はスーパー16という新しいフィルム規格を見事に完成させ、ＴＶドラマや長編映画にも広く使われている。16ミリ規格が完成する前は、ＴＶのフィルムはもっと高額の35ミリ規格で撮影されるのが普通だった。しかし、高品質で低価格の高解像度ビデオカメラが登場し、35ミリフィルムの感触を再現した上に、小型で使い勝手が良く、編集も保管も楽になった。アリ社は業界で尊敬を集める映画用カメラ会社で、将来を見越して最高の高解像度カメラを開発し、ハイエンドの映画制作会社各社に利用されている。

誰が変化をリードするのか。市場か、それとも業界リーダーか。答えは業界によって異なるが、ビジネス戦略を構築する上で、私たちの売り物（オファー）がどう変化するのかを予期する必要がある。変化というのは、過去の延長線上にあるとは限らない。顧客に対する全く違うアプローチになることもある。優れた戦略は石に刻まれた固定的なものではなく、生き生きとしたダイナミックなものだ。

我々はどこに向かっているのか

企業はしばしば近視眼になり、自分の鼻先しか見えなくなることがある。組織は将来感覚を持つ必要がある。明日も今日と同じだと考えたら現実を見失う。どこに行きたいのか、すなわち何を創り出したいのか、そして将来ビジョンから見た今のリアリティは何かを知らなくてはならない。

これらの11の問いに答えることで、私たちは自社のビジネスをより良く理解することができる。これらの問いは、

- 何をすべきか
- どうやってすべきか

- どのようにうまくいくか（実効性）
- どこに向かっているのか

に焦点を当てる助けになる。

組織で意思決定をする者なら誰でも、企業の全体デザインを理解することが役に立つ。これが最小抵抗経路の働きと、どう結びつくかを見てみよう。ビジネスがどう機能するかを知らなければ、組織は、自動的に葛藤構造に陥って揺り戻しを引き起こす。逆にビジネス戦略を理解すれば、緊張構造を創り出し、全てを同じ方向に整えることができる。構造が最小抵抗経路を生み出し、私たちの目標に向かって前進し、揺り戻しを起こさないようになるのである。

ロイヤルフォードの物語

ロイヤルフォードはカナダにおけるフォードの販売特約店で、テリー・オーティンスキーは先見の明を持つオーナー社長である。20年以上の長きにわたって、テリーは構造アプローチを使って経営している。テリーの経営チームは、ビジネス目的と価値に合致したビジネス戦略をつくり上げた。正直、公平、素晴らしいサービスなどの価値は、多くの自動車ディーラーに欠ける特性だ。

テリーたちのチームが組織をリデザインし始めたとき、組織の構造がそのままでは会社の価値と目的を支えておらず、具体的なビジネス戦略もないことに気づいた。クルマを売るのに安値最優先にする販売員もいれば、サービスで売る者もいた。圧力をかけて売る販売員もいれば、顧客を誘導して操作する者もいた。システムはバラバラで、なかには他部署を敵視する部署もあった。

ロイヤルフォードの目標とビジネス戦略

経営チームは、自分たちの創り出したい成果を見て、当時の組織では目標と価値に合致した構造になっていないことがわかった。

そこで彼らは、ビジネスを徹底して考え抜き、ビジネス戦略を定義した。「ロイヤルフォードは最高のサービスを提供し、クルマやトラックを適正価格で販売し、敬意を持って人々に接する」

再購入率（リピートビジネス）の目標を60パーセントに設定する。そうすれば40パーセントは新規購入となり、その60パーセントが再購入となる。という具合に成長傾向を埋め込む。

ビジネス戦略の基本は、素晴らしいサービス、クルマを購入してサービスを受ける際の心地よい体験、書類処理の便利さ、そして取引の公平さである。常に最安値というわけではない。しかし常に最も信頼できる最高のディーラーとなる。

ビジネス戦略を支える行動

ビジネス戦略を実行に移すには、多くの変革が必要だった。最初のステップのひとつは、販売チームの歩合制を廃止し、固定給にしたことだ。テリーの経営チームは、歩合制が葛藤を生み出していることに気づいた。よいサービスと個人的な利益が葛藤するのだ。

ちょうど不景気が始まったタイミングにおいて、これは大胆な変革だった。しかしこの変革は、数字より先にビジネス戦略と会社の価値がくること、数字は後からついてくることを皆に示した。販売チームを固定給にすることで販売員からプレッシャーがなくなった。販売台数に関係なく給与が支払われ、販売員は顧客に適切な価格で適切なクルマの販売をすることに集中できるようになったのだ。

もうひとつの変革は、サービス部門をメンテナンスと修理のふたつに分けることだった。メンテナンスはリデザインされ、顧客が定期メンテナンスを要するときに最速のサービスを受けられるようにした。現場のメンバーたちが、緊張構造チャートをテレスコーピングしてわかったのは、部品の供給方法が原因でメンテナンスがもたついていたことだった。部品部門が在庫を牛耳っていて、サービス技術者が手出しするのを嫌がっていたのだ。そこでチームは策を講じて在庫の整合性を守りながら、部品供給スピードを上げ、メンテナンスに遅れが生じないようにした。

チームメンバーたちはサービス担当と協働し、同じ問題で修理を繰り返さぬよう一回で１００パーセント終了するという目標を立てた。サービス技術者が最初の修理依頼で、修理を完了できるような仕組みをつくり上げた。

もうひとつ彼らがやったのは、部品・サービス・販売の部門間の壁を取っ払うことだった。従業員たちが互いに孤立しているために部門間の分裂が起こり、会社全体で協調することを妨げていたのである。壁がなくなり、風通しが良くなると、ひとつの組織として力を合わせることができるようになった。

さらにチームは数多くのシステムを改善して最高の顧客サービスを提供し、組織が学習し、創意工夫し、実験できるようにした。ビジネスは改善し、成長がさらなる成長を生んだ。それは計画的な成長だったので、生産能力を作業量に合わせて計画的に拡大することもできた。

広告が物語る

ある日、私はテリーのチームと仕事をしていて「会社の新聞広告を部屋の中に広げてみて」と頼んだ。そして私たちは、ギャラリーを見て回るかのように、広告を見て回った。広告の多くは「在庫一掃セール！　最安値！」「売り尽くしセール開催中！」というものだった。

こうした広告が語るストーリーは、ロイヤルフォードのビジネス戦略とはまるで合致しない。サービス、利便性、公平さ、敬意といった価値ではなく、最安値に焦点を当てている。

「こういう広告は誰が書いたんですか？」と私が尋ねると、「広告会社ですよ」とチームは言う。広告がビジネス戦略と食い違っていることは誰の目にも明らかだった。そこで1時間かけてチームに、ある演習をやってもらった。その場で広告のコピーを書いてもらうのだ。それによって、彼らが自分たちのビジネス戦略にどれだけ通じているかを最も早く正確にテストできる。

すぐに部屋の中に真新しい広告のコピーが出揃った。ぎこちないものもあれば、なかなか悪くないものもあった。ビジネス戦略を最も見事に言い当てていたのは、「ロイヤルフォードなら楽々」という単純なものだった。

ひと言で言ったらそういうことである。ロイヤルフォードでは顧客が楽々できるように努力している。クルマを買う、サービスを受ける、ファイナンスを受ける、クルマを預けている間に交通の手配をしてもらう、メンテナンスのスケジュールを知らせてもらうなど、顧客にとって「全部が楽々と」なることが大切なのだ。

もう「最安値」「在庫一掃」といった広告会社の書いたコピーは消え、全ての広告やＴＶコマーシャルの真ん中に、ロイヤルフォード社のビジネス戦略がある。今や経営チーム自らコピーを書いたり、広告会社と密に相談したりして、ビジネス戦略が明快に表現されるようになっている。それによって、顧客の購買動機と売り物（オファー）が合致していることを伝えるのである。

ロイヤルフォードは、構造アプローチのお手本となる会社だ。前進する組織において、最小抵抗経路が成功の土台であることを示している。同社はほとんど常に目標を達成するか上回っている。たとえば再購入率（リピートビジネス）60パーセントという目標を首尾一貫して達成している。

構造コンサルタントのゾー・ラタンツィとトム・ヘンドリクソンは、カナダで電気工事請負事業を行うダイヤル・ワン・ウォーフデールでの構造アプローチの成果を報告している。

30年以上にわたって、リチャード・カリスは同社を2000万ドル規模に成長させようと不断の努力を続けていた。非常に尊敬を集める明快な経営者だ。リチャードはワンマン社長で、指示命令型のリーダーシップで会社を成功させた。しかし、2005～2006年にリチャードは引退の意向を固め、娘のジャッキー・ストローンを同社の総責任者（ゼネラルマネジャー）に任命した。ジャッキーのリーダーシップスタイルは、父親とはずいぶん違った。彼女はチームで経営することを最善と考え、経営陣をチームにした。

ダイヤル・ワン・ウォーフデール社が2009年に直面する課題

数年間の経営を経て、ジャッキーは核となる課題を特定し始めた。

- 収益目標2000万ドルの壁を越えること。一度は目標を超えたが、翌年にはまた落ちた。
- 毎年収益目標にわずかに届かず、未達の理由がわからない。
- オンタリオ州の自動車産業は衰退気味。同社のビジネスの大部分は自動車産業であり、収益は衰退気味。経営陣は他分野の可能性も議論したが、事業計画に反映されることはなかった。
- 2000万ドルの目標を超えられないのではないかという懸念があった。主な課題のひとつは、経営陣が各自の責任を互いに追及し合えないという甘さである。

戦略計画への構造的アプローチ

構造コンサルタントのラタンツィとヘンドリクソンは、経営計画セッションからスタートした。このセッションでふたりは、11の問いのいくつかを用いて会社の3年計画を練り上げた。この計画は以下を含むものである。

- 明快かつ合意された成果目標の絵（定量的・定性的目標を含む）
- 今のリアリティの明快な絵
- 現状から成果に向かうための五つのコア戦略
- 戦略ごとに、
  ——テレスコーピングを使って成果、今のリアリティ、詳細な行動計画の明快な絵を描く。
  ——各戦略に1名ずつ経営メンバーを割り当てて、行動ステップ完了の責を担わせる。

この計画プロセスを通じて、ビジネスについて鍵となる洞察が明らかになり、計画と今後のビジネスに大きな影響を与えた。

- まず、収益目標に届かない理由は、販売目標が収益目標と同じになっていたことだ。収益目標を達成するためには、販売目標を２００万ドルほど上積みして設定する必要があった。獲得した契約が収益化するまで翌年に持ち越されることがあるからだ。

- 事業のパイプラインの設定がうまくいっていない。当期目標にフォーカスしすぎて次期のための受注残が５００万ドル程度をうろうろしている。
- 太陽エネルギーなどの新分野に参入する緊急性がある。これまで経営陣は馴染みの薄い新分野に物怖じしていた。今回のセッションで緊張構造チャートを確立し、参入準備が整った。

構造アプローチの成果

鍵となる測定基準

- ２０１０年の収益は２０００万ドル、次の３０００万ドル目標に向かっている。
- ２０１１年の受注残は１６００万ドル（従来よりも１１００万ドル多く新年度に入る）。
- 新分野（太陽エネルギー）のビジネスは２０１０年に25万ドル。ただし受注残２００万ドルで、２０１１年の収益見込みは４００万ドル。

定性的測定基準

- 組織に勢いがある。成長が持続する感じがする。
- 計画へのコミットメントがある。責任不在問題はもはやない。
- 緊張構造チャートが採用され、定常的に利用されている。

第11章のまとめ

ビジネス戦略とは何か

- ビジネス戦略は、組織の目的を表現し、富がどう創出されるかを定義する。ビジネス戦略から関連するさまざまな意思決定につながる。
- 経営戦略は、人・システム・他の資源を調整して、仕事を行う方法を定義して、ビジネス戦略を実行に移す。
- 経営者たちは、しばしば会社のビジネス戦略を理解しておらず、本質的に戦略に反する意思決定をしてしまう。
- 数撃ちゃ当たるショットガン方式でビジネス戦略を扱うと、組織は焦点と規律を失ってしまう。

ビジネス戦略を創り出す

ビジネス戦略のための洞察を育むには次の問いに答えていくことだ。

- 何が売り物（オファー）か
- 顧客は誰か
- 顧客は何を求めているか
- 我々は何を求めているか
- 顧客の求めているものと我々の求めているものは合致しているか

- 顧客はどうやって我々を知るのか
- 顧客はどうやって我々の売り物（オファー）を手に入れるのか
- 現在の市場は何か
- 将来の市場は何か
- 我々の売り物（オファー）はどう変わるのか
- 我々はどこに向かっているのか

第12章　フレーム　リアリティを見るベストな方法

リアリティの客観視を邪魔する要素がたくさんある。緊張構造を確立するには、リアリティを客観視しなくてはならない。そして、客観視を邪魔する最たるものは、私たちのいつもの慣れ親しんだ考え方である。

私たちは考えるということを教わってきていない。その代わりに、情報をデータベースとして使い、すでに持っている知識とリアリティを照らし合わせている。これは本当に考えることを邪魔している。

本章では、思考をどうフレーミングするかを紹介する。

リアリティをどう見るか

緊張構造チャートを使うときに気をつけていることのひとつは、ふだんとは違う考え方をすることである。小さな単位で直線的に考えるのをやめ、大きな単位で空間的に考えるのだ。

リアリティをどう見るのかを考えるために、ビデオカメラを持っていると思ってほしい。ビデオカメラは、クローズアップ、ミディアムショット、ロングショットを選択して撮ることができる。撮った映像をＴＶモニターで再生したら、モニターのサイズで再生される。13インチ、17インチ、21インチなど、どんなサイズのモニターでも撮った映像が全画面に表示される。どんなショットで撮るかが参照フレームとなる。

私たちは自分の慣れた方法で世界を見ている。クローズアップ、ミディアムショット、ロングショットを選択して切り替えることもできるが、通常は切り替えたりなどしていない。

さて、組織をリデザインする際、最小抵抗経路が、私たちを長期的な成功に導いてくれるようにしたい。そのために、私たちは今のリアリティを観察する力を高める必要がある。観察・情報処理・判別の新たな方法を学ぶ必要があるかもしれない。そのためにはフレームを容易に切り替えられる必要がある。ちょうどカメラマンがクローズアップ、ミディアムショット、ロングショットをたやすく選べるように。

この三つのフレームを一つひとつ探索し、どう切り替えられるかを見ていこう。

クローズアップ——目の前の出来事・過度な詳細

クローズアップとは、その名の通り、近すぎて何を見ているのかわからないフレームのことだ。クローズアップは目の前の出来事や過度な詳細にフォーカスしている。主にクローズアップでリアリティを見ている人たちがいる。目の前の出来事ばかりを注視していて他のことを見ないのだ。やたらと細かいことにこだわるあまり、かえって詳細の意味を見失うことが多い。

組織の中には、クローズアップのフレームを使う人たちがあふれている。彼らの時間感覚にそれが現れている。びっくりするほど短期的なのだ。話題が3年計画の予算であろうと、10年計画の製品開

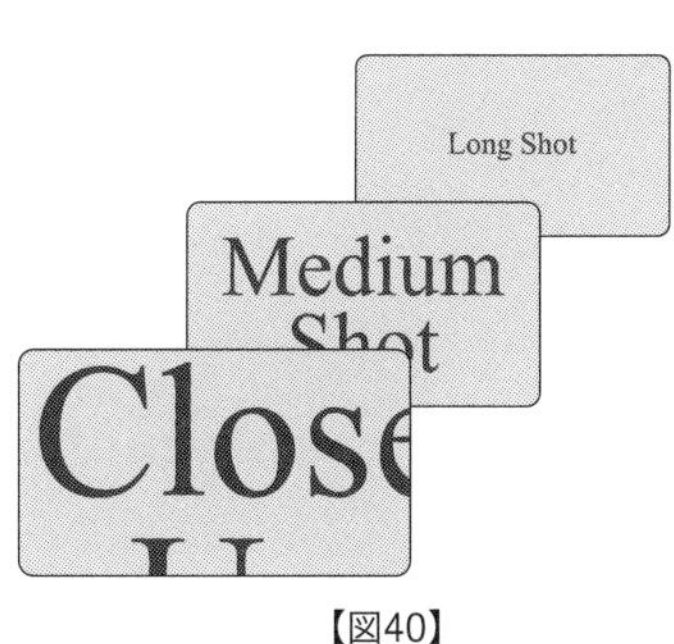

【図40】

発だろうと、彼らはすぐに目の前の組織課題について語り始める。全体構想の中の細かな一点をつまみ出して、そこに注意を集中する。「神は細部に宿る」と細かい指摘をし、パズルを完成させたつもりでいる。プロジェクトや部や課のリーダーがクローズアップで見る人だと、簡単に仕事に忙殺されやすい。細かい情報を一つひとつ精査するので、精神的な処理能力を簡単に超えてしまうのだ。

このタイプの人たちは、世界は複雑でマネジメントは困難だと思っている。高い志と深い価値観を抱いていても、こんな情報処理をしているようではうまく機能することができない。志が高くても、目の前の状況に反応や反発をするばかりで、水中で立ち泳ぎしているような状態だ。

しかし、この癖は変えることができる。今までずっとクローズアップだったとしても、一歩引いてフレームを変えられるのだ。私たちの組織においても、長年クローズアップの人生観を持った人が何人かいたが、もっと大きなフレームで見ることができるように手助けすることができた。もともと持っていた詳細を見る能力（それは貴重で必要な能力だと私たちは認めていた）を失うことはなく、詳細を大きな文脈の中に位置づけることができるようになったのだ。一歩引いてリアリティを見ることができると、彼らの時間感覚は変わった。呼吸が深くなり、心のゆとりが増したという。

ロングショット――いつもぼんやり

あまりにも後ろに下がりすぎると、今度は何があるか見えなくなる。いつも世界をぼんやり遠くから見ていて、何があるかよく見えなくなっている人たちがいる。何かがあるのはわかっているが、それが何だかわからない。このタイプの人たちは、非常に長い時間軸で考える癖があり、現実を見るよりも遠い将来のことをあれこれ考えていることが多い。

昨今はこのフレームが組織に蔓延していることが思いのほか多い。その結果、いつもぼんやりしているのである。顧客フォーカス、売り上げ増大、品質、組織学習など何か大切なことを言っている印象を与えるが、その実態はわからない。ここまで曖昧だとリアリティを感じられず、抽象概念にしか思えない。

ロングショットの世界に生きる人たちは、世界がどうなっているかについて憶測を重ねることが多い。現実そのものが見えていないので、その代わりを求めるのだ。この手の経営者は、えてしてインスピレーションで人を動かそうとする。人を動かすための現実認識が足りないので、人の雰囲気で進捗を確かめようとする。インスピレーションを与えてもメンバーの反応がいまひとつだと、演説や握手をしたり、ハグをしたりして、チームスピリットを高めようとする。ロングショットの人たちは、現実が見えていないので目標に向かって前進するのが難しい。

システム思考[*訳注3]を実践しているつもりの経営者にもこのタイプは少なくない。ちっともシステム思考などしておらず、「全てがつながっていて、私たちは皆ひとつだ」「大丈夫、システムはつながってるから」というような世界観に酔いしれている。

本当にシステム思考するためには、さまざまな要素がどうつながっていて、どんな関係を形成しているかを正確に見なければならない。一般的なシステム概念をリアリティに押しつけるのではなく、本当にシステムを見なくてはならない。

組織の目標と今のリアリティの差によって緊張構造が形成されるのだから、もしリアリティがなければ、どんなにビジョンがあっても役に立たず、組織は揺り戻しの構造に陥ってしまう。それでは「大

＊訳注３　追記「構造力学とシステム思考はいとこ同士」参照。

丈夫、つながってるから」というわけにいかない。

ロングショットで見る癖がある人も、それを変えることができる。愛、忠誠、無私、プロ意識などは、リアルな特性として行動の中に観察することができる。

演劇や映画の世界においてそうであるように、行動がキャラクターをつくる。ハムレットは、その行動によって忠誠の美徳を表現する。母の幸福と亡き父の亡霊、その間の葛藤に直面する行動そのものがキャラクターを形成するのであって、セリフが形成するのではない。これは「ノンフィクション」の現実世界でも同じだ。どんなに素晴らしい言葉も、行動に現れなければ意味がない。ひとたび行動に現れればすぐにわかる。価値を行動で表現すれば、曖昧な靄（もや）が晴れて、明確な形が姿を現す。ロングショットからミディアムショットへと移行したのだ。

勝ち目のない組み合わせ

組織の中には、いつもぼんやりした人たち（ロングショット）と目の前の状況に振り回される過度に細かい人たち（クローズアップ）とがたくさんいることがある。これは勝ち目のない組み合わせだ。そういう組織では、ふたつの極端な選択がある。ひとつの選択は「夢想家（ビジョナリー）」とのスローガンづくり。もうひとつは、膨大な情報の山に忙殺されるかの選択だ。こういう組織における葛藤は、取り扱い不能に見える。両者は、まるで異なる言語を話していて全く折り合わず、どちらも効果的な思考に至らないので、どちらかが支配することもない。こういう組織が「学習する組織」になろうとすると、一方は自分たちの世界観をあれこれ語り、もう一方は過剰な細目の扱い方を教授しようとするだけになる。

ミディアムショット――客観的な形、傾向、パターン

ミディアムショットによって、木と森の両方を見ることが可能になる。詳細も見つつ、同時に、詳細によって形作られた関係も認識できる。クローズアップから一歩引いたり、ロングショットから接近したりして、形やパターンが見える位置に移動できる。いろんな対象物とそれらの織り成す形を見て取ることができる。

ある程度の距離を置いて観察することで、私たちはリアリティを見る視座を得て、色々な対象物同士の空間的な位置関係を理解することができる。

ミディアムショットでは、時間感覚が他のふたつのフレームと大きく違う。現在を見つつ、同時に現在は過去とつながっていて、その現在が未来にどう展開しうるかを見ることができる。

野球選手がボールをセンターに打ってフライが高く上がれば、どこにボールが落ちるかを、ある程度予測することができる。だから実況のアナウンサーはボールを見て「入るか、入るか、入った、ホームラン！」と言うのであり、もしわからなければ「わからない、わからない、あ、入った」とでも言うことになる。

ミディアムショットを使って見ることで、そうでなければ得られない情報を得ることになる。クローズアップとロングショットでも情報は得られるが、それはそれぞれ独立したデータベースのようなもので、相互の関連性がわからない。ミディアムショットはリレーショナルデータベースのように情報と情報の間の関連が見え、客観的な形とパターンを展望できるのだ。

もちろん、パターンや傾向を見て取ることができれば、因果関係について洞察が得られ、現在・過去・未来の自分たちの行動の結果をより理解できるようになる。そうなればしめたものだ。客観的に現実を知ることができる。自分たちの抱いた印象は正しかっただろうか。パターンがどう展開するかを理解してタイミング良く行動をとれただろうか。

詳細が必要なときは、意図的にクローズアップに切り替えることもできる。大局を見る必要があるときは、意図的にロングショットに切り替えることもできる。どちらにせよ、情報を得て適切な文脈に関連づけることができる。必要なだけ詳細を見て、必要以上には見ない。大所高所から現実を見て、迷子にはならない。現実を客観視することができるようになる。

空間的に考えるということ

組織が構造アプローチを使い始めると、組織内の人たちの時間感覚が変わっていく。

時間が、直線的というより空間的に流れるようになる。開始や終了といった時間軸で考えながらも、時間の奴隷にはならず、物事が時間をかけて展開することをわきまえられるようになる。時間は複数の空間で同時に流れ始める。同時に発生する複数の時間帯（タイムゾーン）の「カウンターポイント」を体験する。数年ぶりに友人に再会し、突如として会っていなかった数年間が圧縮して感じられる。歯科医の待合室での10分間は3時間のように感じる。

組織は、その目的やビジネス戦略の高次元（レベル）からも、同時にマネジメントや現場の次元（レベル）からも時間を捉えることができるようになる。今のリアリティで変化を追跡するとき、緊張構造チャートのある次元(レベル)で変化を追跡しつつ、同時にひとつ上の次元(レベル)で捉え直すこともできる。必要に応じて近寄ったり、遠ざかったりして、変化を捉えていく。どの次元(レベル)でも同じ言語で会話を交わすことができる。

最適なフレームを選択できることは、現実を客観視する上でひとつのステップにすぎない。続くステップについて次の章で見ていこう。

第12章のまとめ

- 構造アプローチには空間的な思考が必要となる。通常の直線的思考ではなく、複数の単位で思考する。
- 思考することは、クローズアップ、ミディアムショット、ロングショットの三つの参照フレームで行うことができる。
- クローズアップは、目の前の出来事や過度の詳細に焦点を当てる。このフレームを使う人たちは、細かいことにこだわるあまり、詳細同士の関係における意味を見失いがちになる。木にばかり囚われていて森が見えなくなっている。
- ロングショットは曖昧でぼんやりしている。このフレームを使う人たちは現実そのものの明快な観察の代わりに陳腐な決まり文句で済ませることが多い。
- ミディアムショットは、現実の客観的な形・傾向・パターンを理解することを助ける最適なフレームである。詳細は文脈の中に位置づけて理解でき、より意味のある詳細を見ていくことが可能になる。

● 構造的に考えることを学ぶ最初のステップとして、思考のフレームを変えることができる。

第13章　真のビジョンを創り出す

多くの人がビジョンを誤解している。残念なことだ。ビジョンなしには望むことを創り出すのは難しい。

緊張構造を成立させるふたつの本質的要素のひとつがビジョンである。ビジョンがなければ緊張構造は起こらない。ビジョンを欠いた組織は問題解決に走り、揺り戻しに陥る。組織がきちんとビジョンを持つことの真の価値を見直す必要がある。

ビジョンを定義する

ビジョンという言葉は矮小化されている。あまりにも使い古され、多くの組織の多くの人々がビジョンという言葉を聞き飽きてしまい、決して実質的な何かをもたらすことのない曖昧なものだと思ってしまっている。本物のビジョンの力を知らない人が多すぎる。

本物のビジョンとは生きたものだ。プロのクリエイターは、誰でもビジョンを使っている。芸術、映画製作、音楽制作、建築、インテリアデザインなど、どんな創作行為でも例外はない。彼らにとって、ビジョンとは漠然としたものではなく、常に具体的なものだ。明確なビジョンがなければ創作はうまくいかない。芸術の中でも最も複雑で組織運営に関連の深い映画製作を例にとってみよう。

映画製作のビジョン

映画の各シーンはバラバラの順序で撮影される。映画製作では一ヵ所の撮影現場でさまざまなシーンを撮影する必要があって、そこで全ての撮影が終わったら、次の撮影現場に移動するのだ。もしも映画の場面を物語の順序に沿って撮影しようとしたら、全員がいちいち同じ撮影現場に何度も何度も足を運んで照明や大道具小道具をセットしたりすることになり、作業的にも金銭的にもとんでもないことになってしまう。

映画監督は、映画作品全体のビジョンを心に明確に描き、最終的に全ての要素が全体に収まるようにせねばならない。特にふたつのことをやりくりする必要がある。役者の演技と、カメラの位置や動きの技術要件である。

各シーンはバラバラに撮影されるため、役者は物語の中を実際に生きてきた役柄の人物になったかのごとく、該当シーンに飛び込むようにしなければならない。多くの優れた役者たちは、瞬時に該当シーンに合った周波数(チャネル)に切り替えることができる。彼らには、物語のビジョン、特に自分の役のビジョンがある。だからバラバラに撮影されても、彼らの演技は矛盾なく作品を完成させるのだ。

映画監督は、全ての役者の演技が芸術的に混ざり合って完成するように監督していく。全体調和のリズムを監督し、ときにはメリハリを強調し、ときには細やかな演出を加える。要素全体が互いに関連していて、監督のビジョンによってひとつのテーマへと統一されていく。

映画のビジョンにおけるもうひとつの主な要素は、実際にどう撮影されるかである。通常、カメラは一台のみ使う。撮影は、さまざまなアングルから何度も何度も行う。役者は、同じ場面を何度も何度も演技し、カメラは、毎回違うアングルから撮影する。したがって役者は、フィルムを編集してつなぎ合わせられるように、毎回寸分違わぬ演技を繰り返さなくてはならない。たとえばタバコを口にくわえたまま「クローゼットの中に死体がないか見てみよう」とセリフを言うなら、同じ長さの、同じ銘柄の、同じタバコを、同じ口の端にくわえる。カメラマンがクローズアップ撮影のために近寄ってきたときでも寸分違わぬ芝居をするのだ。クローズアップの撮影をするのは最初の撮影の3時間後になることもある。

全てのカットの外見と雰囲気が、互いに完全に一致していて、編集する際にどのカットで構成されても違和感を生じないようにしなくてはならない（編集作業は何ヵ月も後になることもある）。監督は、撮影スタッフのマネジメントはもちろん、撮影技師、脚本家、プロデューサーなどの管理職とも協働し、技術的かつ芸術的な要素をコントロールしなくてはならない。映画製作は協働作業だ。共通のビジョンを持たなくては、協働作業が成り立たない。

完成作品のビジョンと今のリアリティを明確に共有することなしには、映画監督は、役者やスタッフを管理できない。映画づくりにおけるビジョンは、完成作品の明快な理解の賜物だ。ふわっとしたフィーリングや美辞麗句とは無縁である。製作ビジョンを基準として、全ての行動を評価し、調整する。劇的に変わっていく状況の中で、継続性を生み出すのである。

ビジョンを明確に持つことは、企業において稀だが、芸術の世界では当たり前だ。芸術の世界から学べるのは、緊張構造の一端を成す真のビジョンの実践的メリットに他ならない。

ダイナミックな衝動――ビジョン定義の出発点

私たち人間には、さまざまな欲求がある。利他的な志もあれば、いやしい煩悩もある。無私の性向もあれば、生存本能もある。単純な食欲もあれば、愛・達成・貢献への複雑な憧憬もある。特定の状況に置かれているために、何かを欲していることもある。その場合、その状況がなかったら欲していないだろう。

一方で、状況からではなく、私たちの内面から生じている欲求がある。これは状況が変わっても変わらない欲求だ。それが**ダイナミックな衝動**である。私たちに固有に内在する欲求のことをいう。

ダイナミックな衝動は私たち人間に組み込まれている。自分で選択したわけではなく、ただ内在するのだ。ときに抑圧することはあっても、取り除くことはできない。足すことも、引くことも、ごまかすこともできない。

ダイナミックな衝動は、人間の精神に宿る生きた現象だ。状況がどうあろうと、自分にとって大事なものを創り出したいと思い続ける衝動である。

起業家が起業し、偉大な世界的指導者が政治権力や地位よりも崇高な価値を体現し、芸術家、科学者、医師、建築家、スポーツ選手が、それぞれの素晴らしい仕事をするとき、ダイナミックな衝動が表現されている。

ダイナミックな衝動はまた、打ちのめされ、挫折し、落胆し、傷ついて、倒れても立ち上がる者たちによって表現されている。

子供が絵を描き、若者がクルマの運転免許をとろうとし、それを大人が助け、クルマを貸してやるときにも表現されている。

人と同様に、組織にもダイナミックな衝動がある。組織の目的にその力が内在するのだ。組織で働く人たちの希望の中に見出される。それは自ら創り出そうとする精神、決意、エネルギーだ。

組織のダイナミックな衝動は、人工的に生成することができない。ある種のふるまいをすることで生み出すこともできない。宣言してつくることもできない。何かのふりをするのがうまくても、衝動があるふりはできない。衝動があるときに、ないふりをすることもできない。衝動がくじかれたときも、なくなることはない。衝動はくすぶり続け、日の目を見る日を待っている。

組織の中では、多くの人が非常に強い衝動を持ちながら、それを職場で表現できずにいる。これは人にとっても組織にとっても悲しむべきことだ。人は、自分にとって大切なことのために使えたはずの時間を失っている。組織は、組織のためにひと肌脱いでやろうというダイナミックな衝動を持つ人を活かせていない。

組織にダイナミックな衝動を持った人があふれていて、組織そのものにも強い衝動があるときには、奇跡が起こりうる。もちろん、最小抵抗経路が前進を支えるような構造が必要なことは変わらないが、すでにエネルギーがフル充電されていて、スイッチを入れるばかりになっているのだ。

私は、志と価値に忠実な人たちを大いに信頼している。自社の目的に対して忠実でいる組織のことも大いに信頼している。

ダイナミックな衝動をどう見るか

リアリティを見る参照フレームが三つあったように、ダイナミックな衝動を見るフレームも三つある。カメラアングルのたとえで言うと、クローズアップ、ミディアムショット、ロングショットの三つである。

ミディアムショットがリアリティを観察するための最適のアングルだった。客観的な形・トレンド・パターンを観察するのである。同様に、衝動を観察するときにもミディアムショットが最適だ。組織や生活を整えるために、志と価値に焦点を当てるからだ。

ここから、ダイナミックな衝動の三つのフレームを説明する。リアリティのフレームとの組み合わせを検証しよう。組み合わせ次第で異なる緊張構造が生じる。緊張構造なら何でもいいというわけではない。本章では、ダイナミックな衝動とリアリティをどういうフレームで見たら最も効果的に強力な構造を創り出せるかを見ていく。

クローズアップ――食欲・渇望と生存本能

クローズアップのフレームは、目の前の、短期的な、刹那的な衝動にフォーカスする。このフレームでは、食欲・渇望も生存本能も、ともに今この瞬間に集中している。

食欲、性欲、冒険や快楽などへの欲求に従って人生を送っている人たちがいる。人生は、つながりのないバラバラな刹那で成り立つ時間のように体験される。短い時間の中で、欲求を瞬時の刺激で満足することが中心になる。マクドナルドの前を通りかかると、健康的な食生活のことは頭の中から消え、今この瞬間の食欲に支配されてしまうという人も少なくない。

食欲に支配されてしまうと、人は重要な志や価値を大事にすることが難しくなる。長期的な望みと、短期的な食欲の葛藤に、後ろめたさや弱さを感じることも多い。喫煙が健康に悪いとわかりつつ、「これで最後の一本にしよう」と思ってタバコを吸ってしまう。健康が大切なのにもかかわらず、今この瞬間の衝動が圧倒してしまうのである。

ここで食欲を、即座に解消しようとする緊張と見なすこともできる。望んだ状態が今の状態と乖離しているのである。瞬時の満足に走ることで、即座に緊張が解消される。

赤ん坊の欲求は本能的だ。食べ物、快適さ、温かさ、安心といった欲求が内在し、すぐに満足を求めてくる。大きくなるにつれ、欲求が親によってすぐ満たされることが減ってくる。泣いてから世話してもらえるまでに時間がかかると気づくようになる。そしてものによっては、待つことで初めて満足を得られる場合もあると学ぶのだ。たとえばキャンディを買うのを我慢してお金を貯めれば、やがてもっと高価なおもちゃを買うことができる。緊張解消を遅らせることで、もっと大切な望みをかなえられる。最小抵抗経路をつくって、望みをかなえることを学ぶのだ。

これは成長プロセスにおける重要な学びである。本能的な緊張解消システムから主体的な緊張解消システムへと移行するのだ。大きな時間軸でものを考えられるようになり、それが本当に大切なものを創り出す能力を培う。

人は誰にでも満たしたい食欲がある。ここで大事なのは、食欲を満たすことを生活の中心にしたいか、それとも、もっと大切な欲求を中心にしたいかである。食欲中心のダイナミックな衝動では、組織を創り出す土台たりえない。組織のメンバーにとっても同様で、刹那の欲望をはるかに超えた目標を実現するためには規律が必要だ。

生存本能はもうひとつの刹那的な衝動である。食欲と違って、生存が脅かされたときに初めて発動する。戦争や疾病のような現実的な危機に見舞われたときは、生存本能によって生き残ることにフォーカスする。このダイナミックな衝動は、状況に刺激されて生じるが、状況がつくるものではない。つまり、状況に起因するのではなく、もともとそこにあったダイナミックな衝動が生存危機という状況によって発動するのである。

組織が自己の生き残りを問われる場面は存在する。そういうときに、私たちは思い切った手段をとって組織を救おうとする。危機の際に人は立ち上がり、ときに目覚ましい働きをする。国の存亡を揺るがすような戦争においては、国民が結束して英雄的行動を可能にしたりもする。しかし戦争が終わって平時に戻れば、日常生活が待っている。生存本能は生き残りのために役立つが、もっと大きな志の役には立たないものだ。

食欲も生存本能も組織のビジョンを支える礎にはなりえない。

ロングショット――曖昧な焦点

ロングショットの衝動を持つ人たちは、曖昧な希望や憧れを抱いている。いつか夢がかなって、幸せと満足を手にできたらと願っている。もちろん、こういう願望は漠然としすぎていて一体何を手にしたいのか判然としない。具体的な行動を考える以前の問題だ。

企業の世界は、現実的で、地に足が着いていて、感情に左右されず、ロングショットの曖昧さなど無縁だと思うかもしれない。ところが、ロングショットは多くの組織に蔓延している。ミッション・目的・ビジョンの文言はたいてい曖昧模糊としているし、会議で飛び交うビジネス用語の多くもそうだ。

意味不明の言葉を使うのは悪い習慣だ。もともとは真っ当な概念から発生したビジネス用語は誤用され、空疎なものになってしまっている。

組織が明快な志を持っていないと、曖昧な観念に寄りかからざるをえなくなる。曖昧なゆえに、部署によって色々な解釈ができてしまい、葛藤を生じ、最小抵抗経路は揺り戻すパターンに陥る。何かがおかしいと気づいてあれこれ画策しても、曖昧さは悪化するばかりでどうにもならない。

曖昧な観念をいくら別の観念で塗り替えたところで、結局は曖昧であることに変わりはない。

ミディアムショット——志と価値に焦点を合わせる

何かを創り出そうとするなら、ダイナミックな衝動もまたミディアムショットで見るのが一番だ。誰にでも志がある。大切なのは、その志は人生や組織をまとめるための核になりうるのか、規律を保ち、厳しい選択をし、必要なことを何でも学ぶほどの価値があるのかということだ。

偉大な組織の場合、答えは常にイエスだ。必要なことを実行する意思がある。

凡庸な組織の場合、答えはノーだ。気が遠くなるほど志や価値について語り続けても、実際の行動には至らない。

実行しないからといって偽物だというわけではない。志が本物であっても、葛藤に邪魔され、最小抵抗経路は揺り戻しに陥るのである。

フレームを変える

ダイナミックな衝動のフレームは変えることができる。ぼんやりした願望や衝動的な食欲から、志と価値に焦点を変えることができる。フレームを変えることによって、本当に何を望むかを明らかに知ることができる。

ミディアムショットで衝動を見るために、改めて志と価値というのがどういう意味なのかを見ていこう。

本物の志と価値

組織の志が明らかでないと、何事にも反応的になる。業界動向に反応し、競合の戦略に反応し、流行に反応し、表面化した目の前の問題に反応する。

困難はいつだって現れる。大切なのは、困難に翻弄されるのか、それとも運命を自分たちで切り開くのかだ。そのとき、高い志と深い価値が導きとなる。

自分たちの志と価値が何であるのかをいつ知るのだろうか。好調やチャンスのときに知るのか、それとも不調やピンチのときに知るのか。

組織の志と価値は、その行動や決定、長期計画や戦略によって事実上選択されている。組織が実際に何を選択しているかが組織の存在を決定づけている。

言うまでもなく、価値や利益が矛盾しないなら、全てを追求するのはたやすい。しかし、複数の欲求が衝突することも多い。そこで何を選択するかが私たちの価値を決定づけるのだ。

言葉よりも行動が私たちの実情を暴露する。イノベーション命と言ったそばから、研究開発費を削減する。顧客第一と言いながら、製品の質を落とす。学習する組織になろうと言った経営者自身が勉強もせず、本も読まず、講座も受講せず、社員が何を思っているかを知ろうともしない……。これでは現実離れか、悪くしたら偽善だ。

歴史の書物をひもとけば、どんな難局においても、志と価値を選択した偉大な人物たちの物語にあふれている。正しいと思う道を選ぶことができたのは彼らに何が備わっていたからなのだろうか。こうした偉人たちからは大いに学ぶべきことがある。

将来ビジョンと今のリアリティをフレームで見る

ダイナミックな衝動とリアリティのフレームを組み合わせると、緊張構造が生じる。どの組み合わせがどんなインパクトを生むのか、九つ全ての組み合わせを見てみよう。

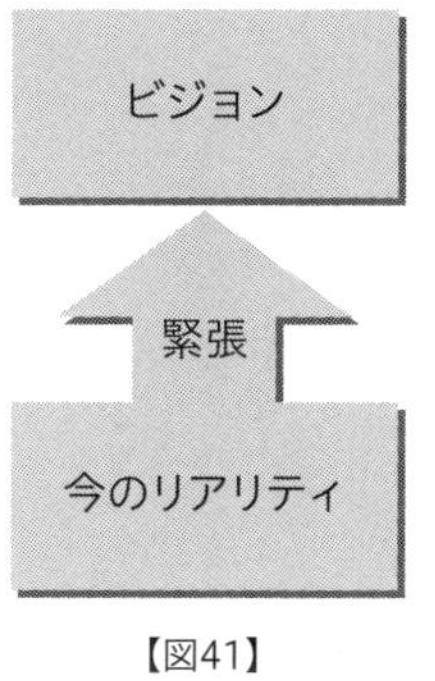

【図41】

クローズアップとクローズアップ

この組み合わせでは、ダイナミックな衝動が食欲・渇望レベルに、リアリティが目の前の出来事や過度な詳細にフォーカスしている。食欲をすぐに満たそうとするのがこの組み合わせの傾向だから、緊張は速やかに解消される。

組織がこの状態だと、短期成果と目の前の出来事が支配する。この構造で組織の成功を築くのは難しい。気まぐれなオーナーが小さな会社をワンマン経営するとこういうことになる。社員は振り回され、いつもドタバタしている。成果を上げることは困難だ。

たいていの組織はこんな構造になっていないが、人がこの構造になっていることはある。クローズアップとクローズアップの組み合わせでは、いいマネジャーやリーダーを生み出さない。

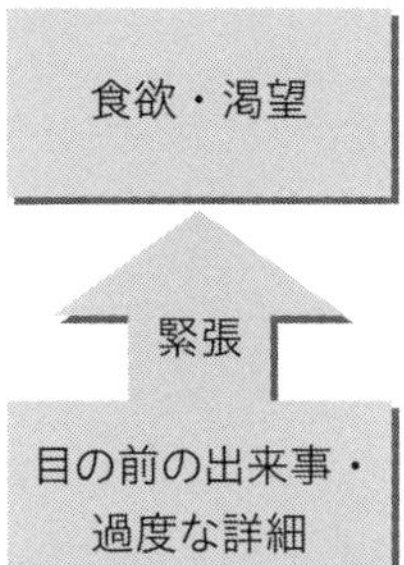

食欲・渇望
緊張
目の前の出来事・
過度な詳細

【図42-1】

クローズアップとミディアムショット

食欲と客観的なパターン認識力は、実に奇妙な組み合わせになる。自分の行動の結果を客観視することはできる一方、食欲を満たしたい衝動がとても強い。食欲が非健康的な場合、本人はその食欲に流されることが悪い結果を生むとわかっている。しかし最小抵抗経路は情け容赦なく悪い結果へと導く。（この手の人とは付き合わないのが身のためだ）

この構造の組織は、市場動向・顧客購買傾向・経済動向などがわかっている。しかし短期的要求と衝突する。

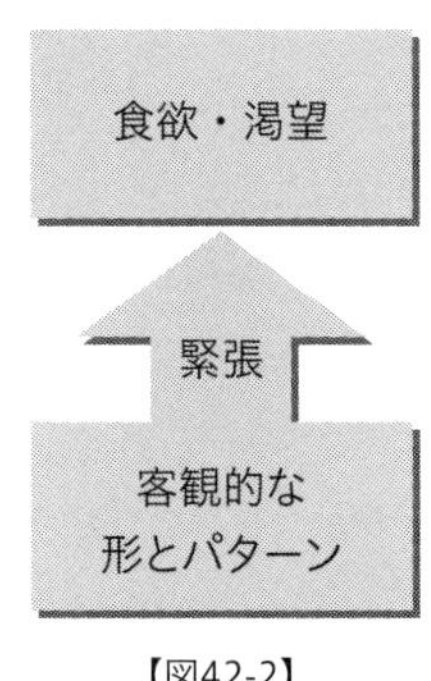

【図42-2】

クローズアップとロングショット

クローズアップとロングショットも成功に至らない組み合わせである。人も組織も、自分が今どこにいるかわからないまま、今すぐ食欲・渇望を満たそうとしてしまう。

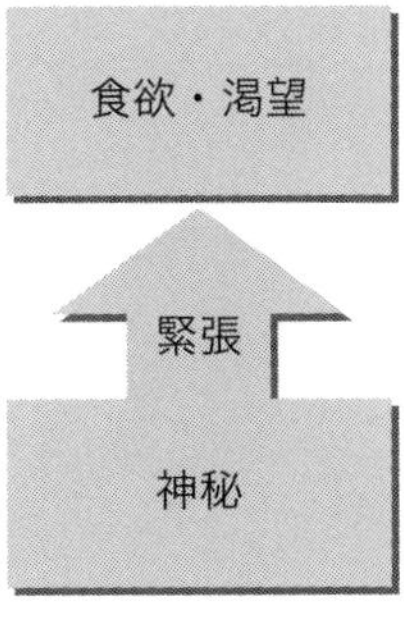

食欲・渇望
緊張
神秘

【図42-3】

ミディアムショットとロングショット

この組み合わせでは、志と価値が衝動の中心にあるが、リアリティを捉えることが難しい。出発点が曖昧なままでは目的地に到達しにくい。したがって、緊張構造はとても弱く、人や組織を主導するものにはなりにくい。

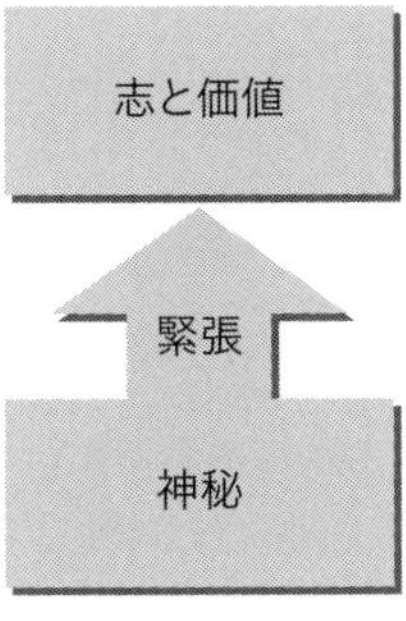

志と価値
緊張
神秘

【図43-1】

ミディアムショットとクローズアップ

ビジョンは志と価値に彩られるが、リアリティの視野が狭すぎて、有効な行動をとれているのかどうか見定めるのが難しい。この構造の組織では、人々が大量の詳細情報に埋もれてしまい、どこかに有益な情報が隠れていないかと血眼になっている。ところが近視眼すぎてリアリティをきちんと捉えることができない。

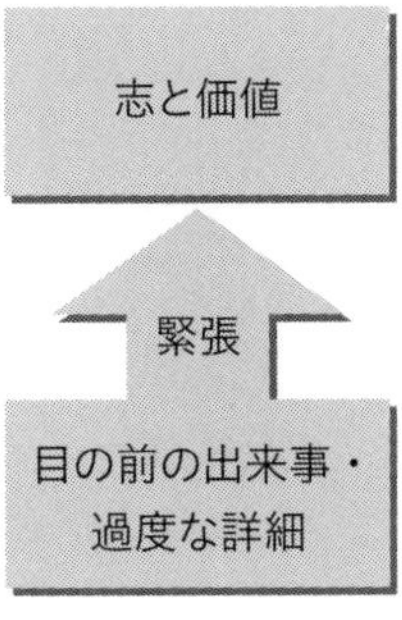

志と価値
緊張
目の前の出来事・
過度な詳細

【図43-2】

ロングショットとミディアムショット

現実を客観的に観察し、理解しているが、ダイナミックな衝動がぼんやりしていて緊張構造が弱い。今どこにいるかはわかっているが、どこに行きたいかがわからない。明確なビジョンがなく、美辞麗句をビジョン代わりにしている組織によくある構造だ。緊張構造があまりに弱く、葛藤構造が組織を支配することになる。

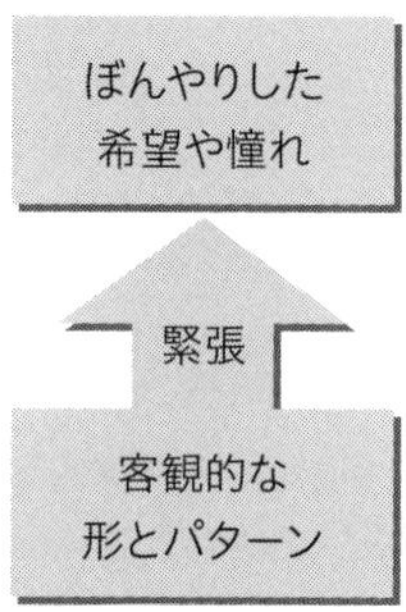

ぼんやりした希望や憧れ
緊張
客観的な形とパターン

【図44-1】

ロングショットとクローズアップ

ロングショットとクローズアップも勝ち目のない組み合わせだ。今よりもっといい未来に焦がれるばかりで、実際には短期的な視野で目の前の出来事に振り回される。ここでも葛藤構造が支配する。

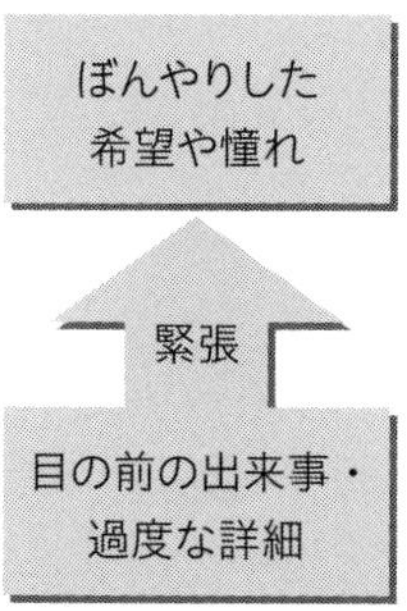

ぼんやりした希望や憧れ
緊張
目の前の出来事・過度な詳細

【図44-2】

ロングショットとロングショット

両方ともロングショットの人たちは、道に迷っているのに、のほほんとしている。ときどき公園のベンチで出会うことがある。企業の役員室には決していない。

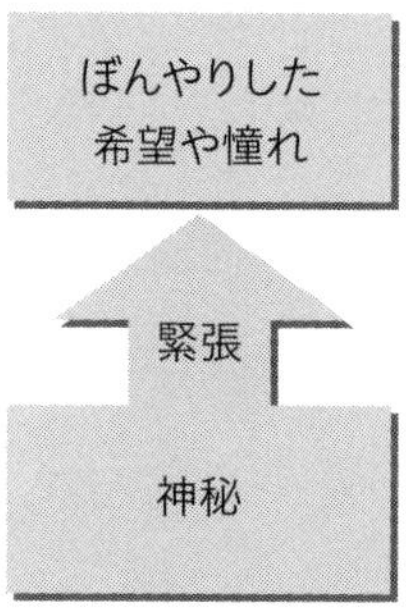

ぼんやりした希望や憧れ
緊張
神秘

【図44-3】

ミディアムショットとミディアムショット

人と組織の双方にとって最適なのはミディアムショットとミディアムショットの組み合わせである。ビジョンとリアリティが緊張構造をつくる。志と価値がビジョンを構成し、客観的で十分広い視野からリアリティが観察されるから、形・パターン・傾向を捉えることができる。明晰な理解と大切な価値観によって緊張構造がはっきりと形成され、強力なパワーを発揮するようになる。

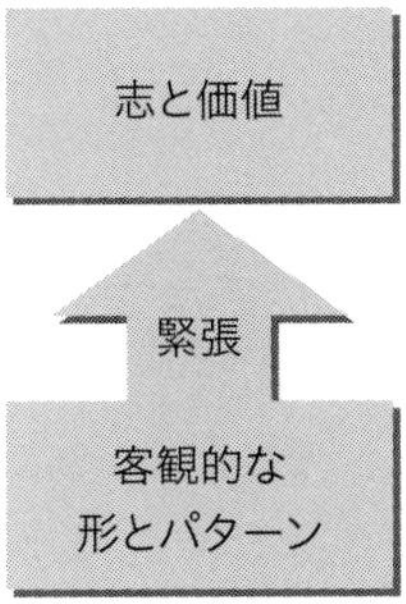

【図45】

参照フレームについての結論

結論を言おう。ビジョンとリアリティの両方においてミディアムショットに移行すること。これが一番だ。それによって最小抵抗経路が人と組織を支えてくれる。

第13章のまとめ

ビジョンとダイナミックな衝動

- 今のリアリティに将来のビジョンが加わって初めて緊張構造が形成される。ビジョンに欠ける組織は緊張構造を創り出せず、早晩揺り戻しを始める。

● ダイナミックな衝動は人間に内在する欲求である。状況にかかわりなく、私たちは望むものを望むのだ。

● 人と同様、組織にもダイナミックな衝動がある。それは、組織の目的や、そこで働く人たちが組織に抱く希望の中に見出される。

● 組織がダイナミックな衝動を見るには、次の3種類のフレームがある。

——クローズアップ……短期的に満たされるべき目標と見る。

——ロングショット……あまりに遠くの未来にあるぼんやりとした希望や憧れの類いと見る。

——ミディアムショット……我々が規律と計画を持って達成できる志と見る。

志・価値と前進

● リアリティとビジョンを、ミディアムショットで捉えるのが、緊張構造を生むのに最適な組み合わせとなる。ビジョンは志と価値になり、リアリティは客観的に的確な視野で捉えられる。

● 組織の志が不明だと、そのときの状況に翻弄され、流されてしまう。

● 前進する組織は明確な志と価値を持ち、それらに忠実な行動をとっている。

第14章　共有緊張構造

本物のビジョンは、欲しいものがなければ成り立たない。どんなに将来のイメージを描こうと無駄なことだ。本当に望むことに基づいていなかったら、本物のビジョンを持つことにならない。自分が本当に何を望んでいるのかを知れば、それで最高の動機づけが得られる。志を同じくする者同士で集えば、相乗効果を生むことができる。部分を全部足し合わせた以上の、魔法のような力を生み出す効果である。ザ・ビートルズ、ジュリアード弦楽四重奏団、すごいスポーツチームは皆そうだ。

共有ビジョンとは何か

組織の世界に直接持ち込むことができる共有ビジョンの好例がある。映画製作だ。

映画製作の世界では、ビジョンはごく当たり前に共有されている。映画の完成に影響する決定を行う者なら、誰であっても、ビジョンについて共通の理解をしている。舞台装置デザイナー、コスチュームデザイナー、撮影監督、俳優、作曲家、サウンドデザイナー、道具担当、脚本家など、皆でひとつの映画作品をつくっている。映画製作の例から共有ビジョンについてのリアルな理解を得ることができる。

共有ビジョンを持った組織は、一目置くべき存在である。緊張構造の筆頭要件であるビジョンとリアリティの共通理解をしっかりと備えているからだ。組織で皆が何を創り出そうとしているか、何を大切にしてコミットしているかが共有されているのだ。映画製作でも企業組織でも、共有ビジョンこそが、事業にエネルギーを供給するダイナミックな集団的衝動となる。

映画製作は困難の連続だ。天候不順、不安定な光量、上空の飛行機などがあり、理想的な撮影環境など存在しない。しかし、撮影クルー全員が、やがて完成する映画の強力なビジョンを持っている。プロとしても芸術的にも、その実現にコミットしている。共有ビジョンによって全てが束ねられている。一つひとつがバラバラのパーツではなく、作品全体を構成する不可欠な要素(ピース)と捉えているのである。

共有ビジョンなしに映画製作は不可能なのだ。

同じ物語を語ること

マネジメント分野では、共有ビジョンについて基本的な誤解があることが多い。ビジョンを共有する人たちは、ビジョンづくりに一枚かんでいなければならないという勘違いだ。となると、ビジョンづくりに加わっていなければ、ビジョン共有はできないということになってしまう。

そのビジョンを自分がつくらなかったからといって、熱意を失うというのはどういうことなのだろうか。

伝統的に芸術の世界では、もともと個人としてビジョンの創造に関わっていないプロフェッショナルたちがビジョンを共有している。コンサートマスターがオーケストラの指揮者に向かって「このベートーヴェンの曲だけど、少し音を足してからじゃないと弾きたくないな」などと言うことはない。役者が舞台監督に「このシェイクスピアの脚本は古くさいから、少し現代風にして俺が本気出せるようにさせてよ」などと言うことはない。

１９６１年にジョン・Ｆ・ケネディが人類を月に送るビジョンを明示したとき、アメリカの宇宙開発は黎明期にあった。やることがたくさんあり、技術開発から科学研究に至るまで課題が山積していた。アポロ計画のビジョンを何万という人々が共有した。

彼らは、月面着陸のビジョンを自分が描かなかったからといって、参加を見送っただろうか。もちろんそんなことはない。アポロ計画のメンバーは、共有したビジョンにどう貢献して、どう参加するかをそれぞれに見出したのである。

ビジョンが本当に共有されるとき、それを大切に思い、参加して支えることを喜べるから参加するのだ。ビジョンを本当に大切に思うとき、誰が最初にそのビジョンを描いたかなどほとんど関係ない。関係あるのはビジョンが見えることと、それを実現したいと思うことなのだ。

ある劇作家が、自分の作品の演出家をどうやって選ぶか聞かれたとき、「演出家に作品のストーリーを語ってもらうのさ。それが俺の書いたストーリーと同じならＯＫ。もし同じストーリーじゃなかったら無理だね。舞台上では誰もが同じストーリーを語ってなくちゃね」と答えていた。

会社の中の誰もが同じストーリーを語っていたらどうなるだろうか。行動やプロ意識の現れによって同じストーリーを語るのである。会社の方向性に共通理解があって、組織の目標達成や、ビジョンの実現を皆が本当に大切に思っていたらどうなるだろうか。きっとその会社の誰に会っても、同じビジョンを共有している会社の人だと感じられるのではないだろうか。その会社にいる人たちにとって大切なビジョンを誰もが共有しているからである。

共有ビジョンから偉大な価値へ

共有ビジョンは、偉大な目的と同様、組織の中における強い勢力となりうる。イマジネーションに満ちたビジョンは、人を動かす力を持っている。偉大なビジョンは私たちを動かすのだ。

偉大なビジョンは偉大な価値を生み出し、偉大な関わりを引き起こす。ここで第九の組織構造の法則となる。

> **組織構造の第九法則**
> 組織の支配的な価値は、競合する他の小さな価値を追い払う。

これは組織構造の不可避の法則だ。価値が偉大であるほど、その価値と競合する小さな価値は問題でなくなる。

真に偉大なものを前にすると、些細なものは消えていく。人や組織が偉大な達成に向かうとき、気を散らすつまらない心配事はもはや消えてなくなるのである。

ただし、この第九法則は裏側にも作用する。もし組織の支配的価値が、ご都合主義的で政治的で操作的なものだったら、些細なことが幅をきかせ、重要な仕事が追いやられる。つまらないことが支配すると、真に偉大なものが消えていく。

偉大とは、大きさや強さだけではなく、その広がりや性質によっても測ることができる。支配的な価値が偉大なら、それによって組織自体のあらゆる面を測り、判断を下すことができる。自分たちの行動は、志と価値に見合っているのだろうか。もし見合わないとなれば、どんな構造に変えることを考えるべきだろうか。我慢して変わるのではなく、積極的に変えるのだ。真の偉大さを前にすると、自ずと変わり、変えていこうという気になる。共有ビジョンがはっきりすればするほど、力を合わせて変わっていくことができるようになる。

共有ビジョンと選択

共通の目的のために人が力を合わせるとき、一人ひとりは個人の選択として参加する。この選択には途轍もないパワーがある。どの道を行くか、人が自発的に選んで決めるのだ。

無理やり参加させられたり、誘導されたりすると反抗するものだ。無理強いに抵抗するのが人の性質である。受動攻撃的な微妙さで反発することもある。心の中で詩的な正義を唱え、復讐を誓い、人知れず密かに反発することもある。あるいは大騒ぎして姿を消すこともある。

表現はどうあろうと、抵抗して反発する。そうやって精神の自由を肯定し、自らの魂を救済するのだ。たとえ真っ当な理由があっても、誰かに丸め込まれてビジョンを共有するということは決してない。選択によって共有されるものなのだ。自発的な選択によって、互いに力を合わせ、全員にとって大切なことを一緒に創り出そうとするものだ。

共有ビジョンの精神

私たちは、ともに教会に行き、映画館に行き、スポーツ観戦し、パレードに参加し、誕生日を祝い、結婚を祝い、記念日を祝い、ともにロックコンサートを楽しむ。人とともに過ごすのを楽しむのだ。人とともにいるとき、特別で並外れた精神が喚起されることがある。

大きな会社組織の中のプロジェクトチームで、この精神が表現されることもある。そういうときプロジェクトメンバーは、偉大なオリンピックチームのように協働することができる。ときには、この精神が会社全体で表現されていることもある。組織が生き生きとしたスピリットを持ち、ただ単にいい仕事をするにとどまらない、何か深い意味を持つ取り組みに打ち込んでいるのだ。そんなときには「ここにいてよかった」と痛感する。

共有緊張構造

共有ビジョンはいいものだが、共有緊張構造は途轍もなくいい。ビジョンを共有するばかりでなく、リアリティも共有している。皆が緊張構造を共有し、行動を創り出している。

そうなると、「事実は小説よりも奇なり」という類いのことが実際に起こり出す。チームが共有緊張構造を創り出したとき、ちょうど話がしたいと思っていた人からの電話が鳴り始める。必要なものを必要なタイミングでサプライヤーが届けてくれる。欲しい人材が仕事に応募してくれる。万事うまくいきだして気味が悪いほどだ。こんな真面目なビジネス書で、ニューエイジのオカルトに間違われそうなことを語り出して申し訳ないが、突如として宇宙が自分の味方についたような感覚は、とてもリアルなものであり、ここで省くわけにはいかない。そういう経験をしたことのある読者には、すぐにわかるだろう。もしあなたが、まだそういう経験をしたことがなかったら、これからを楽しみにしてほしい。緊張構造を共有した途端にそれが起こるというわけではないが、あまりに頻繁に起こるので、「最小抵抗経路が、創り出したいものを創り出す手伝いをしてくれることがある」とでも言っておくべきだろう。

共有緊張構造には、それほど奇妙でも不可思議でもない、普通に素晴らしい面もある。チームメンバーが、ともにビジョンとリアリティに焦点を合わせ、チームとしてともに学び始める。ビジョンを長い間にわたって共有し続けていくことで、ビジョンが自分たちの中で発展していく。リアリティが変化するのをともに目撃し、自分たちがその変化を促していることを自覚する。成功や失敗から学ぶだけでなく、どう学び、どう調整し、どう創意工夫していったらいいかのセンスもともに学んでいく。どうやって協働する力を深めたらいいかを学び始める。根底にある構造への直観が働くようになり、共通目標を達成するために、その構造をリデザインすることもできるようになる。最小抵抗経路がビジョン実現に導き、チームが前進していく。一体これ以上のことがあるだろうか。

キッチンキャビネットメーカー、アメリカン・ウッドマーク社の会長ビル・ブラントが共有緊張構造の体験について次のように語っている。

何年か前に、大胆な長期戦略を実行し始めたときのことです。6年間で20品目から１００品目へと、５倍の品揃えを目指していました。それまでの10年間では、年に1、2品目しか増やしていなかったので、この変革は大規模なものでした。当時は記録的な収益を上げていました。販売マーケティング部門はこの戦略を支持していました。品揃えの拡大によって重要顧客間の衝突を解消できると見たからです。顧客各社が、同じブランドの同じ製品を、互いの地域に侵入して販売していたのです。一方で、当社の製造部門は、急激に拡大すると会社が潰れてしまうと心配していました。また、財務的に成功していたことから、新しい戦略のマーケティング面の推進を軽く見ていました。このふたつのグループ、販売マーケティングと製造部門は、会社のビジョンとリアリティの捉え方が非常に異なりました。

私たちは、2年目の終わりまでに品揃えを倍以上にして、45品目にしようという計画を実行しました。販売マーケティングの人たちは熱心でしたが、製造部門はしらけた雰囲気でした。この計画を遅らせることが「会社を救う」と思い込んでいたのです。

そして、3年目の初めには景気が悪くなっており、損失が出始め、工場の操業停止時間が増えていました。そして、最大顧客の2社が別々に通達してきて、ブランドの対立があるので購買を半額にすると言うのです。

突然、皆が同じリアリティを共有することになりました。会社の存亡を脅かす危機に直面したのです。こうなったら時代遅れの品揃えを一新し、必要なら新たなブランドや独自製品ラインを加えることを行い、何としても巻き返すことを誓いました。製造部門のものの見方は激変しました。「変革スピードが速すぎる」と言っていたのが「何がいつ必要か言ってくれれば何とかする」という態度になったのです。

計画を変更して9ヵ月と経たないうちに、品揃えは100品目を超え、年間売り上げの7割を占めていた既存のキャビネットが新しいスタイルに置き換わりました。

私たちは緊張構造を創り出して共有していたのです。ビジョンはサプライヤーとしての確固たるポジションを取り戻すこと、今のリアリティは顧客離れに苦しんでいることでした。

共有した緊張構造が、以前は考えられなかったエネルギーを生み出しました。社内中の人たちが「必要なことは何でもやる」と覚悟を決め、実に多くのことを成し遂げたのです。この期間は、本当に運良く色々なことがうまくいきました。新製品は大成功でした。会社を潰すどころか、かつての地位を取り戻し、それまで以上の顧客との関係を構築できました。さらに、力を合わせればこれだけのことを達成できるというスピリットが生まれたのです。このスピリットは、今なお続いています。6年間で品揃えを5倍にするというもともとのビジョンは、3年間で達成されました。

第14章のまとめ

共有ビジョン

- 共有ビジョン（共有したダイナミックな衝動）があると、素晴らしい相乗効果を生み出すことができる。
- 共有ビジョンは、成功する組織の動力となる主な創造的フォースである。

- 最初のビジョンづくりに加わっていない人たちでも、ビジョンを共有して力を合わせることができる。
- 偉大なビジョンは偉大な価値を生み出す。
- 組織構造の第九法則……組織の支配的な価値は、競合する他の小さな価値を追い払う。

共有緊張構造

- 組織のビジョンだけでなくリアリティも同時に共有したとき、共有緊張構造が生まれる。
- 共有緊張構造は共有ビジョンよりもさらに強力な創造力である。

第15章　偉大なる組織　緊張構造の上に築く

組織の基礎を築いて前進する構造になったら、その上に何を築くことができるだろうか。組織にどんな望みを託すことができるだろうか。もし組織がどんなものにもなりうるならば、私たちはどこまで高みを望むことができるのだろうか。おそらく私たちは、偉大な組織を実現することができるだろう。

偉大な価値から偉大な組織へ

偉大な大義、偉大な書物、偉大な医療チーム、偉大な音楽、偉大な管弦楽団、偉大な映画、偉大な野球チーム、偉大な建築物があるように、偉大な組織というものもある。それは偉大なスポーツチームと同じだ。個々人が協力し合い、ゲームをプレイし、一貫して目標を達成する。偉大なチームは素晴らしい精神を発揮し、高い志を持ち、深い価値を体現している。彼らは社会を豊かにしている。

偉大な組織は、常に価値と夢を掲げていく。リアルな価値とリアルな夢を持っているからそれができる。

企業買収が盛んな昨今では、大きな持ち株会社に牛耳られていて、本領を発揮できない会社もある。子会社の仕事は親会社のために利益をたたき出すことだ。親会社は子会社のビジネスに興味も知識もなく、ひたすら利益のために子会社を搾取し、投資不足で事業が立ち行かなくなると、子会社を売却してしまう。

そういう子会社で働く人たちは、きちんと仕事をし、よく働き、組織の目的に尽くしたいのに、実際には無関心や無礼によってあしらわれる。人間性を否定されるようなものだ。「お前はいつでも取り替えがきく」と壁の額に刻まれていて、それが皆の頭に刷り込まれていてもおかしくない。買収の前は仕事熱心で、献身的に、必要なら夜まで残業もしていた人たちが、買収後は仕事への関心を失い、もうどうでもよくなって、定時になったらさっさと家に帰ってしまう。

ヒューストンからハートフォードまでのフライトで乗り合わせた男性にこう聞かれた。「古い会社が生まれ変わって新しくなれますか？」と。男性は、資本金30億ドルものイギリス企業に買収された会社で働いていた。話を聞くうちに、彼は仕事に打ち込みたいと願っていることが明らかだった。ところが、彼の会社は何度も何度も梯子を外され続けていた。

古い会社が生まれ変わって、再び偉大になることは可能である。しかし、変わろうとする動機はどこから来るのか。自分自身が大株主でもなければ、株主価値を向上することは動機づけにならない。

偉大な組織では、株主価値よりも重要なことがあるとわかっている。偉大な組織は陳腐な決まり文句を毎朝唱えるような組織ではない。彼らは自分で言った以上のことをやり、自分たち自身に対して忠実だ。たいてい偉大な組織は利益をたくさん上げている。素晴らしいことだ。偉大な組織は、大きな報酬をもたらす商業的成功に恵まれることも多い。

読者のあなたはどんな組織で働きたいと思うだろうか。自分の精神を最高に表現できる組織か、それとも従業員のあなたには全く無関心で、ただ株主価値を高めるために仕事をさせるだけの組織か。

後者を選ぶ人は少ない。それは何を意味しているのだろうか。価値を掲げ、未来を目指し、働く人たちを大切にする組織の一員でありたいということを示しているのではないだろうか。

ある種の組織は、私たちに使命感を抱かせ、ベストを尽くし、立派な仕事をする気持ちを起こさせてくれる。

偉大な組織とは、偉大な文明の縮図である。一人ひとりの個人を超えた強みを持ち、同時に、組織の強みが個々人の関与によって成り立っているのだ。

こうした偉大な組織のリーダーたちはやはり偉大であり、賢明であり、躍動的だ。しかし偉大な組織の寿命は、リーダー個人の寿命を上回ることもある。凡庸な組織ではそうならない。その違いは何なのか。

偉大な組織の構成要素

ここまで、偉大な組織とはどのようなものかについて話してきたが、ここからもっと具体的に見ていこう。偉大な組織の要素は何か。自分の組織をリデザインするときに使える要素は何か。それは次のようなものだ。

- 権限（パワー）が幅広く的確に分散されている。
- 現場の関係性が、全体の利害を配慮した上で、健全に保たれている。
- 組織そのものが社会的勢力になっている。

- 原則が方針を決定している。
- 拡大に明確な歯止めがきいている。
- 全体デザインと首尾一貫した資源管理が行われている。
- 組織の力で、人々がいつもまとまっている。

幅広く分散した権限（パワー）

アレクサンダー大王は、歴史上最初の世界的リーダーだ。当初は征服により、続いて公正な地方政府を形成することにより、大王はその生涯を通じて古代世界を統一した。ところが、大王はパワーを幅広く分散することができなかったため、大王の死後に大帝国は崩壊した。

アレクサンダー大王と同じように、パワーを幅広く分散しない偉大なリーダーがいる。その結果、在任中は組織を偉大にすることができたのに、退任後は組織が偉大さを失ってしまう。

ローマの衰退の歴史については、誰でも学校で教わって知っている。ローマは自己満足と放縦に陥り、自滅していく。しかし、ローマの興隆の歴史から学ぶことも多いのだ。ローマは、シーザー時代より前に、農場主たちが真の共同体を形成して力を合わせたことから生まれた。史上最初の統治機関である元老院で権限が分散され、安定が創り出された。アレクサンダー大王ほど優れた指導者はいなかったが、元老院を構成していた農場主たちが成長と変化を繰り返す大自然の営みを理解していたからこそ、ローマ文明は１０００年も続いたのである。中央集権化が起こり、パワーがもはや分散されなくなったとき、ローマの衰退が決定づけられた。

健全に保たれる関係性

構造は関係性によって形成される。すでに見たように、組織における関係性の多くは、意図的ではなく偶発的に形成されている。偉大さに導く最小抵抗経路を築くには、組織の本質部分の関係性をやりくりする能力、知恵、気質が必要となる。それは関係性を操作したり管理したりすることではない。関係性を理解し、健全に保つことを意味する。組織が偉大になるには、トップがこれを行わねばならないと同時に、社内のさまざまな役職の人たちも、これを行わねばならない。自分の心配に囚われて、関係性のシステムを忘れてしまいやすい。敵と味方に二分してしまって、自分たち全員が構造を形成していることを忘れてしまいやすい。

ローマが興隆の一途にあったときは、このことの大切さがよくわかっていた。その知恵を失ったとき、ローマは衰退を余儀なくされた。啓発された自己利益のために意思決定することができなくなったからである。狭い自己利益だけで意思決定するようになってしまった。前者はＷｉｎ－Ｗｉｎ＝両方勝ちであり、後者はＷｉｎ－Ｌｏｓｅ＝勝者と敗者に分かれてしまい、やがて全員が敗者となってしまう。

組織の関係性を健やかに管理するには、多くの組織で当たり前になっているのとは違う姿勢が必要になる。そう、偉大な組織はありふれたものではなく、特別なのだ。偉大さを志す以上、姿勢から変えていくこともときには必要なのである。

社会的勢力としての組織

ＣＮＮは世界中で視聴でき、勝利のときも、危機に際しても、全世界をひとつにしてきた。マイクロソフトはコンピューターの使い方を通して社会的勢力となった。今日私たちは、食事が健康に及ぼす影響についてますます多くを知るようになり、健康食品は社会に大きなインパクトを与えるようになった。インターネット空間は社会的勢力以上のもので、それ自体がひとつの社会を形成している。航空業界、電気通信業界、ハイテク業界などの産業界における偉大な組織は、社会的勢力となっており、ときには文明化勢力にさえなっている。こうした勢力が世界を発展させていく可能性は無限に存在する。偉大な組織は文明における活発なメンバーなのである。

社会的発展は、意図しない結果であることも多い。しかし、社会に貢献してもっと世界を良くしていきたいという高い志もまた存在する。

この原理は、組織がその地域コミュニティに参画する形で表現されることもある。経済を助け、生活の質を向上し、学校教育を改善し、医療制度を改善する。同時に、芸術を支援することから社会を豊かなものにする。またあるときは、偉大な組織の発想や発明が人々の暮らしを劇的に豊かなものにする。

偉大な組織が、社会的インパクトを持たないとか、社会的インパクトに関心がないとかいうことは考えにくい。それは組織のリーダーたちから始まり、組織のメンバーたちに継承されていく。そういう人たちは、自分たちの事業よりももっと大きな社会に生きているということがわかっているのである。

原則に基づく方針

偉大な組織においては、一貫した原則と価値観によって方針が決定されている。もし方針が一貫していなかったり、あるいは不公平であったり、気まぐれなマネジャーのエゴによってでっち上げられたりしていたなら、偉大な組織が偉大であり続けることなどできない。たとえて言うなら、独裁者の気ままな支配ではなく、法治主義のようなものだ。原則が方針を決定し、継続性と公平性が組織の偉大さに寄与する。

また、価値と原則は常に再検討の対象としなくてはならない。そうでなければ方針は作為的で空虚なものになってしまう。もともとは生き生きとした活力の表現であったはずの方針も、その源泉を失っては無意味なものとなる。原則を検討し直すということは、ときに私たちが考えを改めるということにもなる。そのときは私たちの方針が原則に合致しているかどうかを見直さなくてはならない。合致していなければ、変更せねばならない。偉大な組織であり続けるために必要なことだ。

歯止めのきいた拡大

無闇な拡大や成長は、方向性、目的、戦略の欠如を露呈するものだ。偉大な組織は、成長そのものは良いものでも悪いものでもないと理解している。成長と拡大は、戦略的に優れた動機に基づいていなくてはならない。

偉大な組織において、拡大は常に組織の目的を強化するためにある。気ままで無軌道で目的からそれた拡大はありえない。

全体デザインと首尾一貫した資源管理

コスト削減や人員削減が盛んに行われる昨今は、無闇に費用を削減することに熱狂するあまり、信じがたい愚行と破壊が蔓延している。成長と生産能力の葛藤構造について私たちが理解しているのは、両者が分かちがたく結びついているということだ。もし企業が成長目標を設定しているだけで、成長を支える生産能力の増強を計画していないなら、その組織では、構造思考もシステム思考も実践されていない。揺り戻しを起こすだけだ。

売り上げ、生産、サービス、出荷などを増やそうとするなら、それを支える能力を高めるのが実践的な発想だ。必要になってから能力を高めようとするのでは遅すぎる。生産能力増強が早すぎても遅すぎても、コストがかかりすぎる。

偉大な組織において、資源管理は注意深く実行される。その注意深さが組織の規律と生産性を創り出す。このとき、管理すべき資源には、人的資源も含まれる。

偉大な文明は、例外なく見事に資源を管理していた。それによって都市・道路・建物・制度を構築し、外敵から自分たちを防衛していた。設計図と目的を持って文明の発展に抜け目なく投資していた。

文明が衰退するのは、投資すべきビジョンを失ったときである。資源を無駄遣いし、続いてコスト削減し、最終的に文明の基礎構造を崩壊させることになっていった。

まるで同じことが、多くの一流企業で毎日のように発生している。人員削減や過剰なコスト削減の愚かさは、すでに多くの研究によって明らかにされているにもかかわらず、経営者たちは自らの愚行によってビジネスを損ない、従業員を人として傷つけている惨状に麻痺しているかのようだ。

知的資本、設備、人材、アイデア、スピリット、財務資本、その他多くの要素が会社の資産ベースを支えている。資源はそれら全てを指すもので、会計的に数値化されていないものも含んでいる。偉大な組織は、こうした多くの資源が実際の事業とどういう関係にあるかを理解し、尊重している。だから闇雲にコスト削減して資源を破壊したりしない。資源は、組織の目標を実現するために利用されるのだ。

組織の力で、人々がいつもまとまっている

アジアにおいて多くの企業は、一日をある種のしきたりで始め、組織の精神やアイデンティティを強化している。欧米企業では、朝のミーティングやニューズレターやメールやビデオなどのコミュニケーションツールを使って、組織に帰属する人たちを調和させようとしている。コミュニケーションの手段は何でもいい。コミュニケーションによって真の調和につながればいいのだ。

そもそも何を調和させるのだろうか。目標、志、価値、社会規範、仕事をともにする経験、将来への希望、そして人の心だ。

調和は自然に起こることもある。しかし偉大な組織は、調和の仕組みを創り出している。組織の目

標と人々の価値が調和するようにしている。調和を当たり前と思わず、管理するのである。

調和を創り出すには何が必要だろうか。

- 人々が同じ価値を共有していること。
- 共通の成果を目指して力を合わせたいと願うこと。
- 組織に帰属することを自ら選択していること。
- 組織に貢献したいという深い欲求に動かされていること。
- 企業が「フェアなゲーム」を提供していること。政治的な画策ではなく、各自の努力や行動によって成功や失敗が決まること。

こうした要素が揃っているとき、調和が起こりやすい。もちろん保証はない。偉大な組織は、調和のためにアプローチを定型化し、調和を図り続ける。アジア風の朝礼とは違ってもいい。機能を果たしていればいいのである。

組織が成熟すると、現状維持を志向するようになって倦怠や独りよがりに陥りやすい。企業本来の志と目的に関心を失えば、人々が調和する理由を失い、組織は衰退する。

偉大な企業は、人の持つ最も創造的な特徴と通じている。発明、探索、創造、目的だ。現実に存在するこうした特徴から調和が生まれるのである。

構造が偉大さの基礎となる

偉大な組織を構築した人々の多くは、本能的・直観的に組織構造の法則を理解しているが、それを制度化して次世代に継承することができない。その結果、偉大さは彼らの代で止まってしまう。なかには構造原則を継承できるリーダーもいて、その組織は発展し続ける。最小抵抗経路が前進に向かうデザインは、継承可能なのだろうか。継承されないほうが普通だ。しかし、どうやって創り出すか、どんな構造が最も効果的か、未来のリーダーに知見を受け渡すことは可能だ。

もし、ただの形式だけを引き継いで、真の理解を継承しなければ、なぜその形式が機能するのかがわからず、結局うまくいかない構造、揺り戻しを起こす構造に堕してしまう。

私たちは企業のマネジャーであるだけではなく、組織構造をデザインするデザイナーでもある。状況に囚われず、創り出したい未来を想像することができる。現在から将来へと進むための道は、私たちの希望を支える根底にある構造によって形作られた最小抵抗経路である。

第15章のまとめ

- 偉大な組織は非現実的な理想ではない。組織が志と価値を体現する中に生まれるものだ。
- 多くの偉大な組織のリーダーたちが本能的・直観的に組織構造の法則を理解している。しかしその能力を自覚していないことから限界が生じ、組織全体に構造の理解を浸透することができなくなっている。

- 偉大な組織の構成要素は次のようなものだ。

——権限（パワー）が幅広く的確に分散されている。

——現場の関係性が、全体の利害を配慮した上で、健全に保たれている。

——組織そのものが社会的勢力になっている。

——原則が方針を決定している。

——拡大に明確な歯止めがきいている。

——全体デザインと首尾一貫した資源管理が行われている。

——組織の力で、人々がいつもまとまっている。

- 組織構造は、見る者には常にそこにある。構造を理解して利用することによって組織デザインの助けとなり、真の偉大さが実現しうる。

第16章　ニューリーン

本章では、「ニューリーン」と従来のリーンとの違いを明らかにする。リーン生産方式は、言わずと知れたビジネスプロセス改善の仕組みだが、「ニューリーン」によって基本概念の多くをアップデートすることになる。

リーンマネジメントについての良書は多く、本章で一から説明することは意図していない。もしリーンについての基礎知識が必要なら、ウィキペディアで調べればすぐにわかる。読者が従来のリーンを知らなかったとしても、本章の内容は理解できるし、活用もできるだろう。

リーンは、その着想も実践も画期的だった。製造工程から、ヘルスケア、小売りの現場に至るまで、組織の多くの領域で業績改善に使われてきた。

しかし本章で見るように、リーンには深刻な限界がある。これは単なる批判ではない。リーンの技法をアップデートし、企業組織内でもっと効果的に、しかも大きな抵抗なしに実践できるようにしていくことが狙いである。構造アプローチの中にリーンを位置づけることによって、従来のリーンを大きく超える達成が可能になることがポイントだ。

ここで言っておかねばならないのは、不幸にも、リーンの信奉者たちの中に神秘的信仰の雰囲気が生まれてしまっていることだ。リーンだけでなく、どんな技法も信仰対象にしてはいけない。リーンは日本的経営を背景に生まれたため、先輩・後輩・先生という武術の階級のような制度を採用していることがある。これでは、本来シンプルで実用的なアイデアを無用に複雑化してしまう。これは皮肉なことだ。リーンの主役は、専門家などではなく、リーンによってリデザインされたシステムの中で、実際に働く人たちなのだから。

もちろん、企業組織で新しいプロセスを導入する際に、外部のプロの助けを借りることは悪くない。良くないのは、作為的な階層をこしらえてしまうことだ。これは、基本的な原理を習得すれば、驚異的な効率と仕事のバランスを創り出すことができるというリーン本来の考え方にも反する。

もしリーンを売ることがビジネスだったら、プロセスをどんどん複雑にして、サービスがたくさん必要なように見せて、空手の黒帯とか茶帯のような称号をつけて売りつければ儲かると思うかもしれない。しかし当たり前のことをあえて言うなら、空手をマスターするには相応の規律と訓練が必要だ。何年も指導を受けて稽古しなくてはならない。同じことはチェロの演奏に習熟する場合にも言える。

こんな想像はどうだろうか。目的は職場のシステムを改善することなのに、企業のマネジャーたちを集めて空手を教えて黒帯にし、チェロの演奏を教えてバッハを弾けるようにする。もちろん、これは馬鹿げた想像にすぎない。だから当たり前のことをあえて言おう。リーンは素朴でシンプルなアイデアで、応用すれば莫大な節約と効率を生み出すことができる。現場のマネジャーたちは、自分たちの使っているシステムやプロセスを最もよく知っている。リデザインする仕事の大半は、「専門家」ではなく、現場のマネジャーたちが担うのが一番だ。

従来のリーンのもうひとつの限界は、問題解決志向であることだ。リーンに携わる人は問題を見つけ、問題を根絶するように訓練される。もちろん、何がしかの成果は上がる。システムを非効率にしている問題を見つけたら放置はできまい。しかし、問題解決志向だと、変革が問題頼みとなってしまう。問題を全部解決したところで、望みの最適化に至るとは限らない。

従来のリーンにおいても、「何を求めるか」を考える時間はある。しかし、その問いが出てくるのはリーンのプロセスのかなり後になってからであり、行動の背後にある原動力とはならない代わりに、問題解決を原動力にしている。

「ニューリーン」は、従来のリーンの知恵を借りながら、いくつか大きな追加変更を行うものになる。まず第一に、リーンが草の根プロセスであるという認識である。現場の人たちがシステムのデザインを考え直すことを支援するものだ。この根本が欠けたらリーンはうまくいかない。

第二の変更は、問題解決ではなく、緊張構造を使って動機づけることである。

これは些細な変更ではない。根本的な変更だ。ダンスを習おうと思ったとき、もし自分のミスを全部直そうとしたら、少しはましなダンサーになるだろう。しかしそれでは本当にいいダンサーにはなれない。ミスを直すことに終始していたら、どんなことも決してマスターできない。ベートーヴェンのピアノソナタ《熱情》を弾くために、自分のミスを全部直しても、弾けるようになりはしない。

こう考えるといいだろう。従来のリーンを使って新しい組織を創り出すことはできない。従来のリーンは非効率なシステムを直すことで機能するからだ。最初に非効率なシステムがないと始まらない。それに対してニューリーンは、現行システムがあろうとなかろうとデザインができる。それは問題解決志向ではなく、創り出すプロセスだからである。

システムをリデザインするには、必ずしも漸進的アプローチではなく、根本からプロセスを考え直すラディカルな方法が向いていることもある。もし創り出したい結果がわかっていて、今のリアリティもわかっていたら、根底の想定を見直すことで、小さな改善だけでなく大胆な変革もありうる。また、現行システムを改善しようとしていないほうが、創意工夫の幅は広がり、「今のシステムから望ましいビジョンに近づくために最上のプロセスは何か」と自問できるようになるだろう。

ニューリーンは理論ではなく、事実である。すでにいくつかの組織で実践されている。本章では、導入実績をもとに従来のリーンとニューリーンの違いを示していく。

従来のリーンは、問題解決志向のエンジニアたちによって考案されていた。典型的なエンジニアの発想は、システムがうまくいくまでいじくり回すというものだ。エンジニアの規律と職業的チャレンジから見ると、いじくり回しは理にかなっており、技術を生み出すのに有効だ。デザインプロセスと並行して反復的な調整を繰り返すことでイノベーションのプロセスを加速する。ここでは、壊しては直す、という試行錯誤が繰り返される。

製造ラインにおけるデミング博士の慧眼は、製造が終わってから品質を管理するのではなく、ばらつきを最小化し、最初から品質を作り込むということにあった。こんな単純化では、偉大な発見を矮小化していると思われるだろう。しかし、後にリーンに発展した基本的な柱のひとつだと思う。駄目なデザインを放置したまま、運用でカバーしようとするのではなく、システム自体のリデザインを考えるのだ。

問題志向から成果志向にシフトすることによって、リーンの可能性は格段に広がる。古い現行システムをいじくるのではなく、全く新しいシステムを発明することもできる。

ニューリーンの革新的な実践者のひとりである医師が、彼のチームの話をしてくれた。大規模なヘルスケアシステムにおける複雑な状況で、当初チームは問題解決アプローチをとっており、何時間も取り組んでいたのに、まるで前進が見られなかった。そこへ彼が部屋に入ってきて、「どんな成果を上げようとしているんだ?」と尋ねた。すると数分のうちにチームは成果を定義し、成果から見た現状を見定め、緊張構造を確立してしまった。さらに数分のうちにチームは新しいプロセスを考案した。それは当初の問題を扱うだけでなく、ずっと高いレベルの目標の実現に導くものだった。これは従来のリーンのアプローチでは考えられないことだった。

いじくり回しが無意味だと言っているわけではない。ひとたび緊張構造を確立したら、そこから小さな調整を繰り返してシステムを最適化できることもあろう。しかし思考の量子的飛躍（クオンタムリープ）が必要なこともある。探索の初期段階においては、どれだけデザインの完成度が必要か、どれだけ画期的な発想が必要かがわからないものだ。

大手自動車メーカーにおけるリーンの進化発展

エルシー・フォートは、あるアメリカの大手自動車メーカーでコンサルティングとトレーニングをしており、同社の15年間にわたるリーンの発展プロセスに立ち会っている。彼女の報告は、多くの組織に共通する特徴を捉えている。効率向上を目指す一方で、根底にある基本的な葛藤構造が手つかずなので、効率を高めるのが困難または不可能なのだ。以下、エルシーの報告。

1994年に、会社はトヨタ生産方式を経営陣に教え始めました。経営陣はその部下のマネジャーに、そしてその部下にと教えていきました。トレーニングは素晴らしく、アイデアもよかったのです。しかし、硬直した管理階層の中で導入され、組織の中のチーム単位、つまり現場レベルには浸透しませんでした。現場の管理職は「自分には相応の知識や教育があって管理職をやっている。自分が管理するから言うことを聞くように」という態度を変えず、作業の指図以上の情報をほとんど共有しませんでした。

報奨制度も相変わらずで、ひたすら生産量を増やすことに集中し、その結果、行き場のない完成車の在庫がたくさん積み上がっていきました。従業員たちはすっかりしらけてしまいました。これからは品質と主体的な取り組みが重要だと聞かされる一方で、実際には「黙って手を動かせ」と言われていたからです。

アンドンの導入もその例です。アンドンとは、作業者がラインを止められるようにして、品質の課題を先送りすることを防ぐシステムです。笛なり音楽なりを鳴らして、その場で問題に対応できるようにサポートの社員を呼ぶのです。多額の費用をかけて工場を物理的に整備し、必要なトレーニングも施しました。しかしアンドンシステムは破棄されました。現場の管理者が「ラインを止めるな。生産しろ」という態度を変えなかったからです。

業界内のM＆Aが起こり、外国勢に大幅な市場シェアを奪われた後、新しいリーンのアプローチが採用されました。今回はチームへの導入です。労使の合同リーダーシップによって、会社の成功は従業員を巻き込むことにかかっているということが明らかになりました。チームにリーンを導入するための労使の合意は、工場ごとにまちまちでした。ここで組合が問題視したのは、日本的終身雇用を前提にしたもともとのリーンとは異なり、今度のリーンでは職が削られるのではないかということでした。

さらに困ったことに、経営陣も製造現場も問題解決志向に陥っていました。目標の成果を明らかにする前に、目の前の問題に飛びついてしまうのです。高額の費用をかけて方法論を導入し、高額の費用をかけて従業員を教育し、根本原因分析まで行っていましたが、未だに個人的な狭い視野で問題を特定し、経営陣に怒られないように解決を急ぐという有り様でした。それでもなお、公然と従業員がこっぴどく叱責されることが続きました。従業員たちは、皆の前で辱められないようにと我先にと規定のフォームに記入していました。誰も成果のことなど考えられなかったのです。品質を上げるための効率的で優れたプロセスをリデザインすることなど夢のまた夢でした。

エルシーの報告から、本来は優れたプロセスであっても基本的な改善をもたらすことにならないことがよくわかる。また、組織の実態を知らない上層部が現場を無視して命令を下し、草の根の知恵が活かされなかったことは間違いない。

ここでリーンを正しく導入して成果を上げるためのデザインの要素をいくつか見ていこう。

手順について

ひとつのプロセスに、あまりにもたくさんのステップが埋め込まれていることがよくある。ある整形外科医は、「整形外科部門の診察でミスを起こさないためには、ひとりの患者の受付から診療終了までに、64の情報の引き継ぎと２１５の手順を踏む必要がありました。統計的に算出したら、来院中の患者に過誤がなく、再診察もなく、何の落ち度もなく完了する確率は、０・11パーセントでした」と言う。

誰かがこんなシステムをデザインしたわけではない。しかし、システムがこのように複雑化してしまうことは多い。何年もの間に少しずつ手順が増えていき、誰もいちいち全体の整合性をチェックする手間をとらず、気がついたら誰が見てもおかしな途方もない非効率に陥っているのである。手順の追加は、たいていその場で起こった局所的な問題を解決するためだ。そして、もともとの問題よりもずっと大きな混乱と無駄を生み出してしまう。複雑なシステムに起こる典型的な問題である。

やるべきことはたったふたつだ。できるだけ引き継ぎ（ハンドオフ）を少なくすること。そしてできるだけ手順（ステップ）を少なくすること。これだけのことだ。何ら高度な科学は要らない。エレガントで無駄のないデザインを意識するだけでいい。

もちろん説明するのは簡単でも、実行するのは難しい。しかし、駄目なシステムに取り組むためにチームを結成し、システムを外側から客観視することができれば、簡単なことから手早く改善していくことができる。岡目八目で、大所高所から見たら一目瞭然になるのである。

どんなシステムでも、手順と引き継ぎの数を見直すと、それだけで改善につながる。残ったステップで成果を上げられたらそれでいいのだ。

さて、ここから先を考えてほしい。問題解決に閉じこもるのではなく、緊張構造を使った成果志向で考えるのである。無駄な手順を減らすのもいい。しかしもっと大事なことは、目標達成のために真新しいアプローチを創り出すことができるかもしれないということだ。

心のフォーカスを変える

問題解決アプローチと成果志向アプローチ（緊張構造を使う）を比べてみよう。個人でもチームでも、マインドの焦点を合わせることができる。フォーカスを決めれば、マインドが仕事をする。問題解決にフォーカスすれば、マインドは解決策を生み出す。問題をどう定義するかによって、マインドの創造性が狭められる。もし多すぎる手順や引き継ぎが問題だと決めれば、マインドは手順や引き継ぎを減らす仕事を始める。しかもなかなかいい仕事をすることさえある。ただし、マインドが問題解決にフォーカスしたら、それ以外の膨大な可能性は見えなくなり、想像もつかなくなってしまう。

手順や引き継ぎを減らすことは、目的にかなった最善のプロセスではないかもしれない。状況をまっさらなところから考え直すことで、問題解決アプローチでは見えてこない可能性が見えてくることがある。たとえば、新しいプロセスで手順の数は減っていないのに、効率や効果が高まっているということも起こりうる。無駄をなくすことにばかりフォーカスすると、無駄以上の可能性を見ることが難しくなる。

あるリーンのプロセスで、クルマの納品日がバラバラで、ディーラーに新車が届いてから、ショールームに展示できる状態にするまで、何日もの時間がかかっていることを取り上げた。そのためにディーラーに余計な費用がかかっていたのだ。そこで、リーンのチームはこの「問題」を「解決」しようと考えた。時間や費用を節約する多くのいいアイデアが出た。たとえば、新車をテスト運転するために技術者の貴重な時間がとられていたので、ガソリンスタンドへの往復をテスト運転と見なして無駄をなくす、などのアイデアである。

このプロセスの終盤で、チームは改めて「どんな成果を上げたいのか」と自問した。最初のアイデアは、新車が納品されてからショールームで披露するまでを、2時間に短縮しようというものだった。

過去に実績があったから可能だと皆わかっていた。しかし、実行しようとすると人員の大幅なシフトが必要となり、本来の仕事から引き離すことになってしまい、会社全体としてボトルネックを生じることになる。

チームが、「なぜその成果を上げたいのか」「その成果を上げて何になるのか」という問いを探求するうちに気づいたのは、ショールームに展示できる状態にすることよりも、販売できる状態にすることのほうが大切だということだった。つまり、納品から販売までの時間を短くするほうが目標として適しているということだ。そうなると興味深い問いが浮かんだ。クルマの保護フィルムは納品時に完全に除去してある必要があるのか、という問いだ。チームは実験してみることにした。保護フィルムを全部剥がさず、残ったままにして顧客に披露したのだ。納品トラックから出したばかりのピカピカの新車だ、これから保護フィルムを外すのだ、という見せ方である。

成果を生み出す仕事をマインドに与えれば、マインドは見事にそれを遂行する。たとえば、システムを最適化して生産性・効率・経済性を高めるということだ。謎を解くだけで生まれるアイデアもあるし、飛躍的なイノベーションや発明になるアイデアもある。これはバラバラのアイデアをたくさん出すブレインストーミングとは違う。アイデアをランダムに生み出すのではなく、マインドの力をフォーカスして、今のリアリティを成果ビジョンに近づけるプロセスをデザインするのである。

物理的配置（ロジスティックス）

もうひとつ、デザインに関係するのは物をどこに置くかだ。在庫、道具、技術などを深く考えずに配置した結果がそのままロジスティックスになっていることが多い。ニューリーンでは、チームで望ましい結果を定義し、現在のレイアウトを分析し、物の配置をリデザインする。物理的な手間が少なくなるように便利な場所に物を置いたほうがいい。あるボストンの病院では、検査技師たちが1日12キロメートル歩いていたが、リーンのチームが作業スペースとフローをリデザインしたら、3キロメートル以下に減った。技師たちの運動量の低下にはなったが、効率は高まり、安全性も高まった。

時間についての洞察

デザインは、活動を時間軸に位置づける作業も含む。これは作曲にも似ている。順序と長さを決めて位置づけるのである。

時間には、長さ、順序、スケジュールなどの次元がある。長さとはその活動にどのくらいの時間がかかるか、順序とは活動が起こる順、スケジュールとはカレンダー上のどこに期限があるか、である。

この作業は複雑ではないが、高い生産性と無駄のないプロセスをデザインする上で必須の作業だ。プロセスが複雑になるほど詳細に注意を要する。活動の順序を変えたら何が起こるのか。出荷が遅れたら何が起こるのか。早まったら何が起こるのか。活動が予想以上に長くかかったら何が起こるのか。

ニューリーンも従来のリーンも、相互関係における時間計算に優れている。これには単なる「やることリスト」のメンタリティ以上のものが必要だ。どんなプロセスにおいても、関係性全体を俯瞰することが強いられる。また、オーケストラの指揮者が、演奏の複雑な関係性全体をやりくりするように、時間をやりくりすることが強いられる。これは現場の視点だけからは実現しえないことだ。時間が断片化すると、活動はバラバラになり、遅れ、ボトルネック、膨大な無駄を余儀なくされる。

この洞察が本当に理解できると、大半のマネジメントシステム構築の基本的前提を疑わざるをえなくなるだろう。前述の通り、組織で標準化を進めようとすると断片化してしまう傾向がある。各自が自分の役目さえ理解していれば、全体の視野でシステムやプロセスを理解しなくてもいい、各自が自分の持ち場で仕事をしていれば全体はうまくいく、という理論だ。

ヘンリー・フォードが大衆車を生み出したのは、まさにこのイノベーションによるものだった。単純な工学系プロジェクトの範囲では、この考えはうまくいくように見える。組織で働く者たちは取り替えのきく歯車なのだ。それなら全体を理解していなくても構わない。自分の役目だけをわかっていれば事足りる。

しかし、もっと複雑なプロセスにおいて時間軸をやりくりしようとすると、システムの一部分だけをリデザインするわけにはいかなくなる。長さ、順序、スケジュールの絶妙なマネジメントを要する。断片化が進んだシステムは、思考停止の土台の上に築かれたシステムだ。人に「考える」ということをさせない。ただ自分に割り当てられた仕事をしてくれればよく、それ以外のことは一切考えてほしくない。これはリーンに求められることとは正反対のことだ。

私の見るところでは、従来のリーンは内部葛藤を抱えている。従来のリーンは、マネジャーの思慮や創造性を支える思考プロセスをどの程度リデザインするつもりがあるのだろう。問題解決に基づいて変革を行えば、複雑さはだいぶなくなる。ただ問題を特定して問題策を見つけるだけで済む。問題解決ではシステム的な視点を必要としない。だから根底にある構造を理解する必要もない。したがって、全員を巻き込んで、多様な領域を全体の関係性にまとめ上げていくことを考えさせる必要もなくなる。

そしてシックスシグマのような空疎な形式が残る。シックスシグマに限らず、形式化したものの多くが、もともとの意味を喪失してしまう。形式化することによって本来必要だった広い視野と深い創造的思考が不要かのごとく見せてしまうからだ。ジョセフ・ジュラン、チャールズ・ホランド、ドナルド・ウィーラー（この人はシックスシグマを「間抜け」呼ばわり）など、品質と業績に詳しい識者からのよくある批判のひとつは、シックスシグマが創造性や独創性を狭めるというものだ。創造性や独創性なくして、効果的なプロセスをリデザインすることなどできないというのに。

ところが、こういう思考停止のプログラムは、大企業にとても人気がある。彼らは、学習、創造、イノベーションをどうやって社員に教育したらいいのかわからない。そもそも従業員たちが創造性を発揮して好き勝手なことを始めてしまっては困る。山ほど新しいアイデアを出され、秩序や安定を乱されてはかなわない。

そこで、全体の関係性を幅広く考えるようにする代わりに、科学的に聞こえるもっともらしい名前のついたプログラムが推進される。商業主義のコンサルティング会社がこぞって持ち込むプログラムは、導入に何年もかかり、経営層には謎であり、真の思考を要求せず、飾り立てたマーケティングのおかげで高い価格がついている。

残念ながらそんなことをしても、システムやプロセスのリデザインに必要なことから遠ざかってしまう。『フォーチュン』誌の記事によると、シックスシグマ導入を宣言した58の大企業のうち、91パーセントがＳ＆Ｐ５００の株価指数に対して低迷している。『ビジネスウィーク』誌の記事によると、３Ｍ社でジェイムズ・マクナーニー社長が導入したシックスシグマは創造性を殺しているという。スティーヴン・ルファの著書『リーン経営（Going Lean）』（未邦訳）によると、フォード社の導入したシックスシグマは「ほとんど何ひとつ改善をもたらすに至っていない」という。

シックスシグマの批判ばかりに聞こえるかもしれないが、私が批判しているのはそういうプログラムを生み出す思考のほうである。シックスシグマは単に元来有用なものが思考停止して無意味な形式になってしまった一例にすぎない。類似の形式は無数にある。もったいぶった専門用語、独自のルール、科学の装い、怪しい推奨者や「第一人者」、独自の信念体系と自己宣伝、これこそマネジメントプロセスの決定版だとの希望的観測。たいていその手のプログラムには信念体系があって、組織内に信奉者を求めて導入される。すると組織は、信奉者とそうでない者とに分断される。数年も経つと何百万ドルもが費やされ、またしても夢のように消えた失敗と無駄な冒険の記憶と化していく。そして、たいていその頃には経営陣が交代していて、次の何かを導入しようとしている。

ここまで来ても、組織の中の大半の人たちは、パターンが繰り返されていることに気づかない。ニューリーンは信念体系ではなく、似非科学的な装いもしていない。単純な良識と呼ぶのがふさわしいだろう。実際に多くの意味で良識なのだ。そして思想的には中立である。ただし効果を発揮するためにはいくつかの要件がある。まずは、思考停止（マインドレスネス）ではなく、思考開始（マインドフルネス）である。

多くのマネジャーは真面目にフォームに記入し、ルールに従おうとする。最初のうちは改善が見られ、皆がワクワクする。しかし、しばらく経つと奇妙なことが起こる。魂が抜けてしまう。創造的に思考するよりも、フォームを埋めることに没頭するようになる。テクニックの多くは、組織の最大公約数の中で成功するようにデザインされているので、形式が実質を圧倒し始める。やがて、本来なら素晴らしい進歩になるはずのものが期待を満たすに至らず、皆が幻滅することになる。どんな変革でも、特にそれが優れた変革であるほど、内部に、それもしばしば上層部に敵がいるものだ。

というわけで、ニューリーンは従来のリーン導入を祝福しつつ、知的整合のためにも技法をアップデートせねばならない。これは科学において日常的なことである。医学や技術においても同様だ。そこで、リーンのような有望なマネジメントシステムは、考え直し、発明し直し、基本的理解を刷新する必要がある。そして「政治的な正しさ」に屈してはならない。

変化はふたつの形でやってくる。進化（エボリューション）と革命（レボリューション）である。混乱が少ない進化のほうが好まれる。しかし想像してみてほしい、ニュートン力学をひっくり返したアインシュタインがどれほど混乱を招いたことか。ニュートン力学なしにはアインシュタインも自分の発明に至らなかっただろう。ニュートン力学への敬意があったからこそ、アインシュタインはニュートンの残した問いを探究することになったのだ。そして、もしニュートンがアインシュタインの発見を知ったら、喜び勇んで新宇宙を探究したに違いない。ニュートンは、自己の理論に縛られる人ではなく、科学を探究する人だったからだ。

価値命題（バリュープロポジション）

従来のリーンでは、プロセスの多くで価値命題（バリュープロポジション）が中心的な原理となる。「顧客にとっての価値は何か」とあらゆる段階で問われる。全てがふたつの要素に分類される。顧客への価値か、さもなくば無駄である。

顧客にとって価値のないものは全て棄てる、という単純化が行われている。すると、顧客にとって価値がないものは自動的に無駄と定義される。

これもまた机上の空論で、現実には成り立たない。多様な人たちの中に単一化した普遍原理を打ち立てて統合を生み出そうとする試みだが、ミッション、ビジョン、価値についての宣言がうまくいかないのと全く同じ種類の思考パターンである。

当然ながら、ビジネスの大半は顧客にたどり着くのであり、顧客がいなくなったらビジネスは終わりだ。しかし実際に起こっていることを見ると、顧客第一と口では言いながら、真の顧客の価値を築く活動への投資が、組織の葛藤構造によって削られているのだ。

説明しよう。

ふたつの目標が矛盾する方向に向いていると、揺り戻しパターンとなる。たとえば、こういうことだ。顧客価値を高めようとすると、予算の制約に気づかされる。予算制約を厳守して顧客投資を抑制すると、今度は顧客がビジネスの命運を握っているということを思い知らされる。

さて、顧客を念頭に置いていることは常に大切だ。ビジネス戦略は顧客の求めるものと我々の提供するものができるだけマッチしているようにする必要がある。しかしプロセスの中に、顧客体験には何の影響もないが、より優れたプロセスをつくる役割を果たしているものがあったらどうなるだろうか。

ここで、ニューリーンは、価値についてもっと洗練された見方をしている。顧客に直結する活動もたくさんあるが、顧客に直結しない活動もたくさんある。そのとき自分のやりたいことが究極の顧客価値を持つのだと主張することはたやすく、それを否定することは難しい。

全てが顧客に直接価値をもたらすかのように見せるのは大して役に立たない。たとえば、組織のインフラがうまく運営されていたら物事はうまく運ぶ。しかし、業種業界によってはインフラが整備されていなくても顧客価値には関係ない。もちろん、コストを削減すれば、それがゆくゆくは顧客のメリットになると議論することもできる。しかし、現実を直に見て、正確に描写できれば、そんな議論などする必要もないだろう。

従来のリーンでは、問題解決志向が埋め込まれていて、問題を取り除くために価値命題が使われていた。顧客への価値からプロセスを見ていけば、単にシステムの無駄をなくすのではなく、創り出したい成果を見出すことができる。

ジョン・トゥーサントとロジャー・A・ジェラルドの著書『リーン医療革命（On the Mend : Revolutionizing Healthcare）』（未邦訳）に、創り出したい成果を理解して、それを運用原則に変換していった好例が示されている。救急医療チームが、心臓発作の対処プロセスを再考したものだ。チームは顧客価値を問うことによって、患者にとっての最大の価値は、決定的な最初の90分のうちに血液を心臓と脳に送り込むことだと定義することができた。時間との勝負である。時間がかかればかかるほど血中の細胞は死滅し、損傷が大きくなる。チームがプロセスを分析するうち、血液を送り込む目的とは関係のない手順が数多く存在することが明らかになった。保険書類の記入、診察履歴の参照、検査による遅延などだ。

リーン導入の結果は劇的だった。システムのリデザインに取り組んだ3年間で、DTBT（door-to-balloon time……病院到着からカテーテル治療を始めてバルーン拡張までの時間）は37分まで短縮された。

この事例では、時間がとにかく重要であり、目標は自明だった。色々考えたり探したりせずとも目標を定義できた。従来型リーンのやり方で、顧客価値の命題から成果にたどり着いた。しかし多くの場合、目標がこれほど明白ではなく、成果目標の定義はもっとずっと難しい。

「顧客にとっての価値」という言い回しからして曖昧すぎるし、特定されない想定を含んでいる。「価値」が何を指しているかわからないままで「顧客価値」を原則として使うのは困難だ。

そこでニューリーンでは、顧客にとっての価値から見て目標が何であるかを知ろうとする。価格、利便性、信頼性、使いやすさ、所有の自負、買いやすさ、サービスや個別対応の質、製品性能、柔軟性、適用範囲、大きさ、ユニークさ、等々。

これらの価値は、しばしば対立し、均衡をとることが必要となる。価格と利便性を例にとると、直行便は便利だが費用が二倍かかる。製品性能と使いやすさだと、性能は素晴らしいが使いにくい、などだ。

従来型リーンの基本概念は、非効率なシステムを分析して無駄をなくし、全てを顧客価値に向かわせることだ。しかし、真新しいシステムを一からデザインする場合はどうだろうか。駄目なシステムをつくって後で直すよりも、目指す成果に合致する最高のデザイン原理を埋め込んだシステムを最初から構築したほうがいい。

次の節で、トヨタ生産方式の有名なリストを見ていこう。

無駄を欲求に変える

トヨタ生産方式には有名な「七つのムダ」というリストがある。

1．不良・手直しのムダ

ミスを直す無駄。

2. 手待ちのムダ

不要な遅延時間。

3. 動作のムダ

手順や置き場所が多すぎることで無用の混乱と複雑さを生む。手順と置き場所を減らすことで無駄を省けないか。

4. 運搬のムダ

システム内の無駄な動きのためにどれだけ非効率を生んでいるか。A地点からB地点へ何かを運ぶときにどれだけの距離を移動しているか。たとえば、歩行移動距離を1日8キロメートルから800メートルに短縮できないか。

5. つくりすぎのムダ

つくりすぎは在庫の無駄を始めとしてあらゆる無駄につながる。

6. 加工のムダ

無意味な情報収集や書類記入。

7. 在庫のムダ

在庫過剰か不足。

このリストは、多くのシステムに埋め込まれた欠陥を見つけるにはよくできている。だが、古いシステムを直すのではなく、真新しいシステムをデザインするときにはどうだろうか。

そもそも大半のシステムには最初からデザインがない。「リデザイン」という言い方はその意味で正しくない。自然にできあがってきたシステムはデザイン思想もなく、ただ事実として存在しているだけだ。

そこで「七つのムダ」リストを考え直すには、何が望ましくないかではなく、何を望むかを考えることにしよう。優れたデザイン原則を導入して、最初から自分の望むシステムの目標を達成できるようにしよう。

不良・欠陥から優れたデザイン・実行へ

トヨタの「ムダ」リストの筆頭に不良・手直しがある。そもそも不良はなぜ起こるのだろうか。ふたつの元凶がある。駄目なデザインと駄目な実行である。優れたパフォーマンスは、いいデザインといい実行の組み合わせだ。したがって、新しいプロセスを創り出すときは、デザインと実行の両方を検討しなくてはならない。

デザインについて検討すべき要素に次のようなものがある。

- 順序
- スケジュール
- 責任の所在
- 作業量と生産能力の関係

- 内在する利益相反
- 内在する葛藤構造
- 矛盾する、あるいは強化する報奨制度
- 納品タイミング
- 使用できる在庫
- ワークフロー
- 利用できる技術
- プロセスの簡易さ・複雑さ
- 役割とルールの明確さ
- 人間工学（エルゴノミクス）
- 責任と権限の関係
- 意思決定に関連する情報のフロー
- 明快な緊張構造――成果が明快に定義され、今のリアリティが正確に把握され、望む成果を生み出すための行動ステップがデザインされている
- システムが網羅的に各部分を相互にサポートさせるようにデザインされている

私たちは、このリストからよくデザインされたプロセスをある程度思い描くことができる。まず、何を創り出したいかを明確にする。そして、今のリアリティを知る。全員が自分の役割を承知しているようにする。決断を下す人には十分な情報、権限、責任があるようにする。作業と意思決定がタイ

ムリーに正しい順序でなされるようにする。実際の作業量に対して十分な生産能力を用意する。葛藤構造や利益相反が内在する場合は、それが顕在化する前に価値の階層を確立する。組織の価値やプロセスを報奨制度が強化するようにする。目的に見合ったレベルの技術を利用する。人間工学（エルゴノミクス）を使って物理的配置が手順を最小化し、効率を最大化するようにする。

もうひとつやることは、実際にデザインを導入しながら学習を続け、随時必要な改良を加えていくことだ。

プロセスについて考える上でデザインの要素を理解して活用していくと、システムの関係性について、今までよりも広い視野で捉えることができるようになっていく。この関係性がデザインに影響するときは特にそうだ。そして、同じデザイン要素をより幅広い関係性に応用していくと、優れたデザインの特徴が組織の中で当たり前となっていく。どんな活動について考えても、緊張構造の中でデザインを考えるのが当たり前になり、何のために何をやっているのかを忘れなくなるのである。

次は、デザインの実行だ。どんなにデザインが優れていても、実行が劣っていてはうまくいかない。最高のデザインが施されたボートも、クルーが無能ではレースに勝てない。

実行について決定的な要素は次の通りだ。

- 有能さ
- 想定
- 作業習慣
- 権限委譲する能力

- 他のメンバーのフォロー
- 意思決定
- 創造性
- 柔軟性
- 揺るぎなさ
- 従う能力
- チームプレイ
- 誠実さ
- 状況変化に対する臨機応変
- 詳細に目を配りつつ、緊張構造を保持する力
- 学ぶ力
- タイムリーであること
- 方向性と目的感覚

優れたデザインと優れた実行は密接に結びついている。どちらか一方が欠けると無駄が生まれる。そこで、優れたデザインと実行システムを築く上での第一原則は、デザインと実行の両方のニーズを理解することになる。

実行面は、熟練したプロフェッショナリズムと呼ぶこともできる。芸術やスポーツの分野に好例が多く見出される。芸術やスポーツに携わるという時点で最低限の能力・態度・関心レベルの高さや深

さが求められるからだ。それが揃って初めて一人前になれる。たいていの企業では、芸術やスポーツにおけるほどプロフェッショナリズムの要求が高くない。しかし、組織がひとたびその志を掲げれば、途端に自分たちの実力レベルが明白になる。多くの会社が「世界レベル」について語るが、デザインと実行の両方のレベルから成功に必要なことを理解している企業は少ない。

四つのフェーズ

このプロセスを論理的に進めると、次の四つのフェーズに分かれる。

1. 望む成果を定義する
2. 今のリアリティを分析する
3. プロセスをデザインする
4. 新しいプロセスを実行する

もちろん、これはお馴染みの緊張構造で、それに続いて緊張構造の中にプロセスを創り出して実行しているのである。

1. 望む成果を定義する

いつだって無駄をなくすより、多くのことを創り出したいものだ。色々なプロセスを最適化し、現状から目標の状態に近づきたい。いったん焦点を合わせれば望む成果は自明なことも多いが、さほど自明でないこともある。たとえば、資材を工場から卸売業者に運ぶもっといいやり方を求めているとき、もし卸を飛ばして小売りや消費者に直接届けることができたとしたらどうか。手順や受け渡しを減らすどころかシステム全体を考え直して新しい仕組みを創り出すことになる。状況に合わせて考えるだけでなく、本当に望む結果は何かを考えることになる。今やっていることをなぜやっているのかを明らかにしていくと、創造性、動機、目的感覚、方向性が高まっていく。

2．今のリアリティを分析する

目的地に対して自分たちがいる現在地はどこなのか。従来型リーンには現状システムを分析するプロセスがあり、役に立ちうる。統計的枠組みの中でさまざまな要素を測定する次元があり、それによって現行システムで何が起こっているのかをより良く理解することができる。

見逃されがちなもうひとつの次元は構造的なものだ。たとえば、今のリアリティに巣食う色々な葛藤構造である。誰がどの決定を下す権限を持っているかについて対立が内在していることもある。財務管理が在庫管理、品質管理、請求プロセス、税務などと対立していることもある。もし今のリアリティに葛藤が内在していたら、それについて知り、対策する必要がある。

ここで、「何が無駄で、何が顧客価値か」という従来型リーンの問いから「望む成果に対して今どこにいるのか」というニューリーンの問いに移行することになる。

3．プロセスをデザインする

何を実現したいか、今どこにいるのかが明らかになったら、新しいプロセスをデザインする用意ができている。ここで2種類の活動がある。古いプロセスを直すことと、新しいプロセスを創り出すことだ。両方とも有用だから両方とも利用していく。従来型リーンの無駄をなくすということに縛られなくていい。そもそもの前提となっていた古い想定から考え直していいのである。

4．新しいプロセスを実行する

このフェーズでは、本物のマネジメントや管理監督があるといい。プロセスのデザインが本当に優れているかは現実に実行して初めてわかる。新しいプロセスを実行するのは、その新しいプロセスを学ぶことに等しい。うまくいくかどうかを実地に試すのである。

ときには深刻なマネジメントの課題が浮き彫りになる。たとえば、生産能力不足、能力や態度の問題、マネジャーの責任に対する権限不足などである。実行はデザインの実験室（ラボラトリー）だ。デザインがどれだけ堅牢かを知り、チームがどこまで仕事をできるかを知るのである。

第四フェーズでは、デザインを実行して反復的に学習する。これは現在進行的なフィードバックシステムであり、デザインにせよ実行にせよその場で必要な調整を行うことを可能にしてくれる。

無駄な手待ちの遅れからタイムリーなプロセスへ

前にも言ったように、時間には長さ、順序、スケジュールが関わっている。何か事件が起これば、パフォーマンスに影響する。皿をすぐに洗わず、卵が皿の上で乾いてこびりついてしまったら、洗うのはずっと大変になる。オーブンからケーキを取り出すのが早すぎたら、生焼けになってしまう。作業の成否はタイミングに依存する。部品がタイムリーに届いて初めて使うことができる。到着が遅れれば、プロセスが遅延する。到着が早すぎたら、コストがかさむかもしれない。

「ジャストインタイム」という呪文は、必要なタイミングぴったりに在庫が現れることを意味するようになっている。しかし現実には、厳格なジャストインタイムはリスク要因になる。サプライチェーンを完璧に制御しているのでもなければ、ギリギリよりも少し前に在庫があるほうがいいかもしれない。必要な資材が足りなくなってしまうよりも、多少の在庫を持つことでリスクを低減したほうがいいだろう。だから「タイムリー」という言葉を使うほうがふさわしい。サプライチェーンを最適化し、遅延や変更を最小化し、常に必要なときに必要な部品があり、コストが適正であることである。

多すぎる動作から経済的な動作へ

これはとてもシンプルで役に立つアイデアだ。どんなプロセスでも手順の数を最小限にするのである。デザインの焦点の多くは、さまざまな目標を達成するのに最適な動作量を計算することに当てられる。

同様に、引き継ぎの多さもシステムを無用に複雑にしている。バトンが次の人に渡されると、情報や継続性が失われやすいからだ。そこで、できる限り最小限の引き継ぎをデザインするのが一番いい。

数学にはエレガンス（elegance）という用語がある。このエレガンスはミュージカルスターのような優美さのことではなく、数学者が問題を解くときに最小限の手順で解くこと、すなわち解法の美しさを言う。同じ結論に至る無数の異なる経路があるだろうが、エレガンスの原則によって、最も少ない手順で結論に到達することが求められる。ただ答えを出せばいいわけではないのだ。

経済的な動作とは、どんな作業においても最もエレガントな動きを選ぶことだと言うことができる。作業の量と質を最小化するのだ。そして個々の作業が全体としてエレガントにプロセスを進行させるのである。

無駄な運搬から経済的な運搬へ

リーンによって、過剰な運搬が行われていることがよく発覚する。当初のプロセスでは、工場内の箱の運搬が、１日当たり8キロメートルにも及んでいたかもしれない。しかし、単純なリデザインによって８００メートル以下に短縮できるかもしれない。

経済的な動作と同様、経済的な運搬は、デザインのエレガンスを見出し、どこに何があって、どう使われるかを知り、どうしたら物理的な運搬距離を最小化できるかを明らかにするものである。

つくりすぎから経済的なプロセスへ

つくりすぎると在庫の無駄を生じ、あらゆる他の無駄につながる。無駄な手順が多いことによってもつくりすぎが生じる。手順が多い理由は、状況の変化に合わせてプロセスがだんだん増えてきたためだ。例えば、保険、ＩＳＯ９０００、法的要件、コンプライアンスなどである。従来型リーンでは、手順を見直したり、不要な手順を省いたりする。

プロセスが目的とする結果をもたらすようにデザインし、全体の目標を達成するための手順をできるだけ少なくする必要がある。

在庫過剰や在庫不足から経済的な在庫へ

前述のように、最も重要なのは最も効果的で効率的なサプライチェーンを創り出し、必要なものが必要なときに手に入り、必要以上のコストをかけないことである。

チェックリストとリマインダー

リーンではチェックリストと物理的なリマインダーを使って新しいプロセスを管理する。これは有用である。アトゥール・ガワンデの名著『アナタはなぜチェックリストを使わないのか？』（晋遊舎）にもあるように、世の中の大半の物事はチェックリストで改善する。特に飛行機操縦や脳外科手術などの危険を伴う仕事ならなおさらだ。

チェックリストのポイントは、デザインした手順が正しい順序で全て実行されるようにすることである。これはパフォーマンスを上げるメカニズムをつくるのにとても理にかなったやり方だ。

チェックリストには、ボードに色々な色のマグネットを置くタイプもある。誰でも見られる壁などにかけ、最新情報を一度に共有する。たとえば、ある病院でのリーンプロジェクトで、チームがデザインした新しいプロセス用のボードを用意した。それによって医師が診察室に入る前に、必要なものが全て揃っているようにしたのだ。毎日当番の人がその作業を担当する。ボードは部屋番号と備品によって分割されている。医師は、診察室を出るときにマグネットを赤にする。担当者は、赤のマグネットを見て診察室の備品の補充タイミングを知る。補充が終わったら、担当者はマグネットをひっくり返して青にする。実にシンプルである。明快に、すばやく、巧みに重要なプロセスを管理し、劇的にパフォーマンスを向上できる。

チェックリストとリマインダーは反復作業を管理する優れた方法である。そして緊張構造チャート内でうまく機能する。緊張構造チャートは、行動ステップ・期限・責任をトラッキングし、常に望む成果に焦点を合わせつつ、変化する今のリアリティを把握し続ける。緊張構造の中でチェックリストとリマインダーはプロセスの制御と予測可能性を高めるのである。

これがニューリーンだ

前述のように、従来型リーンにはもっと早期のアップデートが求められていた。ニューリーンは、過去半世紀にわたって蓄積されてきた時代遅れの形式をはるかに超え、リーン本来の根本原則を突き止めている。最も重要なことは、リーンを問題解決志向から成果志向へと移行し、このデザイン原則に基づいてどんなプロセスをも考え直し、デザインと実行の両方の要素を改良することである。

もうひとつの洞察は、リーンは本来専門家が主導する規律ではなく、草の根の運動だということだ。大半の人たちは、たくさんの訓練を受けなくても、リデザインの奇跡を実現できる。現場で仕事をしている人たちの良識や常識がある。チームに責任と権限を与えれば、ほとんどの人が何をしたらいいかを知っている。ニューリーンは専門家ではなく、現場のチームに焦点を当てるものである。

駄目なデザイン、非効率、無駄なコスト、複雑すぎるプロセスを正当化するのは難しい。にもかかわらず、多くの企業は野放しにしている。システムがどうなっているか、どうやったらもっといいシステムをデザインできるのか、そして長期的に新しいシステムを運用するにはどうしたらいいかを考えようとしない。その具体的な方法がこのニューリーンなのだ。

第16章のまとめ

- ニューリーンは、構造アプローチの中にリーンを位置づけることによって、従来のリーンを大きく超える達成が可能になる。
- ニューリーンは、現行システムがあろうとなかろうとデザインができる。それは問題解決志向ではなく、創り出すプロセスだからである。
- ニューリーンでは、問題解決志向から成果志向へと移行し、このデザイン原則に基づいてどんなプロセスをも考え直し、デザインと実行の両方の要素を改良することが重要だ。

第17章　リーダーシップの構造力学

リーダーシップ、特に最上層部の指導力こそが組織の成否の鍵を握る。多くの組織が、リーダーシップの機能不全によって苦しんでいる。現代では大半の企業、特に大手企業が慢性的に疲弊し、働く人の力を削いでいる。頭数を減らすことで生産性を上げるのが賢いやり方と思われているが、ものには限度がある。乾いたタオルを絞っても一滴の水も出ない。多くの企業はこの一線をとうに越えている。やがてミスが多発し、人々は燃え尽き、士気は下がり、創意工夫も減り、最悪の職場になってしまう。小利大損とはこのことだ。会社は競争力を失い、長い目で見たら、切り詰めた人件費よりずっと大きなコストを払う羽目になる。

これこそ、組織の最上層部でなければ扱いきれないことだ。もし最上層部がリーダーシップを発揮しなかったら、他の層で穴埋めできる人はいない。いても一時的なものだ。

このパターンは、算盤勘定の打算から始まることが多い。最上層部の人間が自分たちのビジネスを本当に理解しておらず、昨今流行のコストカットに着手するのだ。誤解のないように言っておくと、会計は立派な職業だし、有能な財務担当役員はありがたい存在だ。しかし、財務や会計の専門家にはビジネス経験が欠けていることが多すぎる。ビジネスをする実業家にとって頭の中心を占めるのは、どうやって富と活力を生み出すか、金を稼ぐか、である。

金儲けは生み出していく活動だ。商品やサービス、その組み合わせ、市場と顧客、売り物と買う人をマッチングして商売を成り立たせる。実業家のフォーカスは、十分に価値ある物やサービスを創り出して市場で成功させることである。そしてさらに新たな市場を見つけ出し、新たな売り物を創り出すのだ。

ところが、あまりに多くの経営幹部がコストカットによって利益を出そうとする。もちろん短期的には利益が増える。しかし、効果は限定的で長続きはしない。役員室で幹部たちが壁に貼ったチャートを見て「売り上げが毎月激減しているのは、営業部を丸ごとなくしたのと関係あるかな?」と言っている『ザ・ニューヨーカー』誌掲載の風刺漫画を思い出す。

コストカットには限度がある。限度を超えて削り続けることはできない。一方で、市場・販売・受注・新商品サービス・新規地域開拓には大きな成長の余地がある。そう簡単に市場は飽和しない。そしてもし本当に飽和したなら、実業家は同じ顧客に新しい売り物を提案したり、新しい市場を提案したりするだろう。コストカットは事業成長の能力を損なうことが多く、効果は一時的である。

株主価値という経営欺瞞

コストカットのような経営判断を下すのは、会社の最上層部である。そして、経営者が過少投資を繰り返す背景にはいくつか誤謬がある。「会社の目的は株主の投資のリターンを増大することだ」というのだが、それが会社の目的にはなりえない。端的に証明しよう。

そもそもなぜ株主がいるのか。つまり、なぜ私たちは株を株主に売ったのか。それは資本を調達するためだ。調達した資本をどうするのか。会社の目的を遂げるために使うのである。したがって私たちの目的は株式のリターンではありえない。それは株主の目的だ。

ウォール街は企業のコストカットを喜ぶ。それが優れた経営だと思っている。しかし投資家の仕事は何なのか。その昔、私が子供の頃は、株を買ったら保有するものだった。それこそが投資だった。当時、ゼネラルモーターズを20株保有していたら大したものだった。子供たちが大学に進学する際、何株か売って現金にするかもしれないが、残りの株には手をつけず、やがて値が上がって、万一の場合、一家の備えとなる。

今はすっかり様変わりしてしまった。私たちが株を保有しているだけだと、株のトレーダーは儲からない。トレーダーは、安く買って高く売るのが商売だ。株価の上がり下がりは歓迎される。なぜなら、トレーディング戦略が成立するからだ。トレーダーは四半期報告書が大好きだ。

四半期報告書のために、企業は短期志向となる。それどころか、四半期報告を良く見せるために事業成長を損ねる経営判断が下されることも多い。

ところが株主価値経営は、多くの企業で呪文（マントラ）となってしまっている。この呪文によって、多くの自滅的経営判断が行われている。最悪の無思慮な愚挙の一例は、全社一律何パーセントのリストラだ。ウォール街の大好きなコストカットである。

全社一律リストラを実行する企業は、自社の能力（キャパシティ）に必要なコストを理解していない。想像してほしい。あなたの身体を全身一律20パーセント削ると言われたら、「一体どこを削るのか」と確かめたくなるだろう。大事なパーツを削られてしまったら目も当てられない。

全社一律リストラを売り物にしているコンサルティング会社もある。しかも職を減らした分だけ、報酬を受け取っているという有り様だ。リーダーシップの失敗は、まず経営陣が生産能力と作業量のアンバランスがもたらす短期・長期の悪影響を理解していないこと。さらに、コンサルタントを雇っておいて、失敗をコンサルタントのせいにするという経営者にあるまじき責任放棄である。どこから見ても恥ずべき行為で、経営者失格だ。

例外的にリストラやコストカットが許されうるのは、会社が倒産の危機に陥っているときである。生き残りのためにコストを削減せざるをえない。この場合、急場をしのぐことに成功したら、早く通常の経営に戻ることだ。

ここで私が論じているのは、危機管理のための経費削減ではなく、誤った観念から生じた事業投資不足のことである。

これも葛藤構造だ

株主価値経営を決めこんだ企業には、かなり重大な葛藤構造がある。

図46のように、ふたつの緊張解消システムが競合していて、互いに緊張が相容れない。ひとつのシステムが解消に向かうと、もうひとつのシステムの緊張が高まる。そしてそのシステムが解消に向かうと、ひとつめのシステムの緊張が高まる。

このパターンは、コストカットに始まり、投資不足につながる。すると品質は低下し、サービスは劣化し、売り物の競争力が落ちる。当然顧客は不満を持ち、取引を中止する。競合他社に顧客を追いやったようなものだ。

業績が悪化することで、会社はこの状況に気づく。顧客に目を向け始め、顧客の抱える不満を発見する。突如として新たな投資が始まる。顧客の生涯価値を高めると言って、新たに

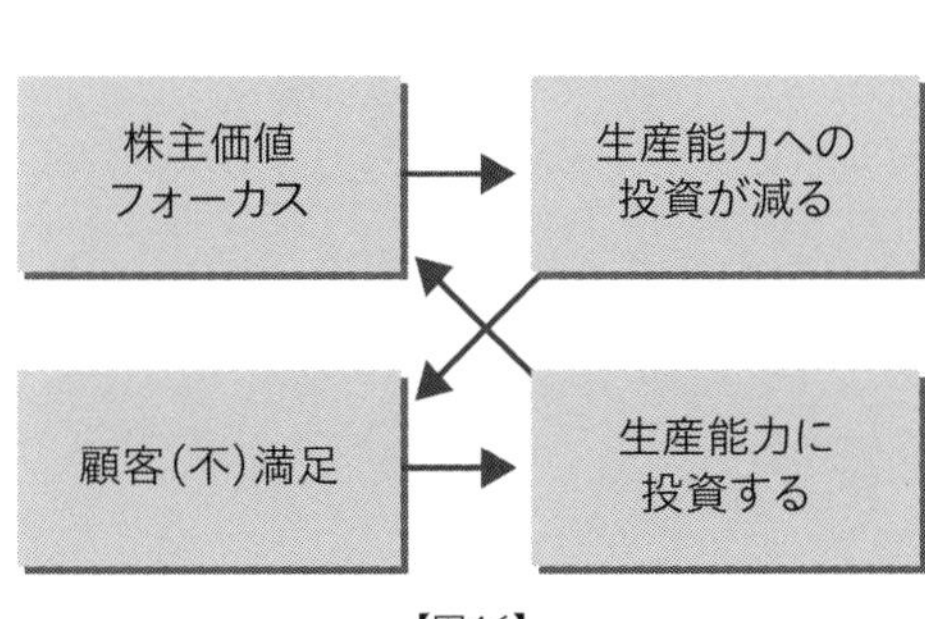

【図46】

コンサルタントやマーケティング専門家を雇って会社の命運を変えようとする。

1年も2年も大変な思いをして危機を乗り越え、顧客を取り戻す。しかし株主は不満で、再びコストカットの季節がやってくる。経営陣は入れ替わり、顧客価値について学んだ知恵は荼毘に付される。社員教育は中止、採用は凍結、リストラ断行、原材料は安物となり、工場投資、研究開発、品質管理、サービスも低下する。さらに、コスト削減のために基幹業務がアウトソーシングされ、もはや品質をコントロールできなくなる。一時的に利益の数値が上がった後、数年のうちに顧客はまたいなくなる。もう付き合いきれないというわけだ。

この葛藤構造も、例外なく揺り戻しパターンに陥る。5、6年のスパンで俯瞰してみれば見逃せないほど自明のパターンだ。

こんな自滅行為を許してしまうのはリーダーシップの失敗である。

おわかりのように、葛藤構造をリデザインするには階層を築くことだ。葛藤している目標のひとつを支配的にすれば、もうひとつが従属的となる。

多くの葛藤構造において、競合する目標のどちらも支配的になることが可能で、もう一方は従属する。たとえば「変革」と「継続性」の葛藤なら、そのどちらでも一方が上位の目標たりうる。「継続性」を選んだら、「変革」は従属し、上位目標の「継続性」を支える必要がある。たとえば、新しい販売政策やマーケティングは試験運用に限定し、実績のある営業方法を壊さないようにする。逆に、「変革」が「継続性」より重要な目標になることもある。技術が進展し、競争の激しい市場において旧来の技術が時代遅れになるときなどである。

しかし、株主価値と顧客満足の葛藤の場合、最初から勝負はついている。顧客が上だ。顧客なしに株主の価値は成立しえない。

したがって、経営陣(リーダーシップ)の仕事は顧客満足を増大させる方向で行うことになり、それはたいてい適切な顧客投資を意味する。

優れたリーンの実践や効率化の推進は、厳格な規律をもって顧客体験を強化することにつながるものだ。これは事業投資を惜しんでコストカットするのとはまるで別のことである。

利益最大化という誤謬

もうひとつよくある誤謬の例は、「ビジネスの目的は利潤を最大化することだ」という、名門ビジネススクールの経営学教授の言明である。

愚かなことだ。もし利益を最大化したら、必要な生産能力に投資できなくなる。小さい会社にいたらこんなことは日々の当たり前の現実である。在庫、人材、広告、店構え、手入れの行き届いたトラック、社員教育、技術などに投資し続ける必要がある。

利益を今最大化するのと、利益をある程度出しつつ、将来もっと利益が上がるようにするのと、長期的に見てどちらが理にかなっているだろうか。答えは明らかだ。ところが、ＭＢＡ取得者の中には、自明な現実が見えずに現実離れした理想に目がくらんでいる人もいる。ＭＢＡ教育の中で、国際的企業に就職する前に小さい会社でしばらく働くようにさせたらいいと思う。

そうすれば、利益と投資には最適なバランスがあることを学べるだろう。最適な比率はビジネスごとに異なるが、事業が成長していく上で利益と投資の適切なレベルがわかるようになる。

利益の原則はシンプルだ。「使う以上に稼ぐこと」に尽きる。特に、営利組織であるなら、稼いだ以上に使ってしまえばやがて破産する。使う以上に稼いでいるなら大丈夫だ。利益は目的ではなく、手段である。利益も必要なら投資も必要だ。言ってみれば一枚の硬貨の表と裏である。入るを量りて出ずるを制す。お金の出入りはビジネスの血流だ。このエネルギーの使い方で組織の寿命と健康が決まる。

ここでも、ゲームの趨勢を決するのは経営最上層部である。自分の運営する企業組織をどう守るかは経営者次第だ。その責任を理解し、大きな役割を果たす優れた経営者もいる。一方、ストックオプションによって利益相反を起こし、長期的な組織の健全さを守る管理責任よりも、数年の在籍期間中に短期的業績が良くなるように操作することで個人的な利益を得ようとする者たちもいる。取締役会はそういう悪魔の契約に目を光らせておく必要があるだろう。

ＢＰ社の転落

ＢＰ社は２０１０年にメキシコ湾原油流出事故を起こした。これもリーダーシップの失敗である。この流出事故以前にも、ＢＰ社は無数の違反を犯し、爆発による死傷者を出し、他の事故や環境破壊を起こしていた。事実、ＢＰ社は安全や環境に関して業界最悪水準にあった。25万ドルのバルブ装置の設置を惜しんだがために何百億ドルという出費を余儀なくされた。

石油業界自体が、このバルブ装置をアメリカ全域の油田に義務化する規制を撤廃するロビー活動を行っていた。アメリカには、金で買える最高の政治家がいるのではないかと思うことがある。他国ではたいてい義務づけられているバルブ装置が規制対象から除外されたのだ。

たとえ義務づけられていなかったにせよ、莫大な利益を上げている企業が、なぜわずかな出費を惜しみ、良識的な安全対策を怠るのか、理解に苦しむ。自然環境、人命、そして会社の健全さをないがしろにするにはリスクが高すぎた。

ＢＰ社のリーダーシップの失策は下請業者にも当てはまる。ここでも注目すべきなのは、コスト最小限をよしとする数値至上主義のメンタリティだ。皮肉なのは、経費節約は微々たるもので、そのしっぺ返しが膨大な損失であったことだ。ＢＰ社の意思決定によって、無関係な人たちの命と生活が犠牲になったのは忌むべきことである。

ところがＢＰ社は、自分たちの失敗は、単に広報の失敗であって、経営やリーダーシップの失敗ではないと釈明している。この分ではＢＰ社が自社の失敗から学ぶことはなさそうだ。杜撰で破壊的な経営判断を下す者たちから一般市民を守るために適切な法規制が必要とされる所以である。

ＡＩＧ社、他の失敗事例

リーダーシップのもうひとつの失敗例は、ＡＩＧ社をはじめとする企業による２００８年の金融危機である。

アメリカ連邦準備制度理事会議長だったアラン・グリーンスパンは次のように証言している。

「融資機関が自己利益を重んじて株主価値を守ると信頼していた我々（特に私自身）は信じられぬ思いでショックを受けている」

グリーンスパンが「自己利益」と呼んでいるのは啓発された自己利益、つまり短期利益と長期利益とが衝突する際には長期利益を選ぶことを意味している。ところが現実の「自己利益」は個人の損得や強欲や権力にフォーカスしたものだった。

「大きすぎて潰せない」と言われる巨大企業の経営者たちが、自分ひとりでは一生使い切れないような巨額の個人的利益のために世界経済を危機にさらすリスクをとることは、紛れもなくリーダーシップの失敗である。

バブルの「合理的説明」

どんなバブルでも、何かしら論理的で合理的な説明ができる。だから「合理的説明」を自分に言い聞かせて危険を無視し続け、破滅的なゲームをやめない人が後を絶たない。たとえば、ITバブルのときの合理的説明は「先行者利益」だった。技術製品をいち早く市場に投入すれば多くのユーザーを引きつけ、シェアを独占できるというのだ。この論理でシリコンバレーの無数のスタートアップに資金が集まった。現地の景気は天井知らずで、住宅価格は過去最高値まで跳ね上がり、高額なBMWが誰でも乗る平均的な乗用車となり、皆が贅沢な暮らしを謳歌していた。もちろん「合理的説明」は間違っていて、砂上の楼閣は崩れるべくして崩れた。

サブプライム危機に至るアメリカ住宅バブルのときの「合理的説明」は「不動産は高騰する」というものだった。「ご自宅をお求めですね。この家は今のご資金で買うには高いのですが、ご心配には及びません。ローンを組みますから数年のお支払いは大丈夫、その間にお客様の収入もアップしますし、もしお支払いが厳しくなってもご心配要りません。不動産価格は高騰しますから、売却なさったらいいんです。売却益で買い換えたらいいんです」というわけだ。

たしかに論理的な説明だ。ただ現実にそうはならないだけのことで。

不動産業者の多くはそうやって住宅購入者を説得して、本来なら手の届かないはずの住宅を購入させ、ネズミ講のごとく売り抜けた最初の層だけは現実に利益を手にした。そして、住宅ローンは複雑な金融派生商品（デリバティブ）に分解されて、あたかもリスクのないローンのように見せかけられた。最終的に、破産する会社が続出し、世界経済を道連れにするリスクのある大企業には救済が行われることになった。

こうした金融機関のリーダーは一体どこで何をしていたのだろうか。

私が住むバーモント州で破綻した銀行は一行も存在しない。どの銀行も問題に巻き込まれなかった。地元の銀行は昔ながらの堅気の商売をしていたのだ。ローンを返せる見込みのある顧客にだけお金を貸し、土地不動産の価値に見合ったローンだけを組んだ。これが優れたリーダーシップの例である。金儲けに目がないウォール街からの圧力の下では特にそう言えるだろう。

優れたリーダーシップの実例
スティーブ・ジョブズの場合

本書の改訂を行うにあたって、12年前にアップルコンピュータについて書いた自分の文章を読み返した。かつて素晴らしい会社だったが、道に迷っており、その将来の復活に期待をかける、と書いていた。その時点で、アップルは二番煎じになりつつあるとか、別の二番煎じに身売りするのではないかなど取り沙汰されていた。そこへ白馬の騎士スティーブ・ジョブズが帰ってきたのである。
ジョブズは技術領域（テクノロジー）のビジョナリーである。顧客が求めているものを提供するのではなく、まだ誰も知らない将来に顧客が求めるであろうものを提供するのだ。技術の未来について独創的で洞察的なリーダーシップがなければできないことである。

アップルに復帰したジョブズが最初にしたことは、フロッピーディスクドライブをなくすことだった。フロッピーディスクというものを憶えているだろうか。周りの人間はこう言った。「スティーブ、フロッピードライブをなくしたりなんかできないよ。みんなデータをフロッピーに保管してるんだから」と。

こんなことをやり抜く勇気を持つには、優れたビジョンと強い人格が必要だ。ジョブズは断行し、かつて「必要」だったフロッピーディスクを欲しがる者はもういない。

次にiPodの登場である。iPodの前にＭＰ３プレイヤーはあった。ソニーは優れたＭＰ３プレイヤーを出していた。ソニーのＣＥＯが「ウォークマンがiPodに駆逐されたときには意表を突かれた」と言うのを聞いたことがある。

ソニーが知らず、ジョブズが知っていたことは何だったのだろうか。アップルにも優れたＭＰ３プレイヤーがあった。ジョブズがやったのは、ユーザーがプレイヤーを何に使っているかを考えることだった。もちろん、携帯音楽システムであることは自明だった。つまり、ジョブズは機械装置（ガジェット）をこしらえようとしていたのではなく、音楽配信システムを構築したのである。レコード会社のほとんどと契約して、ちょうどいい価格設定が行われるようにした。iTunesをつくり、音楽を購入してiPodにダウンロードしやすくした。iPodの容量を大きくして、ユーザーが自分の音楽ライブラリ全部を持ち運べるようにした。再生音質を向上し、ジョギングしながら聞けるように軽量のコンパクトサイズにした。iPodは可愛らしくもあった。世界中で大ヒットし、ウォークマンを置き去りにした。

そしてiPhoneの登場だ。大手の競合他社は度肝を抜かれた。この「スマートフォン」は他のどの製品よりもスマートだった。他社は頑張って追いつこうとするが、追いついたと思ったときには、iPhoneは次世代の機種、次世代のソフトウェア、次世代の可能性、次世代の売り上げで差を広げていく。

『ビジネスウィーク』誌の記事でジョブズが語っているのは、モーターショーの体験だ。真新しいコンセプトカーを目にして、その先進的な美しさに誰もが酔いしれ、発売が待ちきれないと思う。しかし、数年後にそのモデルの量産型車が発売されるとみんな酷評する。何が起こっているのかをジョブズは説明する。「コンセプトカーをエンジニアに見せると、無理だと言われる。そしてデザイナーに見せると、また無理だと言われる。そうやって無理だと言われ続けるうちに、コンセプトカーは死ぬほど妥協を重ねた産物と化すのだ」

ジョブズが「この方向で行くぞ」と言うと、エンジニアのひとりが「いや、スティーブ、それは無理です」と言い、ジョブズが「次の職場で頑張ってくれ。できるという人間と一緒にやるから」と答える……そういう光景を想像する。

ジョブズがビジネスをどう理解していたかは「キラー製品はキラー利益をもたらす」という発言に表現されている。まさしくその通りではないか。

ジョブズのリーダーシップのもうひとつの例は、彼が病気の治療のためにアップルを離れていた時期に現れている。アップルはジョブズ不在の中でも新製品、新市場を創り出し、あたかもジョブズがそこにいるかのようだった。これも優れたリーダーシップの兆しと言える。他の人たちが使命とアプローチを自分のものにし、自ら創り出すようになっていたのである。

アマゾンのジェフ・ベゾスの場合

ベゾスもまた非常に創造的で聡明なリーダーである。世間がＩＴバブルで大騒ぎしていた頃、アマゾンは静かに業界最高のインフラを構築していた。メディアは、同社が利益を出していないことを嘲笑していた時期もあった。メディアが見落としていたのは、アマゾンが、顧客の注文した書籍を24時間以内にどんな書店よりも安価に届けるという戦略のために利益を全て再投資していたことだった。ベゾスには先見の明があった。在庫物流システムを構築していたのだ。消費者がオンライン取引を信頼できるようになる必要があるとわかっていたのだ。

アマゾンは１９９４年に創業され、実際にベゾスのガレージから始まった。４万ドルの初期投資で最初のウェブサイトが構築され、それは控えめに言っても特に秀でたものではなかった。しかし、そこからさらに10万ドルの追加投資を集め、ウェブサイトとホスティング機能を改善し、アメリカ中から本の注文が来るようになった。ベゾスのビジョンは単なる書店ではなく、本のレビューをする読者のコミュニティを構築することにあった。読者自身が本をレビューする仕組みを開発し、それによって読者をさらにアクティブに取り込むことになる。

１９９７年にアマゾンの事業は１５００万ドルにまで成長し、同社は上場した。ＣＤ、ビデオに続いて、ソフトウェア、電化製品、ＴＶゲーム、おもちゃなど、新しい商品が追加される。１９９９年にはアマゾンがオンラインショッピングを普及させたとして『タイム』誌がその年の話題の人に（パーソン・オブ・ザ・イヤー）ベゾスを指名した。２０００年までにアマゾンの売り上げは10億ドルに達したが、翌年は10億ドル以上の赤字となった。ベゾスは、他社がアマゾンで自社商品を売れるようにするというイノベーションに着手した。この計画は成功し、現在アマゾンはオンライン小売業のリーディングカンパニーとなり、カナダ、イギリス、ドイツ、フランス、日本、中国など世界中に展開している。

アマゾンは出版業界を変えてしまった。今や本の著者はアマゾンを使って自著の市場を創り出し、流通させることができる。かつては出版社が独占していた領域だ。また、アマゾンは音楽家や映画製作者にも同様の機会を提供し、かつては不可能だったオーディエンスとのつながりを創り出している。

ラフランス社のジョージ・バラーの場合

ラフランス社は世界の大手企業向けにエンブレムの製造販売を行う会社である。20年以上前にジョン・テティが同社に構造アプローチを導入し、ジョージ・バラー社長が長きにわたって展開してきた。同社は間違いなく本書の教える方法全てのモデル企業だ。緊張構造を主たる原理とし、問題解決ではなく成果創造を行い、自社の売り物（オファー）と市場を緊密に合致させている。

それればかりか、バラー社長はリーダーシップについて独自のアプローチを開発している。その洞察のひとつは、リーダーシップの視点についてだ。

バラー社長は長らくグローバルな視点を社内に導入しようと試みた時期があった。もちろん、これは他社の多くの経営者がしていることでもある。そして、しばらくすると真にグローバルな視点を導入するのは、組織内のさまざまな立場の相違のために難しいということがわかった。そこでバラー社長はトップとしてユニークな決断をした。さまざまな人たちの固有の視点を自分のものにして、その上で固有の視点を持つ多様な洞察を重ね合わせることにしたのである。それによって、彼は自分のグローバルな視点を通して、さまざまな他の視点の持つ価値を理解できるようになったのだ。

バラー氏は幹部たちとグローバルな視点について話さないというわけではない。かつてのように、無理して全員が全体像を理解することを期待していないだけだ。彼の洞察は、さまざまな立場のそれぞれの人たちの視点に固有の価値があって、同じ視野を無理強いする必要などないということだった。それぞれの視野の中で、最善の仕事をしたらいいのである。彼のリーダーシップの独創は、組織という大きな織物の中でさまざまな人たちが演じている役割の価値をきちんと認められることにあった。自分のリーダーシップは、ラフランス社全体のビジョンのために全てをまとめ上げることだと理解しているのである。

バラー氏はまた、チェックリストを大いに信頼している。営業チームに顧客訪問前のチェックリストを導入した際は、販売効果が即座に27パーセント向上し、未だに上がり続けている。チェックリストを使ったほうが必ず生産性が上がることがわかり、全社で導入した。

バラー氏のリーダーシップのもうひとつの強みは、全社で共有する緊張構造を創り出す能力である。ビジョンと方向性を明確に打ち出すことはもちろんだが、今のリアリティを飾りのない正直さで語ることでそれが可能になる。バラー氏が全社の状況報告を社員の前で行うのを目撃したことがある。何の脚色もなく、何の誇張もなく、ありのままの真実を、真摯に、ありのままに語っていた。

ティナ・ブラウンの場合

ティナ・ブラウンもまた創造的でパワフルなリーダーである。かつての偉大な出版物を見事に復活させるばかりか、それ以上の存在へと引き上げる力を持っているようだ。『ヴァニティ・フェア』誌と『ザ・ニューヨーカー』誌がその例だ。ビジョンとビジネス感覚を兼ね備えており、最高に創造的な人間たちをまとめて強力なチームに仕立て上げることができる。組織とイノベーションの双方から見て卓越したリーダーシップの実例である。前向きな性格のティナはバリー・ディラーと組んでニュースサイト『デイリー・ビースト』を創刊した（この名はイーヴリン・ウォーの1938年の小説『スクープ』〈白水社〉中の架空の新聞名）。ほどなく『タイム』誌は『デイリー・ビースト』をニュースサイトのベスト5に挙げ、その後『ニューズウィーク』誌と合併すると発表されて、ティナ・ブラウンは編集長に指名された。

偉大なリーダーのしるしは、他の者たちが困難と見なす領域において、次から次へと成功を重ねることだ。ティナ・ブラウン的リーダーが出てくると、次にどんな愉快なことをやってのけるのか予想もつかない事態となる。

偉大なリーダーは無数にいる

偉大なリーダーたちを挙げるのはたやすいことだ。彼らは自分の役目を最高のレベルで果たしている。次々と列挙していったら、それだけで一冊の本になってしまう。ここで指摘しておきたいのは、ビジネス・組織・公的領域において、重要なリーダーの役目を果たす抜群の手本となる人物は無数にいるということだ。

作業量と生産能力の関係

組織の最上層のリーダーの役目の中でも最も重要なことのひとつは、作業量と生産能力の関係についての意思決定を導くことである。前に見たように、作業量と生産能力の不均衡に起因する慢性的なストレスとプレッシャーに苦しんでいる会社があまりにも多い。職場のストレスは高血圧を含む深刻な健康障害につながり、生産性を落とし、高い保険料、低い士気などという形の隠れた代償を生む。経済的にも事業的にも組織的にも不均衡を正当化する理由はない。

成長戦略はあっても、相応のキャパシティ戦略を持たない企業が多い。成長目標に対して「どういう計画でキャパシティを上げるんですか?」と尋ねると、「そのときに何とかするよ」「切羽詰まったらキャパシティを上げるよ」などと答える。いやいや、切羽詰まってからでは遅すぎる。

生産能力を高めるのが早すぎたら無駄になる。

しかし生産能力を高めるのが遅すぎるのも非効率だし、成長を妨げる。受注によって増えた仕事をこなし、さらに新規採用によって増えた社員を教育するのも既存の社員である。したがって受注で仕事が増えてから人を増やしてもキャパシティ問題は悪化するほかない。

早すぎても遅すぎても駄目なのだ。

キャパシティは必要となる少し前に増やすべきだ。そうすることで新入社員は教育を受け、準備につける。新技術を習得し、新システムを運用し、新規受注に応対する力を備えることができる。

リーダーを襲うプレッシャー

四半期報告のプレッシャー

経営者が直面する最も無意味な活動のひとつが四半期報告だ。皆が極端な短期成果に縛られてしまう。そして経営者は四半期報告の見栄えを良くするための意思決定に走る。それによって市場競争に必要な長期戦略が犠牲になる。リーダーシップの課題は、長期的視野を保ちながら四半期報告のニーズをやりくりすることだ。ウォール街に媚びへつらうために四半期報告を使うことがあってはならない。

株主リターン（ROI）のプレッシャー

経営者の主たる使命は事業を構築することだ。事業の成長を支えるために投資があり、株主がおり、十分な利益を上げる必要がある。と同時に私たちは生産能力に十分投資する必要がある。これは経営者だけが下すことのできる意思決定ポイントだ。明確なビジョンと戦略を持ち、十分な時間をかけることによって、経営者の実績が積み上がり、適切な事業投資が何であるかが明らかになっていく。

他社比較のプレッシャー

最大手を含むいくつかのコンサルティング会社が業界内の最も成功した企業について総合調査を

行っている。彼らは調査結果を同じ業界の他社に見せ、調査した企業と同じ物差しで改善するように推奨してコンサルティングサービスを勧めている。これが彼らの呼ぶところの「戦略」だ。

もちろんそんなものは戦略でも何でもない。ところが多くの経営者がこの罠にはまってしまう。同業他社に遅れをとってはならないというわけだ。戦略とは猿真似のことではない。自社の売り物（オファー）を市場が欲しがるものにするための圧倒的な方法を見つけることだ。そのためには独自の創造的思考が必要となる。

世界最大規模の某企業のＣＥＯが私に語ったところでは、そういうコンサルティング会社に1億ドル以上支払ったという。どんな成果を得られたのかと私が聞くと、彼は「彼らコンサルタントたちは、戦略のことなど何も知らない。ただ、（アメリカのエリート）ローズ奨学生がレポートを書いてくれたのは別に悪くなかったね」と答えた。控えめに言っても満足した顧客とは言えなそうである。

ウォール街と数字至上主義のプレッシャー

ウォール街の投資銀行家や数字至上主義者がビジネスを理解していると勘違いしないことがとても大切だ。彼らはビジネスをわかってなどいない。もちろん、株価が上昇するのに越したことはない。しかし、株価上昇と事業や組織の健全さが対立する場合は、一も二もなく事業や組織を優先せねばならない。成功した企業の多くがそうしている。それができるためには、人格の強さ、構造的理解、そして自社の事業戦略と経営戦略を明快に把握していることが必要となる。

リーダーに必要なもの

真のビジョン

ビジョンという言葉は、もう数十年にわたって乱用されている。言葉を使うだけで、実際に何を創り出したいか、本当のビジョンを持っていない人が多い。ビジョンステートメントと呼ばれるものはたいてい中身を伴わない、ありふれた決まり文句にすぎない。

芸術においてビジョンはリアルなものだ。映画、音楽、彫刻、絵画、小説など、創作者は創り出そうとしている作品のビジョンを持たねばならない。ビジョンという原理で全てをまとめ上げていくことになる。そして緊張構造のふたつの決定要素のひとつでもある。

何を生み出そうとしているのか。どんな成果が生まれると想像しているのか。もし最高の結果になったとしたらどうなるか。何を中心に計画するのか。こうした質問にビジョンが答えを出す。そしてリーダーの仕事は、このビジョンを現実のものにすることである。

真のビジネス戦略

ビジネス戦略もまた組織化原理のひとつである。組織は、ビジネス戦略によって資源を動員し、行動を方向づける。そして、マネジメント戦略がビジネス戦略を支える。リーダーは両者をつなげなくてはならない。

ビジネス戦略は富と生命力を創り出し、組織の目的を実現する。戦略目的は、企業組織をまとめ上げる中心となる原理である。

ビジネス戦略は単なる過去の延長ではない。「前年度実績の20パーセント増」のような代物が世間では戦略扱いされていることが多い。前年度比の数字には何ひとつ戦略性が存在しない。「なぜ市場（顧客）は自社とビジネスをしたいのか」「何が売り物（オファー）か」「その売り物は市場でなぜ魅力を持つのか」「市場（顧客）はどうやってその売り物を知るのか」「顧客はどうやってその売り物を買うのか」こうした質問がビジネス戦略の中心にあり、リーダーはビジネスのこの次元に精通していなくてはならない。

作業量と生産能力の関係についての真の理解

組織の成長は生産能力計画（キャパシティプランニング）を含まなくてはならない。作業量と生産能力が釣り合っている必要がある。必要になるまでキャパシティを用意しないようでは、組織は疲弊し、業績は落ち、最終的にコストが高くつく。リーダーは、ビジネスと組織の成長をフルに把握する視点を持たねばならない。さもないと、会社は多くの葛藤構造によって分裂し、揺り戻しパターンに陥ってしまう。

真の決意

リーダーは複数の矛盾する方向に引っ張られるのが常である。しかしリーダーは方向性や価値、戦略や戦術について真の決意を持たねばならない。リーダーは多くの試練にさらされる。そして会社を優先する方向で試練に応えることによってリーダーの信用が試される。

ひとつ例を挙げよう。あるＣＥＯが、経営幹部チームと一緒に明快な会社の戦略と方向性を打ち出した。社員がいろんなアイデアをＣＥＯに持ってくると、彼は耳を傾け、オープンに受け入れた。しかし、アイデアが戦略と方向性に合致しない場合は、「いい考えだが、戦略に合わないと思う」と答える。そのうちに社員たちは戦略に合致した提案やアイデアを持ってくるようになる。それによって組織はさらに焦点を絞り、皆が同じ将来ビジョンに向かって仕事するようになっていった。

緊張構造の共有

ピーター・センゲの『学習する組織――システム思考で未来を創造する』（英治出版）で紹介される五つの規律のひとつが共有ビジョンである。ビジョン共有は組織をまとめ上げるパワフルな原理だ。しかし、それよりもっとパワフルなのは緊張構造の共有である。リーダーが社員たちと強力なビジョンを共有するだけでなく、今のリアリティがどうなっていて、これからどうなっていくのかについての正確な理解を共有していく。

ときどき発表したり、壁に貼りつけたりすることが緊張構造の共有ではない。それは実際に意思決定が下され、行動が組織化され、報奨制度が設計され、社員が評価され、会社が運営される方法である。緊張構造の共有は、組織内に真の一体感を創り出す。

強靭な人格

これは教えられるものではないのかもしれない。私にはわからない。リーダーシップの技法や手法の多くは学んで身につけることができる。強靭な人格についてはどうだろうか。

実際のところ私にはわからないのだ。学ぶことができるものなのか、それとも生来の資質なのか。ただひとつ言えるのは、優れたリーダーは例外なく強靭な人格を持っているということだ。

教育投資の価値

研究開発、製品開発、製造品質、サービス品質などは決定的に重要な投資領域の一面だが、教育訓練への投資は、また別の側面だ。不景気になると社員教育予算を削る企業が多い。近視眼的なことだ。教育訓練の価値を見くびっている。あまり固定費を上げずに組織の生産能力を高めて効果を上げるのが社員教育だというのに。

組織が教育訓練の価値をどう見ているかは、誰が研修を受けているかを見ればわかる。会社によっては問題児を研修に送り込み、セラピーのように問題を解決しようとしている。会社によっては出世組を教育して幹部を育成しようとしている。そして教育訓練の潜在価値を本当に理解している会社では、組織の上層部の人たちが研修に参加している。教育訓練にも優れたものとそうでないものがあるが、適切な研修を受けることによって、ベテランの幹部たちもプロとして学び、個人として成長して、組織に豊かな貢献ができるようになる。

幹部チームの一体感

リーダーシップの最初の試金石は、トップと幹部チームとの関係性に見出される。幹部チームに一体感がないと、組織全体に一体感を期待するのは無理だとわかる。

トップと幹部チームの断絶があまりにも多い。幹部チームのメンバーが、チームの合意や決定を無視する。いつも縄張り争いや権力闘争が起こっている。互いの足を引っ張り合い、大事な情報を隠し、それがしばしばチームの方向性と継続性を犠牲にする。

なぜこんな愚かなことが起こっているかといえば、たいていトップのリーダーがそれを許容しているからである。

幹部チームの一体感は決定的に重要で、トップがそれを仕切らなくてはならない。ある会社で、CEOが経営幹部（エグゼクティブ）採用専門の会社に依頼して、自分を含むチーム全体を評価してもらったことがある。評価の結果、何名かが「不適格（ミスキャスト）」と指定された。彼らはプロとして抜群に優秀であり、組織の中で貴重な存在だったが、現職の役割が合っていなかったのである。そこで、彼らの才能と関心に見合った、もっと適切な役職に異動してもらうことになった。CEO自身の評価は良く、何名かのメンバーの異動の結果、チームはより一体感を持ち、強いチームになることができた。

トップが仲間として見られることを好むがあまり、組織やビジネスの責任を果たすことの妨げになることがよくある。チームに厳しく接する必要があるときにそれを避けてしまうのだ。そうすると、計画を断行し、組織を築き、プロ意識を高め、経営力を向上することが難しくなる。

トップは日頃から、幹部一人ひとりの仕事ぶりをよく認識する習慣を持たねばならない。そのためには、会社全体で起こっていることを把握しておくのがいい。それができているトップは少ない。社内の雰囲気、変化、士気の高さ、規範など、社員の誰もが理解し感じていることに、トップが気づいていない。直接確かめることが必要だ。さもないと、どんなに勘のいい経営者でも現実を見失うことになる。社員たちは良い報告しかせず、「万事うまくいってます」「一生懸命やってます」としか言わないのだから。

幹部チームは、何年も一緒に演奏している熟練のバンドのようにならなければならない。腕利きのスタジオミュージシャンを集め、まずまずの演奏ができたとしても、ひとつのユニットとしてずっと活動しているバンドにはかなわない。

この一体感を醸成するには何年もかかるかもしれない。しかしその何年もの間に本当のリーダーシップが発揮され、チーム内のメンバー同士が切磋琢磨し、組織全体を貫く一体感のあるリーダーシップが生まれるのである。

幹部チームのメンバー、特にトップのリーダーにとって、エグゼクティブコーチングがしばしば役に立つ。CEOはチームや役員会で自由な発言ができないことがある。たとえば、幹部の更迭を考えていて、それを口外できないときなどがそうだ。あるいは買収や戦略提携の可能性があるとき、幹部チームや役員会に諮（はか）る前に自由にそれを考え、想定を検討し、シミュレーションを行う必要がある。エグゼクティブコーチはそうした思考プロセスをパートナーとして助ける独特な存在となる。組織や業界を揺るがしたり、余計な噂が流れたりせずに、安全な思考実験を行えるのがエグゼクティブコーチングの場である。

エグゼクティブコーチングを受けていない幹部チームのメンバーは、定期的にCEOと面談を行うのがいいだろう。それによって各自のアプローチを共有し、キャリアやプロとしての成長についても話し合うことができる。

CEOに必要なのは、調和を保ちながら厳しい知的チャレンジのできる幹部だ。ゼネラルモーターズのCEOだったときのアルフレッド・スローンについて伝わる有名な逸話がある。幹部チームと、ある方針について話し合っていたとき、誰もがある方向性で合意していた。そこでスローンは「では皆さん賛成ですか」と尋ねた。皆が「はい」と答える。「実行するということで異論ありませんか」とスローンが尋ねると、皆がまた首を縦に振った。するとスローンは、「それでは決定は先送りしましょう。実行すべきでないという議論が誰かから出てくるまでお預けです」と言ったという。

スローンが求めていたのは、深く知的な探究を行うことだ。幹部チームが互いに同意するだけでは足りなかったのだ。

ただし、ひとたび合意がなされたら、チームは一体となって動かねばならない。会議室で侃々諤々（かんかんがくがく）の議論を行い、いったん決定が下されたなら、会議室で誰が何を言ったかは一切外に漏れない。チームとして決定した以上は、結束を固めて決めたことをやり抜くだけである。

組織中に浸透するリーダーシップ

幹部チームが一体となったら、リーダーシップの役割を組織中に展開できるようになる。鍵となるポジションにリーダーが必要だ。才能とスキルを持った人たちが幹部へと育成されていく必要がある。

一体感のある幹部チームがなかったら、しかるべき権限と責任を伴うリーダーシップを社内に展開するのは難しい。しかし幹部チームがひとたび一体となって機能し始めれば、組織全体がうまくいき始める。覚えておいてほしい、優れたリーダーシップが全てを左右するのである。

第17章のまとめ

- 最上層部のリーダーシップこそが組織の成否の鍵を握る。
- 株主価値経営を実行する企業にはかなり重大な葛藤構造が生じる。これを許してしまうのはリーダーシップの失敗である。
- 利益と投資には最適なバランスがある。利益を最大化してしまえば、必要な生産能力に投資できなくなる。ここでも経営最上層部のリーダーシップが鍵を握る。
- 最上層部のリーダーの役目の中でも最も重要なことのひとつは、作業量と生産能力の関係についての意思決定を導くことである。
- リーダーに必要なものは、真のビジョン、真のビジネス戦略、作業量と生産能力の関係についての真の理解、真の決意、緊張構造の共有、強靭な人格である。
- 教育訓練の潜在価値を本当に理解している会社では、組織の上層部の人たちが研修に参加している。ベテランの幹部たちもプロとして学び、個人として成長し、組織に豊かな貢献ができるようになる。
- リーダーシップの最初の試金石は、トップと幹部チームとの関係性に見出される。幹部チームに一体感がないと、組織全体に一体感を期待するのは無理だ。
- 幹部チームが一体となって機能し始めれば、組織全体がうまく動き始める。優れたリーダーシップが全てを左右する。

エピローグ

組織構造の法則と原理を理解し、それがどのように最小抵抗経路を生み出すかがわかると、自分たちの組織を考え直し、再発明し、リデザインすることができる。これまで手が届かなかった次元の偉大な達成が可能になる。構造とその働きを知ることで、全く新しいスタートを切ることができる。

構造は常に私たちの目の前にあって、見ることができる。何らかのモデルを現実に当てはめるのではない。信念の枠組みをこしらえたり、主義を信奉するのでもないし、構造というのは言葉の綾でもない。現実に目の前にあるものを見る方法を学ぶということだ。そこで働く力、部分と全体とのつながり、関係性のネットワークが形作る行動パターンを見るのである。

この種の洞察は知恵につながる。

企業組織にいる人が構造的に考えられることは稀である。本書は、その状況を変えようとしている。というのも、構造の理解なしには誰もが同じ間違いを犯し続けるからだ。最善を尽くしても、構造の支えがないと、努力が無駄になる。構造の壮大な力と美を理解するにつれて、人は素朴な無知に足をすくわれることがなくなっていく。そして、自然の力を借りながら最小抵抗経路を生み出し、最高の成果に向かうことが可能になる。

構造は自然界の至る所にある。芸術界にもある。映画や歌にもある。ＴＶコマーシャル、ＭＴＶの音楽ビデオにもある。これほど至る所に横たわっている構造が、企業の中でこれほど長らく、これほど見えないままだったのは驚くべきことだ。構造を見て、知って、その影響を知り、構造の生み出す行動パターンを予測できるようになり、最終的には習熟して組織をリデザインできるようになれば、全く新しい豊かな世界が広がり、新たな可能性と希望をもたらすことになる。

構造を研究することによって、世界が無機質な機械だという結論にはならないし、私たちが、人工的で硬直した、創造性のないつまらない反応をすることにもならない。正反対だ。構造を探究すればするほど、その輝きや力を知り、構造に逆らうのではなく協働し、組織の中においても母なる自然の力が働いていることを理解できるようになる。

構造の理解は私たちを自由にする。新たな可能性を思い描くだけでなく、思い描いたビジョンを実現する自由を手にできる。過去から学んで積み重ねるだけでなく、未来から学ぶこともできる。そのためには、構造的な因果関係の原則に習熟し、最小抵抗経路が導く将来の成果を研究できたらいい。

私の願いはこれだ。構造を知ることで人と組織が豊かになり、途轍もない実利的成果を上げるのみならず、美的成果をも生み出すことである。20世紀の作曲家カールハインツ・シュトックハウゼンが書き残したように、「私たちはしばし目を閉じて耳をすますことだ。いつだって聞こえていない音がそこにあるのだから」。

構造力学を知ることで、私たちの想像と志、価値と希望、そして、ダイナミックな衝動の深さを、未来へと導く光に変えることができる。まだ「聞こえていない」ものをこの世に生み出すために。

追記　ふたつの誤解を解く

自己組織化する経営システムという概念

昨今、多大な関心を集めている自己組織化する経営システムにおいて、緊張構造は成立するのだろうか。カオス理論、複雑系、自己組織化を探究している企業にとって重要な問いである。

結論を言うと、経営システムの自己組織化はたいていうまくいかない。組織の中で緊張構造を原動力にするには自己組織化では駄目なのだ。放っておけば現場のあちこちでバラバラな勢力が争い始め、揺り戻しに陥るからである。詳しく見ていこう。

カオス理論、複雑系、秩序

コンサートホールの客席で指揮者の登場を待っている。演奏者たちが舞台に現れて着席していく。100名以上の演奏者が各々の楽器を手にし、ウォーミングアップしたり、難しい箇所をおさらいしたり、チューニングしたりしている。100名以上が一人ひとりバラバラに、何千もの好き勝手なことをしている。同じ音の繰り返しはなく、それぞれの楽器のバラバラな音が合わさって、いつもの不協和音になっている。チューニングしている時間帯は、どのオーケストラも同じような音のパターンになる。

チューニングしているオーケストラは自己組織化するシステムだ。数え切れないほどたくさんの、勝手に出された音によって構成されている。示し合わせたわけではないのに、いつも同じような、予測できる音のパターンになる。

この組織について言えることは何だろうか。チューニングしているオーケストラは、組織の成功に必要だと言われるいくつもの基準を満たしている。

- 共通の目的がある（それぞれの楽器を共通のピッチにチューニングする）。
- 一人ひとりが共通の目的を実現するために自分の責任を果たす。
- 一人ひとりがプロとしてよく訓練されていて、必要な仕事をきちんとやってのける能力を備えている。

ところが、チューニングによって自己組織化している限り、オーケストラが音楽を生み出す能力は極めて低い。オーケストラがチューニングを始めると、私たちはすぐにそれとわかる。ああ、チューニングだな、とわかり、曲の演奏だとは思わない。もしコンサートでオーケストラがずっとチューニングだけしていたら、私たちはチケット代の返金を要求するだろう。

実際には、しばらくするとオーケストラは静かになり、指揮者が現れ、指揮棒が持ち上げられ、振り下ろされ、演奏が始まる。チューニングしているときの音とは比べるべくもない素晴らしい音が奏でられる。構造的にも情緒的にも複雑で、劇的で感動的な音となる。

私たちが目撃したのは、ポテンシャルがバラバラに自己組織化した状態から、ポテンシャルがフォーカスされて約束の音楽を鳴らす状態への移行である。何が違いをもたらしたのだろうか。才能、献身、スキル、プロ意識、リソース、エネルギー、緻密さなどは一切変わっていない。

企業では、「当社は、もっと献身、緻密さ、スキル、プロ意識、リソース、エネルギーを高める必要がある」などと言うのをよく聞く。ビジネスにおいてこうした資質が役に立つ重要なものであることは間違いない。しかしオーケストラの例でもわかるように、個々の資質が揃ってもそれだけでは足りない。作曲家と指揮者がもたらすビジョン、リーダーシップ、そして構造の理解が必要なのだ。それによってオーケストラの資質が力を発揮するのである。

最も大きな要素は楽譜である。オーケストラに指揮者がいても、楽譜がなかったら話にならない。実を言えば、指揮者がいなくても楽譜さえあれば、オーケストラはそれなりに演奏できる。つまり作曲家の役割が一番大きい。

しかし、最高の楽譜があっても演奏されなかったら意味がない。作曲家、指揮者、それぞれの演奏者が演奏の中で固有の役割を果たす。役割が分かれていることで、個々人が演奏に専念することができる。最高のオーケストラは、組織統制の絶好の事例になる。人が集まって集団として力を合わせ、共通の目的を遂げる例である。組織の統制力（コントロール）は、統一指針（楽譜）×実務能力（演奏者）×リーダーシップ（指揮者）のかけ算によって生まれる。

組織が優れた構造を持てば、世界最高レベルのオーケストラと同じくらい優れたプロ集団となりうる。主題の統一指針が、さまざまな活動を通して組織中に浸透していくことになる。

オーケストラから教訓を学ぶならこれだ。統制のないバラバラな音しか生まない自己組織化システムからは距離を置くこと。そして、素晴らしい演奏（パフォーマンス）を生み出す、高度に構成されたシステムに移行

Control　unifying principle　competence　leadership
統制力 ＝ 統一指針 × 実務能力 × リーダーシップ
（楽譜）（演奏者）（指揮者）

【図47】

することである。

構造力学とシステム思考はいとこ同士

私の友人で同僚のピーター・センゲは、ベストセラーとなった著書『学習する組織――システム思考で未来を創造する』（英治出版）の中で、システム思考を組織学習の要と位置づけている。システム思考と構造力学は極めて相性のいい規律だ。多くの原則を共有し、呼応している。両者とも断片ではなく全体を見ることを促し、因果関係の本質的なネットワークの理解を可能にする。両者とも狭い視野から人を解放し、広い時空における事象の相互関係を見ることを助ける。両者とも組織学習を促して、人が直面する複雑な課題を協働で探究することを助ける。システム思考と構造力学の優れた共通点はまだまだたくさんある。

しかし両者には重要な違いもある。専門的な違いもあれば、思想的な違いもある。システム思考は構造力学ではなく、構造力学はシステム思考ではないと知っておくことが大切だ。同じことを別の角度から言っているのではない。両者を一緒くたにしないほうが、それぞれの良さを活かせる。

システム思考のほうが複雑さを理解する上で優れている場合もある。たとえば、因果ループ図、コンピューターモデリング、アーキタイプ診断などを使うときである。構造力学のほうが優れている場合もある。因果パターンや組織の業績傾向を理解して記述するときなどだ。ビジネス戦略と経営の実践のために組織をデザインするツールとしては、構造力学のほうが優れている。ふたつの異なる規律があるのだから、私たちは違いを理解して最善の使い方をすることができる。

両者の専門的な違いのひとつは、それぞれのアプローチにおける中心的なメカニズムだ。構造力学では緊張構造がそれである。システム思考ではフィードバックループである。ＭＩＴのジェイ・フォレスターの研究グループがシステムダイナミクスでそれを示している。

複雑系を理解するために、システムダイナミクスでは２種類のフィードバックループを用いる。ポジティブフィードバックとネガティブフィードバック、または強化ループと均衡ループなどと呼ばれる。強化ループは一方向に動きを強化する。均衡ループは方向性を弱め、均衡を生み出す。

強化ループは収穫逓増の法則を生み出す。「増えれば増えるほど増える」という原理である。銀行に預金すれば利息を生み、原資が増え、さらに利息を生む。成長が成長を呼び、衰退が衰退を呼ぶ。

均衡ループは、固定目標からどれだけ離れているかを見ることで成長を制限する。たとえば、サーモスタットには設定した温度（固定目標）があって、室温が設定温度よりも低くなると暖房がつき、設定温度を超えると暖房が止まる。そうやって室温の均衡を保っている。

強化ループと均衡ループからなる複数のフィードバックループが組み合わさって、複雑なシステムが形成される。システムダイナミクスはフィードバックループという道具を使って、社会・経済・生態系・組織のシステムの複雑さを分析する。昨今では多くの企業組織がループ図を使って重要課題を分析するようになってきている。

システムダイナミクス（システム思考）においては、フィードバックループが基本単位だ。言語にとって言葉が、数学にとって数字が基本単位であるのと同じである。構造力学においては、緊張解消が基本単位だ。構造コンサルタントは、組織内の支配を巡って競合する複数の緊張解消システムを分析する。そして、組織の中の人たちと一緒に、新しい緊張解消システムのダイナミックな関係を創り出し、最小抵抗経路が会社の目標に向かうようにする。それが組織の真の志と価値を実現するための基礎となるのである。

訳者あとがき　人と組織のパワーを解き放つ

ロバート・フリッツが本書で公開している原理と方法は、現代の企業組織の抱える苦難を直視した上で、その本来の可能性を花開かせるものだ。同時に、組織で働く全ての人たちが、それぞれの持ち場で、それぞれの創り出したい成果を創り出すアプローチを教えてくれている。これはあらゆる組織人にとっての福音だ。

私が初めてロバート・フリッツに出会ったのは１９９２年のことだった。当時、アメリカの大学院で経営学を学んでいた私は、ロバートの思考に触れて、頭を殴られたような衝撃を受けた。ロバートはビジネススクールのＭＢＡプログラムで教えられている理論の間違いを指摘し、反論の余地のない明晰さで、どこから見てもそれよりも優れた実践方法を提示している。しかも、それは会社の経営権を握って初めて利用できるような特別な方法ではなく、会社組織のどこにいても、観察と論理と行動さえあれば誰でも今すぐ使える方法なのだ。

これが誇張でないことは、実際に四半世紀にわたって実践してきた私自身がよく知っている。また、構造思考を習得すれば、それこそビジネススクールで教えられている従来の理論をどう活かしたらいいかも自ずと明らかになっていく。構造思考と創造プロセスは、物事を真摯に考え、組織や社会を変えていきたい人間にとって、全ての基礎となる強力な道具である。

どんな優れた道具もそうであるように、この道具をマスターするには相応の時間がかかる。これは手軽な料理のレシピではなく、料理人の腕を磨くための訓練なのだ。現実を見据え、未来を思い描き、試行錯誤しながら学び続ける必要がある。失敗しない技法ではなく、積極的に失敗から学び、創り出す力を身につける方法である。

経験を積むことによって、やがて目が見開かれ、それまで不可解だった組織の構造が手に取るように見えてくる。見えるだけでなく、自分の志と価値に基づいて、組織の構造を変えることができる。そうなると、企業社会の理不尽や困難さえもが変革の機会の裏返しに見えてくる。これは全く新しい種類の経験になる。

2002年にアメリカのバーモント州でロバート・フリッツ夫妻に出会い、本格的なトレーニングを受けた私は、折しもその年の後半に独立起業した。以来、多くの企業と組織人をクライアントとして、リーダーシップ開発や組織開発に注力してきた。そして大小さまざまな企業の課題や挑戦に触れるたびに、ロバートの慧眼に感服するほかなかった。組織で遭遇する状況は千差万別で、毎回固有のリスクや機会を含んでいる。ところがロバートが本書で詳しく解説している構造力学で解明できない事象はまるで存在しないのだ。

私が経営現場でお会いする組織人たちは優秀で意欲的で才能や洞察に恵まれている。にもかかわらず、彼らの多くは葛藤構造に行く手を阻まれ、悪戦苦闘している。そして彼らがひとたび創り出す方法を習得すれば、今までの苦労が嘘のように新しい可能性が生まれ、本来の力を発揮することができるようになる。

これは大手企業だけの話ではない。小さなチームや団体、家庭やコミュニティにおいても同様である。ロバートから学んだ構造思考と創造プロセスによって、私自身の仕事や生活そのものが少しずつ質と形を変えてきた。構造思考を人生に応用する方法は、『人生をマスターする方法』（ライブリー・パブリッシング）に詳しく紹介した。これは本書の中にある「緊張構造」と「葛藤構造」、「前進するパターン」と「揺り戻すパターン」を初めて日本語で紹介した書籍で、私が個人として実践してきただけでなく、エグゼクティブコーチングや経営コンサルティングで出会う人たちにも折に触れて紹介してきた内容である。そして私がコンサルタントとして組織開発に応用した経験については『組織の「当たり前」を変える』（ファーストプレス）で記述している。健全で強い組織を構築するためには問題解決に明け暮れていては駄目で、構造を観察してデザインし直す必要があることを実践事例とともに紹介している。

企業経営や人材育成の分野において、さまざまな理論や手法が流行しては廃れていくのを目にする。勉強熱心な読者の中には常に最先端のトレンドに注目している人もいるだろう。しかしロバートの方法は何十年と経っても全く色褪せないばかりか、その有効性と普遍性がますます明らかになっている。そして歴史的に見ると、問題解決や状況対応ではなく、構造思考によって未来を創造していく方法は、古くて新しい思想だと言える。大昔から芸術家たちが実践してきた方法だ。しかし組織やビジネスの分野で実践している人は驚くほど少ない。さらに、その方法を言語化している人はロバート以外に見当たらない。システム思考や組織学習を唱道する中心人物として名高いマサチューセッツ工科大学のピーター・センゲをはじめとする多くの知識人たちがロバート・フリッツに師事し、その方法を自分たちの実践に取り入れていることはよく知られている。

構造思考と創造プロセスを実践するだけで、今までの苦難が雲散霧消し、ビジネスと組織が、人生と人間関係が、本来の輝きを取り戻す。高い志と深い価値観を持った全ての職業人に本書を贈りたい。会社を本当にいい組織にしたい、金儲けばかりでなく、ビジネスを豊かな人生経験にし、社会や世界を変えていく文明勢力としての偉大な組織をつくりたい。そういう読者にはぜひ本書を手にしてほしい。

本書の日本語訳においては、友末優子さんと武富敏章さんから全編にわたって詳細な指摘と提案をもらい、翻訳初期段階の原稿の間違いや読みにくさを直すことができた。ここに深く感謝したい。

２０１９年７月11日

穂高養生園にて

田村洋一

価値の階層（重要性の階層）

葛藤構造を緊張構造にデザインし直すときの鍵が価値の階層を確立することである。本書には複数の事例が取り上げられている。例えば、変革と継続性の間に上下関係がなく、葛藤を生じていると、変革が進めば進むほど継続性が脅かされ、継続性を守れば変革は逆転する。このジレンマを解消するには、どちらがより重要か、上下をはっきりさせ、階層を確立しなくてはならない。重要性の階層が安定しなければ葛藤が続き、揺り戻しを繰り返す羽目になる。

フレーム（ロングショット、ミディアムショット、クローズアップ）

今のリアリティや将来のビジョンを観察するときの方法を、カメラのフレームを使って説明している。ロングショットでは遠すぎ、クローズアップでは近すぎる。創り出す実践ではどちらもミディアムショットで観察する必要がある。（第12・13章参照）

共有ビジョン

将来創り出したい成果のビジョンをチームや組織で共有することが協働プロジェクト成功の鍵となる。同じビジョンを共有することでチームや組織の一体感が醸成され、個々人ではなしえない偉大な仕事の実行が可能になる。

共有緊張構造

共有ビジョンよりも優れたものが共有緊張構造である。将来ビジョンだけでなく、今のリアリティも同時に共有することによって緊張構造が共有され、爆発的な集合的パワーを生み出すことにつながる。

用語集

最小抵抗経路（最も抵抗の少ない道）

あらゆる構造には最も抵抗の少ない道があり、それが物事のふるまいを導いている。水が高いところから低いところへと流れるようなもの。「どんなものでも根底にある構造がそのふるまいを決する」という構造力学の基本原理。本書の冒頭のバイソンがつくる獣道が目に見える最小抵抗経路の実例。全く同じように、どんな組織においても根底にある構造がそのふるまいを決しており、構造を変えることなしに変化を定着させることはできない。本書の原著タイトルは『The Path of Least Resistance for Managers（マネジャーのための最小抵抗経路）』となっている。

緊張構造

創り出したい成果と今のリアリティの間の差が緊張構造を生む。この緊張は創造的に利用することができる。ピーター・センゲはこれを創造的緊張（creative tension）と呼び変えているが、ロバート・フリッツは緊張そのものが創造的なのではなく、あくまでも構造的なものだとしている。

葛藤構造

複数の緊張解消システムがあって、一方の緊張解消が他の緊張になるとき、構造的な葛藤が起こる。葛藤構造の中では努力して生み出した成功も揺り戻して台無しになってしまう。組織デザインでは、葛藤構造を特定し、緊張構造に変えていく必要がある。

テレスコーピング

大きなプロジェクトで緊張構造を利用するときに、望遠鏡（テレスコープ）の筒を引っ張り出すように個々のアクションをブレイクダウンしてチャート化する。この作業をテレスコーピングと呼んでいる。

支配のシフト

葛藤構造の中では常にどれかひとつのシステムが支配的となり、緊張を解消に導いている。そしてその緊張が解消されようとするとき、別のシステムの緊張が大きくなり、支配がシフトする。ある目標を達成したと思うと、別のシステムの目標の重要性が高まる。それによって最初の目標達成が揺り戻し、成果が定着せず、成功が長続きしないことになる。

[著者]

ロバート・フリッツ（Robert Fritz）

ロバート・フリッツ・インク社の創立者。ロバート・フリッツは、30年以上にわたる研究を通じて構造力学を発展させてきた。創り出すプロセスの領域から始まった取り組みは、やがて組織、ビジネス、マネジメントの領域へと広がった。ピーター・センゲ、チャーリー・キーファー、デイヴィッド・ピーター・ストローとともに、イノベーション・アソシエイツ社の共同創立者でもある。1970年代半ばに、創り出すプロセスを個人の生産性向上のために役立てるトレーニングコースを開始。これまでにフリッツのコースを受講した人は、世界中で8万人を超えている。構造がいかに人間の行動に影響を及ぼすのかについて記した最初の著書『The Path of Least Resistance』（未邦訳）は世界的ベストセラーとなった。邦訳書にはウェイン・S・アンダーセンとの共著『自意識（アイデンティティ）と創り出す思考』（Evolving）、ブルース・ボダケンとの共著『最強リーダーシップの法則 ── 正確に原因を知れば、組織は強くなる』（徳間書店）がある。コンサルタントとしても多くの組織が構造思考を実践できるように支援しており、顧客企業はフォーチュン500の企業から多数の中規模企業、政府団体や非営利組織にまで及ぶ。フリッツは映像作家でもある。監督として、また脚本家として、映画やドキュメンタリー、ショートドラマを製作しており、その映像作品は世界各地の映画祭でこれまでに90以上の賞を受けている。

[訳者]

田村　洋一（たむら　よういち）

組織コンサルタント。メタノイア・リミテッド代表。ピープルフォーカス・コンサルティング顧問。主な著書に『組織の「当たり前」を変える』（ファーストプレス）、『プロファシリテーターのどんな話もまとまる技術』（クロスメディア・パブリッシング）、『ディベート道場 ── 思考と対話の稽古』『知識を価値に変える技 ── 知的プロフェッショナル入門8日間プログラム』（ともにEvolving）。共著書に『組織開発ハンドブック』（東洋経済新報社）、『不確実な世界を確実に生きる ── カネヴィンフレームワークへの招待』（Evolving）。監訳書に『自意識（アイデンティティ）と創り出す思考』（Evolving）がある。

偉大な組織の最小抵抗経路
リーダーのための組織デザイン法則

2019年9月15日　第1刷発行

著　者　ロバート・フリッツ
訳　者　田村 洋一
発行者　糸賀 祐二
発行所　Evolving
〒300-1155　茨城県稲敷郡阿見町吉原572-17
http://evolving.asia
e-mail　info@evolving.asia

翻訳協力　武富 敏章　友末 優子
組版・装丁　EXtech. 勝山昌幸
印刷・製本　中央精版印刷株式会社

ISBN978-4-908148-19-4